國家古籍整理出版專項經費資助項目

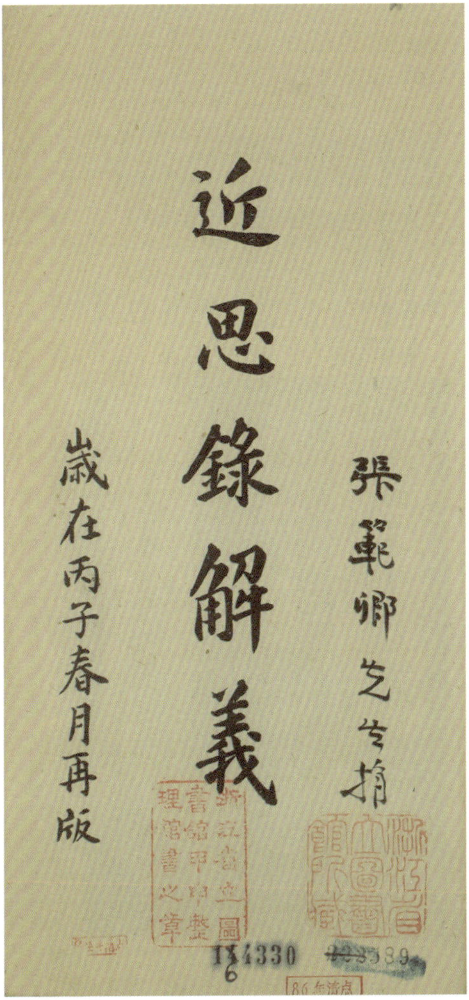

一九三六年青島同文印書局本
《近思録解義》内封

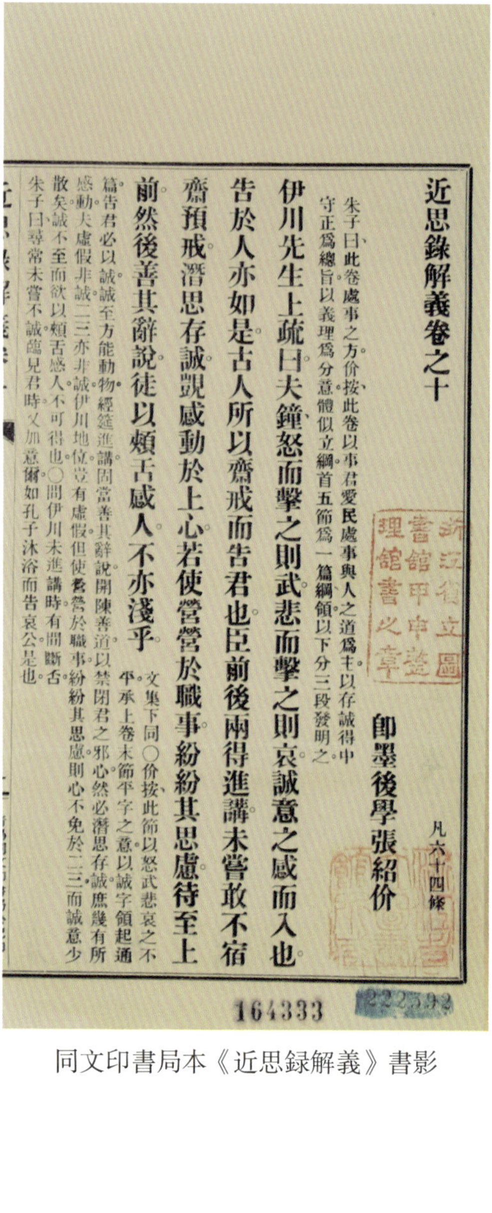

近思錄解義卷之十

凡六十四條

即墨後學張紹价

朱子曰、此卷處事之方。价按、此卷以事君愛民處事與人之道爲主。以存誠得中守正爲總旨。以義理爲分意。體似立綱。首五節爲一篇綱領。以下分三段發明之。

伊川先生上疏曰、夫鍾怒而擊之則武、悲而擊之則哀、誠意之感而入也。告於人亦如是。古人所以齋戒而告君也。臣前後兩得進講、未嘗敢不宿齋預戒、潛思存誠、覬感動於上心。若使營營於職事、紛紛其思慮、待至上前、然後善其辭說、徒以頰舌感人、不亦淺乎。

文集下同。〇价按、此節以怒武悲哀之不平、承上卷末節平字之意。以誠字領起通篇。告君必以誠。誠至方能動物。經筵進講、固當善其辭說、開陳善道、以禁閉君之邪心。然必潛思存誠、庶幾有所感動。夫虛假非誠、二三亦非誠。伊川地位、豈有虛假。但使營營於職事、紛紛其思慮、則心不免於二三、而誠意少散矣。誠不至而欲以頰舌感人、不可得也。〇問伊川未進講時有間斷否。朱子曰、尋常未嘗不誠。臨見君時又加意爾。如孔子沐浴而告哀公是也。

同文印書局本《近思録解義》書影

東亞近思録文獻叢書序

朱熹(一一三〇—一二〇〇),字元晦,號晦庵。祖籍徽州婺源(今屬江西婺源),出生於福建南劍尤溪,爲二程三傳弟子。謚號「文」,世稱朱文公。朱熹爲南宋閩學之傑出代表,其哲學思想後世稱爲朱子學。他吸收了程顥、程頤、周敦頤、邵雍、張載等人的學術思想,揚棄了佛道的哲學,建立了自己的理學體系,成爲宋代理學的集大成者。故全祖望認爲朱子「致廣大,盡精微,綜羅百代」,錢穆説「前古有孔子,近古有朱子」,視爲中國近古最偉大的思想家。其著述宏富,在其一生編撰的二三十種著述中,除四書章句集注之外,與呂祖謙共同編撰的近思録是後世傳刻最多、流播最廣的一種。

南宋淳熙二年,朱熹與呂祖謙「相與讀周子、程子、張子之書,歎其廣大閎博,若無津涯,而懼夫初學者不知所入也。因共掇取其關於大體而切於日用者」,編成近思録十四卷。關於此書,朱熹自己認爲:「近思録好看。四子,六經之階梯;近思録,四子之階梯。」朝鮮半島李朝初年金宗瑞説:「是書所載,皆正心修身之要。」隨即李朝大儒李滉等倡行「洛閩近思之學」,以爲不讀近思録則難以「窮理盡性以至於命」。朝鮮朱子學者一直將此書作爲國民進入聖學的津梁。由於此書在東亞尊崇程朱之學者心中地位甚高，故朝鮮半島不斷有人或注解、或續編、或札録、或宣講此書。

同樣身處東亞漢字文化圈中的日本，也把此書視作經典，將其定性爲僅次於五經、四書的讀本，是青少年入道的階梯。日本江户時代中村惕齋説：「天下古今之書，莫貴於六經、四子，而次焉者獨有此篇。」江户會津藩學校奉行山内俊温認爲「此書之爲聖學之階梯、大道之標表」。自江户時代至二十世紀四十年代，日本在受容中國近思録及其注本的同時，通過重刻、注釋、翻譯、講讀、仿編等途徑整理産生了大量「近思録文獻」。

所以，近思録作爲理學經典是毋庸置疑的，梁啓超、錢穆都尊奉此書爲宋代理學的首選經典，以爲「後人治宋代理學，無不首讀近思録」，錢穆還將近思録視作「復興中華文化人人必讀的九部書」之一。當代學者束景南説：「在朱熹以後直到近代，程朱理學在很大程度上是借助於近思録的注釋刊刻流布得到廣泛傳播的，宋、明、清儒者們也多以近思録爲『階梯』，從近思録切入到對程朱理學的認識與接受，因而一部近思録的注釋傳刻流布史，也就是一部宋明到近代的理學接受史。」

在東亞理學發展史上，作爲承傳北宋四子思想兼而體現朱子理學構建理念的近思録，倍受尚儒者推崇，於是近思録不斷被各國注釋、續編、傳抄、刊印，形成多種整理形式的「近思録文獻」。目前存世的東亞近思録文獻版本達六百種之多。其版本形態多姿多彩，文本内容或尊崇中國程朱之學，或將中土與本邦性理之學相融合，或有意體現本邦儒者之思想，因而形成了漢文化圈中獨特、系統的近思録文獻建構與傳播景觀。

朱子學在近現代經過洗禮之後，依然是學者、政治家推崇的優秀文化思想。被提升到理學經典地位的近思録，至今仍煥發出無限生機。近二十年來以近思録整理、注釋、研究爲對象的著述在國内外出版機構陸續面世，差不多形成一股研究「近思録文獻」的熱潮。其中特别值得肯定的是嚴佐之先生主編的近思録專輯，獲得了海内外學術界的好評。但是此編僅收傳世的部分中國近思録文獻，尚不能全面反映東亞史上宏富的近思録文獻全貌，讀者也難以更多地認知近思録在東亞悠久而廣泛的影響。

考察歷史上東亞區域的「近思録文獻」，我們便會明確認知到近思録所藴藏的理學思想在東方古典學視野中所擁有的歷史影響與不朽魅力。近思録及其後續著述不僅在本土具有强大的生命力、影響力，而且歷史上朝鮮半島、日本的相關文獻也與之存在深厚的淵源關係。從存世的相關文獻稍作探究，不難發現東亞區域的「近思録文獻」存在明顯的共通之處，其中的修身之要、爲學之方、齊家治政之術、入聖之道等有着永恒的生命，其不朽的思想價值是值得世代相傳的。

在上海古籍出版社的積極努力下，以「東亞近思録文獻」爲整理對象，申請了「國家古籍整理出版資助項目」，並獲得立項。該項目的設立，極益於东亞儒學思想，特别是程朱理學學術思想史之研究，亦利於當今社會的文化建設與人生修爲。新時期，我國正把文化建設放在全局工作的突出位置，要求堅守中華文化立場，强調不斷提高國家文化軟實力，增强中華文化影響力，發揮文化引領風尚的作用，那麽作爲中華思想文化經典之一的近思録，作爲史上東亞區域的先進文化，曾經惠及了無數讀者，蘊含着無限生機與活力，其中之精華依然值得我們繼承與發展。

在該項目立項前後，確定由蘇州大學教授程水龍負責組稿，約請了華東師範大學、上海大學、蘇州大學、温州大學等高校的專家和青年才俊對近思録文獻進行搜集、校點、整理。定名爲東亞近思録文獻叢書。

雖説東亞各國有不同數量的近思録整理文本，但仍有許多工作有待開展，而將我國的近思録各類文本與朝鮮半島、日本相關經典文本匯集一處進行校點整理，史上從未有過，故編校本叢書也是一次有意義的嘗試。考慮到盡量不與已出版的近思録文獻重複，本叢書校點整理的對象會避開華東師範大學出版社出版的近思録專輯，凡專輯已校點出版的中國學者關於近思録的著述不再收録，而是在南宋至二十世紀中期的東亞近思録文獻中選取。

最終我們在前人和當代學者整理近思録文獻的基礎上，剔除重複，精選國内尚存的近思録原文本、注本、續編本之代表，以及現存韓國、日本的具有代表性的「近思録文獻」典籍約三十部，依據古籍整理的規範校點整理。這些校點整理對象的選取，既是力求反映朱、吕編輯近思録之初心，也要展示近思録東亞傳播史上注釋、仿編、講論此書的代表作品。朱熹當初主編近思録，是爲了便利於初學者閱讀周敦頤、張載、程顥、程頤四子的宏富著述，使之近思切問，掌握入道門徑。因而近思録也成爲南宋後期、元、明、清各朝崇儒者家弦户誦之經典，尤爲塾師童蒙所親睞，故朱子再傳弟子熊剛大對近思録、續録、别録逐句進行句解，注文淺近易懂，旨在方便童蒙閱讀理解；南宋佚名所撰文場資用分門近思録，則將近思録按内容分成若干小類進行重新編輯，既滿足童蒙求學之需，又便宜科考之用；清初吕留良的「吕氏家塾讀本」近思録，在原文六百二十二條語録的基礎上稍增注文，以便本族子弟通曉該書；周公恕整理改造葉采近思録集解而成分類經進近思録集解，每卷各立細目，反映了元明之際頗具特色的近思録注本改編類次現象；清代李振裕、高裔重鐫近思録集解則反映出清初對葉采集解的改組類次特色；清末張紹价在前人注解的基礎上，吸納近思録多家注本之精華，亦兼顧晚清時事，對近思録進行了簡明流暢的注解，反映出時代大變革之際的儒者對朱子學的審視與經世致用的情懷。

朝鮮李朝學者的近思録釋義、近思録增解、近思録附注，是注釋近思録之代表，近思録釋疑、星湖先生近思録疾書、近思録集解或問又反映出朝鮮朱子學者對南宋代表性注本葉采近思録集解的推崇與質疑。續近思録、近思續録、海東七子近思録等則是朝鮮學者仿編近思録或汪佑五子近思録而成的本邦文獻，反映出在那個「望道唯憑性理書」的時代李朝社會對朱子學的尊崇。

日本江户、明治時期學術界在推崇近思録之餘，以日本學者特有的方式進行注釋、訓點，近思録備考、近思録欄外書、鼇頭近思録等便是其中的代表。日本學者還有意揭示朱子學、陽明學的異同。他們既注重在童蒙中傳播近思録近思切問之精髓，又不斷講論自己的主張，近思録訓蒙輯疏、近思録説略、近思録鈔説等乃其代表。另外，崇敬程朱之學者不斷仿照近思録體例編撰續編性質的文本，如近思録集説，融中國、朝鮮、日本諸多學者的論述於一書。

這些不同時期的近思録代表注本、續編文本，爲童蒙架設的通向聖賢階梯的「近思録文獻」，反映出史上東亞文化思想深厚的歷史淵源，也是現今我們認知東亞史上程朱理學思想的重要文獻，是程朱理學思想研究中頗爲倚重的一手文獻資料。它們不僅是研究東亞儒學的基礎文獻，社會大衆讀之亦可發揮調攝身心之功用。

對於上述入選本叢書的各書，主編都盡量提供時代較早、内容完整、校刻或抄寫精審的底本給校點整理者，並負責最終統稿。各校點整理者對其整理編校對象，自負其責，比較各種版本，辨其源流，選取校本或相關文獻，在「校點説明」中簡要概述所選底本的内容、版訊、價值等。

在編校整理中，對於有價值的序跋、傳記資料，也盡量收集附於書後。最終完成編校的每一部文獻，大體由校點説明、基本文獻、相關附録資料構成。

本叢書從策劃到申請資助，都是上海古籍出版社領導和編輯牽頭完成的，尤其是得到劉海濱先生、徐卓聰先生等的大力支持與幫助。正是因爲有了他們的辛勤付出，方使得本叢書的編撰能有條不紊地按計劃順利實施。因主編和諸位編校者不能遍觀聖賢之書，故而本叢書中難免會有不足之處，敬請賢達指正！

主编　程水龍

二〇二一年三月

校點説明

自南宋淳熙年間問世以來，近思録即成爲理學入門的經典讀本。圍繞該書進行注解、續編、仿編、札記而形成的「近思録文獻」蔚爲大觀，諸如葉采近思録集解，蔡模近思續録、近思别録，周公恕分類經進近思録集解，汪佑五子近思録，茅星來近思録集注，江永近思録集注等。時至清末，近思録依然保有鮮活的生命力，在那個風雲變幻的年代仍舊是讀書人案頭必備之物。

張紹价（一八六一——一九四一），字範卿，山東即墨人，清光緒十九年（一八九三）舉人，嘗從夏震武遊，究心於濂洛關閩之學。其著述有中西學説通辨、居安軒存稿、近思録解義等。張紹价自弱冠後即服膺近思録一書，經過多年的沉潛反覆，撰成近思録解義一書。

張紹价生活在晚清、民國之際，那是個戰亂頻仍、東西方文化激烈碰撞的時代，張氏卻高舉程朱旗幟，提倡經世致用之學，努力捍衛理學之地位。其近思録解義是具有時代特色的新式注本，注文平實簡明，觀點明朗，不僅吸納歷史上多家注本之精髓，而且在按語中不斷指斥西學不足，反映了新舊文化交替時期固守理學立場之人士的内心世界。張氏不僅對近思録進行解義，而且多能結合當時的政治生態、社會民生闡發自己的主張，益於讀者從一個側面考察二十世紀前期中國的社會文化思想狀況，體會傳統理學的尊崇者的思想情感，因而此書具有較高的歷史文獻價值。民國年間，張紹价同門朱玉麟評價該書説：「其支分節解，脈絡貫通，詳略相因，巨細畢舉，而凡諸説皆得以曲暢旁通而各極其趣」、「此書加惠後學不淺，乃吾道之光也」（朱玉麟近思録解義跋）。

近思録解義僅見民國二十五年（一九三六）青島同文印書局鉛印本。該本竪行編排，每半葉九行二十八字，注文爲雙行小字，四周雙欄，上白口，下細黑口，單魚尾，版心印有書名卷次，魚尾下印有頁碼，下黑口處印有「青島同文印書局公記印」字樣。

本次整理，以浙江省圖書館所藏青島同文印書局鉛印本爲底本，近思録本文及解義所引諸家注解以葉采近思録集解清初邵仁泓刊本（簡稱「葉本」）、茅星來近思録集注四庫全書本（簡稱「茅本」）、江永近思録集注同治八年江蘇書局刻本（簡稱「江本」）、施虹玉五子近思録發明清康熙年間刻本（簡稱「施本」）、陳沆近思録補注清刻本（簡稱「陳本」）等進行校對。他校則隨文標出書名及版本信息。校點不當之處，敬請方家雅正。

程水龍　姚鶯歌

二〇一九年十月

目録

題範卿張兄古衣冠攝影

一別三十載，同失兩鬢青。吾道雖陵夷，老成終典型。君鄙飽書蠹，弟慚腐草螢。戎馬遭蹂躪，家室感彫零。仰君遯海島，潛思研遺經。鄒魯爲堂奧，洛閩爲門庭。義理窮諸子，淵源溯二銘。等身勤著作，安命享耄齡。異學憑誅伐，聖道資藩屏。詖辭揮歐美，灝氣吞滄溟。藉此簡編樂，遠彼鋒鏑腥。胸懷吟風月，文章炳日星。深衣與大帶，道貌欽德馨。緬維勞峰秀，川嶽實鍾靈。嗟予遘兵禍，身世苦伶仃。安得共君話，談心都忘形！

（臨沂狄建鼇曉策）

夏正壬申三月攝影，時年七十有一。

近思録解義序

繼四書、六經而載道者，近思録。四書、六經，聖人傳道以垂教萬世。自辭章、考據家起，譁世取榮，弋名干禄，經爲無用之糟粕，道術遂爲天下裂。周、程、張子崛起千數百年後，發揮道要，默契鄒魯。紫陽朱子採録精言，勒成一編，懼人騖於高遠，蹈於鹵莽，而引之於近，慎之於思。學者讀其書，始恍然於先聖遺經皆切身心，而深悟辭章、考據之爲陋，近思録所以階梯四書、六經，允爲入道之津梁。朱子纂輯是書，體裁略仿學、庸，與論、孟之單章隻句各爲一義不相聯貫者異。後之注是書者，乃不取則於學、庸章句，而取則於論、孟集注，章各爲解，節各爲説，無由觀其會通，朱子當日編輯之意，鬱而不明，學者始終用功之要，亦缺焉弗詳。予弱冠後即服膺是書，而莫能識其要領，中年獲交琅邪劉君緘三，緘三之言曰：「近思録一書，規模宏大，綱目精詳，文理接續，血脈貫通，六百二十二條，分之爲十四卷，合之直如一篇。」予依其説讀之，沈潛反覆，垂二十年，頗有所見，不揣固陋，撰爲解義，分析其章段，提挈其綱維，疏通其節目，闡發其藴奥。道原於天，學盡於人，理之所以明，心之所以存，身之所以修，家國天下之所以齊治平，出處進退之義，禮樂制度之文，處事教人之方，改過遷善之法，異端之近理亂真，聖賢之可學而至，主敬存誠，盡人合天，宏綱奥旨，燦然明著。雖於朱子編輯之意，未敢謂吻合無間，而學者有志嚮道，循是求之，以進於四書、六經，固無難得門而入矣。

夏正甲子歲秋八月甲辰，即墨後學張紹价序。

近思録書目原序

周子太極通書
明道先生文集
伊川先生文集
周易程氏傳
程氏經説
程氏遺書
程氏外書
横渠先生正蒙
横渠先生文集
横渠先生易説
横渠先生禮樂記[一]
横渠先生論語説

橫渠先生孟子説

橫渠先生語説[二]。

【校勘記】

[一] 橫渠先生禮樂記　「記」，葉本作「説」。

[二] 橫渠先生語説　「説」，葉本作「録」。

近思録前引

淳熙乙未之夏，東萊呂伯恭來自東陽，過予寒泉精舍。留止旬日，相與讀周子、程子、張子之書，歎其廣大閎博，若無津涯，而懼夫初學者不知所入也。因共掇取其關於大體而切於日用者，以爲此編。總六百二十二條，分十四卷。蓋凡學者所以求端用力、處己治人之要，與夫辨異端、觀聖賢之大略，皆粗見其梗概。以爲窮鄉晚進、有志於學而無明師良友以先後之者，誠得此而玩心焉，亦足以得其門而入矣。如此，然後求諸四君子之全書，沈潛反復，優柔饜飫，以致其博而反諸約焉，則其宗廟之美，百官之富，庶乎其有以盡得之。若憚煩勞，安簡便，以爲取足於此而可，則非今日所以纂集此書之意也。

五月五日，新安朱熹謹識。

近思録後引

近思録既成，或疑首卷陰陽變化性命之説，大抵非始學者之事。祖謙竊嘗與聞次緝之意，後出晚進，於義理之本原，雖未容驟語，苟茫然不識其梗概，則亦何所底止？列之編端[一]，特使之知其名義，有所嚮望而已。至於餘卷所載講學之方、日用躬行之實，具有科級。循是而進，自卑升高，自近及遠，庶幾不失纂集之指。若乃厭卑近而鶩高遠，躐等陵節，流於空虚，迄無所依據，則豈所謂近思者耶？覽者宜詳之。

淳熙三年四月四日，東萊吕祖謙謹誌。

【校勘記】

[一] 列之編端　「編」，葉本作「篇」。

引用諸儒姓氏

宋

黄氏榦，字直卿，號勉齋，福建閩縣人，朱子門人，著續儀禮經傳通解。

李氏方子，字公晦，號果齋，昭武人，朱子門人。

輔氏廣，字漢卿，號慶源[一]。本河朔人，後居秀州，朱子門人。

陳氏埴，字器之，號潛室。

饒氏魯，字仲元，又字伯輿，號雙峰。

真氏德秀，字希元，號西山，建之浦城人，著大學衍義。

葉氏采，字平巖[二]，建安人，著近思録集解。

王氏應麟，字伯厚，著述甚富，困學記聞最有名。

元

虞氏集，字伯生[三]。

程氏端學。

明

吴氏與弼，字康齋，江西崇仁人。

薛氏瑄，字德温，號敬軒，謚文清，山西河津人，著讀書録。

胡氏居仁，字叔心，號敬齋，江西餘干人，著居業録。

羅氏欽順，字允升，號整庵，謚文莊，江西泰和人，著困知記。

高氏攀龍，字存之，號景逸，謚忠憲，無錫人，輯朱子節要，與近思録相表裏。

清

顧氏炎武，字寧人，號亭林，江蘇崑山人，著日知録、天下郡國利病書。

張氏履祥，字考夫，號念芝，浙江桐鄉人，學者稱楊園先生，著楊園集。

陸氏隴其，字稼書，謚清獻，浙江平湖人，著三魚堂集、松陽講義、讀朱隨筆。

刁氏包，字蒙吉，號用六，直隸祁州人，著易酌、四書翼注、用六集。

江氏永，字愼修，安徽婺源人，著近思録集注、禮書綱目。

施氏璜，字虹玉，新安人，著五子近思録發明。

茅氏星來，字豈宿，號鈍叟，浙江歸安人。

王氏懷祖，字念孫[四]，江蘇高郵人，著讀書雜志。

王氏懋竑，字中江[五]，號白田，江蘇寶應人，著白田草堂集。

陳氏沆，著近思録補注。原書不載里居、字號，是否與道光間蘄縣陳殿撰爲一人，俟考。

魏氏源，字默深，湖南邵陽人，著詩古微、書古微、聖武記。

李氏元綱，字葉初，一字青函，山東章邱人，著近思録注釋、居業録注釋。

夏靈峰先生，諱震武，字伯定，號滌庵，浙江富陽人，著靈峰集、大學衍義講授、孟子講義。

劉氏金銘，字緘三，山東蘭山人。蘭山今改爲臨沂。

管氏贊程，字向定，浙江黃巖人，靈峰門人，著近思録集説。

李正叔

吴敬庵
秦别隱
陳毅齋
沈誠庵

以上五人俟考，其説有採自施本者，有採自陳本者。

【校勘記】

［一］號慶源　按：輔廣號潛庵，慶源爲其祖籍。

［二］字平巖　按：葉采字仲圭，號平巖。

［三］字伯生　「伯」原誤作「日」。

［四］王氏懷祖，字念孫　按：王氏名念孫，字懷祖。

［五］字中江　按：王懋竑字予中。

附 朱子論近思録

朱子曰：修身大法，小學備矣；義理精微，近思録詳之。○近思録好看。四子，六經之階梯；近思録，四子之階梯。○近思録逐篇綱目：一道體，二爲學大要，三格物窮理，四存養，五改過遷善、克己復禮，六齊家之道，七出處進退辭受之義，八治國平天下之道，九制度，十君子處事之方，十一教學之道，十二改過及人心疵病，十三異端之學，十四聖賢氣象。○近思録一書，無不切人身、救人病者。○或言近思録中語甚有切身處。曰：聖賢説得語言平，如中庸、大學、論語、孟子皆平易。近思録是近來人説話，便較切。○近思録首卷難看。某所以與伯恭商量，教他做數語以載於後，正謂此也。若只讀此，則道理孤單，如頓兵堅城之下，卻不如語、孟，只是平鋪説去，可以游心。○看近思録，若於第一卷未曉得，且從第二卷、第三卷看起，久久後看第一卷，則漸曉得。○問蜚卿：近思録看得何如？曰：所疑甚多。曰：今猝乍看這文字也是難，有時前面恁地説，後面又不是恁地，這裏説得如此，那裏又卻不如此。子細看來看去，卻自中間有個路陌，推尋通得四五十條後，又卻只是一個道理。伊川云：「窮理豈是一日窮得盡，窮得多後，道理自通徹。」○答宋深之曰：熹自十四五時，得河南程先生、横渠張先生兩家之書讀之，至今四十餘年，但覺其義之深、指之遠，而近世紛紛所謂文章議論者，殆不足復過眼，信乎孟氏以來一人而已。然非用力之深者，亦無以信其必然也。舊嘗擇其言之近者，別爲一書，名近思録，幸細讀之。○答宋澤之曰：近思録比舊本增多數條。如買櫝還珠之論，尤可以警今日學者用心之謬。家儀、鄉儀，亦有補於風教。幸勿以爲空言而輕讀之也。○答李子能曰：程先生説「涵養須是敬，進學則在致知」。若只於此用力，自然此心常存，衆理自著，日用應接，各有條理矣。近思録前三、四卷專説此事。○答竇文卿曰：知日誦四書，時時省察，此意甚善。近思録説得近世學問規模病痛親切，更能兼看亦佳。○答或人曰：近思録本爲學者不能徧觀諸先生之書，故掇其要切者，使有入道之漸。若已看得浹洽通曉，自當推類旁通以致其博。若看得未熟，只此數卷之書，尚不能曉會，何暇即案頭邊所載之書而悉觀之乎[一]？○因論近思續録曰：如今書已儘多了，更有卻看不辦。

【校勘記】

[一] 何暇即案頭邊所載之書而悉觀之乎　「即」，江本作「盡」。

附　諸儒論近思録

李正叔曰：朱子集小學書，使學者得以先正其操履；集近思録，使學者得以先識其門庭。○薛敬軒曰：近思録必熟讀，其間有與朱子不同者，須參考。○吳康齋曰：讀近思録，覺得精神收斂，身心檢束，有歉然不敢少恣之意，有悚然奮拔向前之意。○胡敬齋曰：學者當以小學、四書、近思録熟讀體驗，有所得然後方可博觀古今。又曰：今更有聖賢出，其說不過於大學、論、孟、中庸，此後書莫過於小學、近思録。學者能於此處真知實踐，他書不讀無恨也。又曰：在小學、近思録、四書上做得工夫真，異端、功利俱害不得。近思録一書，小學、大學工夫盡有。又曰：入頭處最怕差，將來無救處；入頭處亦怕偏，將來偏到底。要從小學、近思録、大學、論語入，則路頭正矣。又曰：後之學者做存心工夫不得其真要者，多流於禪。所謂高者入於空虛，只緣在小學、四書、近思録不曾實體驗，而於窮理工夫不到，故如此。○刁蒙吉曰：有兩儀便須有六經，有六經便須有四書，有四書便須有集注，有四書集注便須有近思録，有近思録便須有小學，此皆與兩儀相爲終始，而不可一日無者也。其他史書不可不讀，然綱領卻在春秋；性理不可不讀，然要約卻在近思録。○張楊園曰：學者能讀近思録，方可以治經。又曰：予年二十五六時，求近思録不可得，適賈人持至，因得讀之，然後稍知爲學之門。

近思録解義卷之一 凡五十一條

朱子曰：此卷「道體」。劉緘三曰：道體一卷，以「天體物而不遺，猶仁體事而無不在」、「君子循而修之所以吉」爲主，以「天以陰陽五行化生萬物，氣成形而理亦賦焉」、「聖人定之以中正仁義而主静立人極焉」爲總旨，以天道、理氣、人心、性情爲分意。體似立綱，以濂溪太極圖説爲綱，引程子、張子之言以發明之。

濂溪先生曰：無極而太極。朱子曰：「上天之載，無聲無臭」，而實造化之樞紐，品彙之根柢也。故曰「無極而太極」，非太極之外復有無極也。○价按：太極在人爲性。性之本體，無形無聲，故曰「無極」。然雖無形無聲，而其理則至極而無以復加，故曰「無極而太極」。○蔡節齋曰：朱子曰：「太極者，象數未形，而其理已具之稱。」又曰：「未有天地之先，畢竟是先有此理。」又曰：「無極者，只是説這道理當初元無一物，只是有此理而已，此個道理便會動而生陽、静而生陰。」詳此三條，皆是主太極而爲言也。又曰：「從陰陽處看，則所謂太極者便只是在陰陽裏面。今人説陰陽上面别有一個無形無影底是太極，非也。」又曰：「太極只是天地萬物之理，在天地則天地中有太極，在萬物則萬物中有太極。」又曰：「非有以離乎陰陽也，即陰陽而指其本體。」詳此三條，皆是主陰陽而爲言也。故主太極而言，則太極在陰陽之先；主陰陽而言，則太極在陰陽之内。蓋自陰陽未生而言，則所謂太極者必當先有；自陰陽既生而言，則所謂太極者即在乎陰陽之中也。謂陰陽之外别有太極爲陰陽主者，固爲陷乎列子「不生不化」之謬；而獨執夫太極只在陰陽之中之説，則又失其樞紐根柢之所爲，而大本有所不立矣[一]。○葉平巖曰：節齋先生此條所論，最爲明備，而或者於陰陽未生之説有疑焉。若以循環言之，則陰前是陽，陽前又是陰，似不可以未生言。若截自一陽初動處、萬物未生時言之，則陰陽未動之時，謂之陰陽未生亦可也。未生陽而陽之理已具，未生陰而陰之理已具，在人心則爲喜怒哀樂未發之中，總名曰「太極」。然具於陰陽之先而流行於陰陽之内，一太極而已。**太極動而生陽，動極而静，静而生陰，静極復動。一動一静，互爲其根，分陰分陽，兩儀立焉。**朱子曰：太極之有動静，是天命之流行也。所謂「一陰一陽之謂道」。誠者，聖人之本，物之終始，而命之道也。其動也，誠之通也。「繼之者善」，萬物之所資以始也。其静也，誠之復也。「成之者性」，萬物各正其性命也。「動極而静」，「静極復動」，「一動一静，互爲其根」，命之所以流行而不已也。「動而生陽」，「静而生陰」，「分陰分陽，兩儀立焉」，分之所以一定而不移也。蓋太極者，本然之妙也；動静者，所乘之機也。太極，形而上之道也；陰陽，形而下之器也。是以自其著者而觀之，則動静不同時，陰陽不同位，而太極無不在焉。自其微者而觀之，則沖漠無朕，而動静陰陽之理已悉具於其中矣。雖然，推之於前，而不見其始之合；引之於後，而不見其終之離也。故程子曰：「動静無端，陰陽無始，非知道者，孰能識之？」○葉平巖曰：「動而生陽，動極而静，静而生陰，静極復動」者，言太極流行之妙，相推於無窮也。「一動一静，互爲其根，分陰分陽，兩儀立焉」者，言二氣對待之體，一定而不易也。邵子曰「用起天地先，體立天地後」是也。然詳而分之，則「動而生陽」、「静而生陰」者，是流行之中，定分未嘗亂也；「一動一静，互爲其根」者，是對待之中，妙用實相流通也。**陽變陰合，而生水火木金土。五氣順布，四時行焉。**朱子曰：有太極，則一動一静而兩儀分；有陰陽，則一變一合而五行具。然五行者，質具於地，而氣行於天者也。以質而語其生之序[二]，則曰水火木金土，而水木陽也，火金陰也；以氣而語其行之序，則曰木火土金水，而木火陽也，金水陰也。又統而言之，則氣陽而質陰也。又錯而言之，則動陽而靜陰也。蓋五行之變至於不可窮，然無適而非陰陽之道。至其所以爲陰陽者，則又無適而非太極之本然也。夫豈有所虧欠間隔哉？○或問：陽何以言變？陰何以言合？曰：陽動而陰隨之，故曰變合。○其氣便是春夏秋冬，其物便是金木水火土，其理便是仁義禮智信。○葉平巖曰：「水火木金土」者，陰陽生五行之序也。「木火土金水」者，五行自相生之序也。曰：五行之生與五行之相生，其序不同何也？曰：五行之生也，二氣之交，變合而各成，天一生水，地二生火，天三生木，地四生金，天五生土，所謂「陽變陰合，而生水火木金土」是也。五行之相生也，蓋一氣之推，循環相因，木生火，火生土，土生金，金生水，水復生木，所謂「五氣順布，四時行焉」是也。曰：其所以有是二端何也？曰：二氣變合而生者，原於對待之體也；一氣循環而生者，本於流行之用也。**五行，一陰陽也；陰陽，一太極也；太極，本無極也。五行之生也，各一其性。**朱子曰：五行具，則造化發育之具無不備矣。故又即此而推本之，以明其渾然一體，莫非無極之妙，而無極之妙，亦未嘗不各具於一物之中也。蓋五行異質，四時異氣，而皆不能外乎陰陽；陰陽異位，動靜異時，而皆不能離乎太極。至於所以爲太極者，又初無聲臭之可言，是性之本體然也。天下豈有性外之物哉？然五行之生，隨其氣質而所稟不同，所謂「各一其性」也。各一其性，則渾然太極之全體，無不各具於一物之中，而性之無所不在，又可見矣。○張南軒曰：五行各一其性，則爲仁義禮智信之理，而五行各專其一。○吴敬庵曰：「五行一陰陽」，「陰陽一太極」，所謂「體用一源，顯微無間」，於此見理之同；「五行之生，各一其性」，於此見氣質之異。性非有異，然囿於氣質而不能相通，故曰「各一其性」。**無極之真，二五之精，妙合而凝。乾道成男，坤道成女。二氣交感，化生萬物。萬物生生，而變化無窮焉。**朱子曰：夫天下無性外之物，而性無不在，此「無極」「二五」所以混融而無間者也，所謂「妙合」者也。真以理言，「無妄」之謂也；精以氣言，「不二」之名也。凝者聚也，氣聚而成形也。蓋性爲之主，而陰陽五行爲之經緯錯綜，又各以類凝聚而成形焉。陽而健者成男，則父之道也；陰而順者成女，則母之道也。是人物之始，以氣化而生者也。氣聚成形，則形交氣感，遂以形化，而人物生生，變化無窮矣。自男女而觀之，則男女各一其性，而男女一太極也。自萬物而觀之，則萬物各一其性，而萬物一太極也。蓋合而言之，萬物統體一太極也；分而言之，一物各具一太極也。所謂天下無性外之物，而性無不在者，於此尤可以見其全矣。子思子曰：「君子語大，天下莫能載焉；語小，天下莫能破焉」，此之謂也。○价按：真即太極也，賦於人爲性。○理氣合而生人生物。人物之生，得天地之理以爲性，得天地之氣以成形。**惟人也，得其秀而最靈。形既生矣，神發知矣，五性感動而善惡分，萬事出矣。**朱子曰：此言衆人具動靜之理，而常失之於動也。蓋人物之生，莫不有太極之道焉。然陰陽五行，氣質交運，而人之所稟，獨得其秀。故其心爲最靈，而有以不失其性之全，所謂「天地之心」，而人之極也。然形生於陰，神發於陽，五常之性，感物而動，而陽善陰惡，又以類分，而五性之殊，散爲萬事。蓋二氣五行化生萬物，其在人者又如此，自非聖人全體太極有以定之，則欲動情勝，利害相攻，人極不立，而違禽獸不遠矣。**聖人定之以中正仁義，**本注：聖人之道，仁義中正而已矣。**而主靜，**本注：無欲故靜。**立人極焉。故聖人與天地合其德，日月合其明，四時合其序，鬼神合其吉凶。**朱子曰：此言聖人全動靜之德，而常本之於靜也。蓋人稟陰陽五行之秀氣以生，而聖人之生，又得其秀之秀者。是以其行之也中，其處之也正，其發之也仁，其裁之也義。蓋一動一靜，莫不有以全夫太極之道而無所虧焉，則嚮之所謂欲動情勝、利害相攻者，於此乎定矣。然靜者，誠之復而性之真也[三]。苟非此心寂然無欲而靜，則又何以酬酢事物之變，而一天下之動哉！故聖人中正仁義，動靜周流，而其動也必主乎靜。此其所以成位乎中，而天地、日月、四時、鬼神有所不能違也。蓋必其體立而後用有以行。若程子論乾坤動靜，而曰「不專一則不能直遂，不翕聚則不能發散」，亦此意爾。○中正即是禮智。問：周子不言禮智而言中正，是如何？朱子曰：禮智説得猶寬，中正則切而實矣。且謂之禮，尚或有不中節處。若謂之中，則無過不及，無非禮之禮，乃節文恰好處也；謂之智，尚或有正有不正。若謂之正，則是非端的分明，乃智之實也。○中正仁義分屬動静，而聖人則主於静。蓋正所以能中，義所以能仁。「克己復禮」，義也，義所以能仁。主静者，主正與義也，正義便是「利貞」，中是「亨」，仁是「元」。○葉平巖曰：此圖辭義悉出於易。易本於陰陽，而推之人事，其德曰仁義，其用曰中正，要不越陰陽之兩端而已。仁義而非中正[四]，則仁爲姑息、義爲忍刻之類，故易尤重中正。

君子修之吉，小人悖之凶。朱子曰：聖人太極之全體，一動一静，無適而非中正仁義之極，蓋不假修爲而自然也。未至此而修之，君子之所以吉也；不知此而悖之，小人之所以凶也。修之悖之，亦在乎敬肆之間而已矣。敬則欲寡而理明，寡之又寡以至於無，則静虚動直，而聖可學矣。○价按：敬則戒慎恐懼隨時處中，故修之而吉；肆則縱欲妄行而無所忌憚，故悖之而凶。

故曰：「立天之道，曰陰與陽；立地之道，曰柔與剛；立人之道，曰仁與義。」又曰：「原始反終，故知死生之説。」朱子曰：陰陽成象，天道之所以立也；剛柔成質，地道之所以立也；仁義成德，人道之所以立也。道一而已，隨事著見，故有三才之别，而於其中又各有體用之分焉，其實則一太極也。陽也，剛也，仁也，物之始也；陰也，柔也，義也，物之終也。能原其始而知所以生，則反其終而知所以死矣。此天地之間，綱紀造化，流行古今，不言之妙。聖人作易，其大意蓋不出此，故引之以證其説。

大哉易也，斯其至矣！朱子曰：易之爲書，廣大悉備。然語其至極，則此圖盡之。其旨豈不深哉？

附太極圖并解

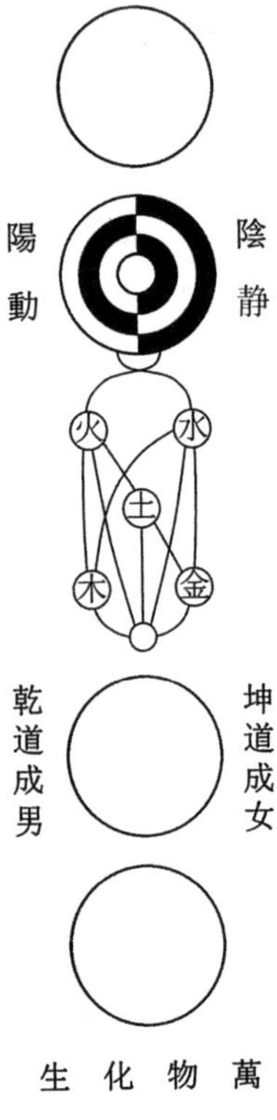

◯第一圈　此所謂「無極而太極」也，所以動而陽、靜而陰之本體也。然非有以離乎陰陽也，即陰陽而指其本體，不雜乎陰陽而爲言爾。◎第二圈　此◯太極之動而陽、靜而陰也。中◯極者，其本體也。◐左半者，陽之動也，◯太極之用所以行也。◑右半者，陰之靜也，◯太極之體所以立也。◑陰中陽者，◐陽動之根也；◐陽中陰者，◑陰靜之根也。

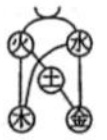

第三段五行圖

此陽變陰合而生水火木金土也。㇂自左下右者，陽之變也；㇀自右下左者，陰之合也。㊌陰盛，故居右。㊋陽盛，故居左。㊍陽穉，故次火。㊎陰穉，故次水。㊏沖氣，故居中。而水火之所從來交系乎上，陰根陽，陽根陰也。，水而木，木而火，火而土，土而金，金而復水，如環無

端，五氣布而四時行也。〇◎五行一陰陽，五殊二實，無餘欠也。陰陽一太極，精粗本末，無彼此也。太極本無極，上天之載，無聲無臭也。五行之生，各一其性。氣殊質異，各一其〇（太極），無假借也。〇（第八圈）此無極、二五所以妙合而無間也。〇（第九圈）乾男坤女，以氣化者言也。各一其性，而男女一太極也。〇（第十圈）萬物化生，以形化者言也。各一其性，而萬物一太極也。此以上引説解剥圖體，此以下據圖推盡説意。惟人也，得其秀而最靈，則所謂人〇極者，於是乎在矣。然形，〇（陰）之爲也；神，〇（陽）之發也。五性，〇（五行）之德也。善惡，〇（乾男坤女）男女之分也。萬事，〇（萬物化生）萬物之象也。此天下之動所以紛綸交錯，而吉凶悔吝所由以生也。惟聖人者，又得夫秀之精一，而有以全乎〇（太極）之體用者也。是以一動一靜，各臻其極，而天下之故常感通乎寂然不動之中。蓋中也、仁也、感也，所謂〇（陽動）也，〇（太極）之用所以行也；正也、義也、寂也，所謂〇（陰靜）也，〇（太極）之體所以立也。中、正、仁、義，渾然全體，而靜者常爲主焉，則人〇（極）於是乎立，而◎〇（五行）天地、日月、四時、鬼神有所不能違矣。君子之戒謹恐懼，所以修此〇（人極）而吉也；小人之放僻邪侈，所以悖此〇（人極）而凶也。天地人之道各一〇極也。陽也、剛也、仁也，所謂〇（陽動）也，物之始也；陰也、柔也、義也，所謂〇（陰靜）也，物之終也。此所謂易也，而三極之道立焉。實則一○（太極）也，故曰「易有太極」，◎（即陰陽而指其本體）之謂也。劉緘三曰：首段引濂溪先生太極圖說，論天地生人、聖人盡人合天之旨，爲一綱而領起，以下分四段發明。○价按：此卷詳論天道、理氣、人心、性情，而太極圖說已備言之。蓋太極理也，陰陽五行氣也。天地生人生物，予之氣以成形，即予之理以成性。中正仁義，性之真也。欲，情之動也。定之以中正仁義，無欲而靜，聖人所以性其情而與天地合其德也。以下四段皆以發明乎此而已。

誠，無爲；朱子曰：實理自然，何爲之有，即太極也。幾，善惡。朱子曰：幾者動之微，善惡之所由分也。蓋動於人心之微，則天理固當發見，而人欲亦已萌乎其間矣。此陰陽之象也。○才誠便行其所無事，而幾有善惡之分。於此之時，宜當窮察，識得是非。其初有毫忽之微，至於窮察之久，漸見充越之大，天然有個道理，開裂在那裏。此幾微之決，善惡之分也。德：愛曰仁，宜曰義，理曰禮，通曰智，守曰信。朱子曰：道之得於心者謂之德，其別有是五者之用，而因以名其體焉。即五行之性也。○幾善惡，德但就善者言之，爲聖爲賢，都從此五者做就。仁、義、禮、智、信，德之體；愛、宜、理、通、守，德之用。誠性也，幾情也，德兼性情而言也。性焉安焉之謂聖，朱子曰：性者獨得於天，安者本全於己，聖者大而化之之稱。此不待學問勉强，而誠無不立，幾無不明，而德無不備者也。○价按：此即立人極之聖人也。復焉執焉之謂賢，朱子曰：復者反而至之，執者保而持之，賢者才德過人之稱。此思誠研幾以成其德，而有以守之者也。○价按：此即修之吉之君子也。發微不可見、充周不可窮之謂神。通書。○朱子曰：發之微妙而不可見，充之周偏而不可窮，則聖人之妙用而不可知者也。○問：誠、幾、神，學者當從何入？曰：隨處用工夫，誠是存主處，幾是決擇處，發用處是神，然緊要處在幾。又曰：本在誠，着力在幾。○通書每説個「幾」字，儘有警發人處，近則公私邪正，遠則廢興存亡，只於此處看破便斡轉了。此是日用第一親切工夫，精粗隱顯，一時穿透。堯舜所謂「惟精惟一」、孔子所謂「克己復禮」便是此事。

伊川先生曰：「喜怒哀樂之未發謂之中」，中也者，言「寂然不動」者也，故曰「天下之大本」。「發而皆中節謂之和」，和也者，言「感而遂通」者也，故曰「天下之達道」。文集。下同。○朱子曰：喜怒哀樂，情也。其未發，則性也。無所偏倚，故謂之中。發皆中節，情之正也。無所乖戾，故謂之和。大本者，天命之性。天下之理皆由此出，道之體也。達道者，循性之謂，天下古今之所共由，道之用也。○中，性也。「寂然不動」，言其體則然也。和，情也。「感而遂通」，言其用則然也。○中和以性情言，寂感以心言，中和蓋所以爲寂感也。觀「言」字、「者」字，可以見其微意矣。○天命之性，純粹至善，而具於人心者，其體用之全，本皆如是，不以聖愚而有加損也。然静而不知所以存之，則天理昧，而大本有所不立矣；動而不知所以節之，則人欲肆，而達道有所不行矣。○价按：「中也者，天下之大本」，太極之體所以立也；「和也者，天下之達道」，太極之用所以行也。○未發之中，寂然不動，即誠之無爲者也。發之初動處是幾。發皆中節，感而遂通，則有善而無惡，而愛、宜、理、通、守均在其中矣。

心一也，有指體而言者，本注：「寂然不動」是也。有指用而言者，本注：「感而遂通天下之故」是也。惟觀其所見何如耳。价按：仁、義、禮、智，心之體也，性也；惻隱、羞惡、辭讓、是非，心之用也，情也。張子曰「心統性情」

者也。○朱子曰：性是靜，情是動。心則兼動靜而言，或指體，或指用，隨人所見。方其靜時，動之理已具。及動時，又只是靜底。价按：自「誠無爲」至此凡三節，爲一段。「誠無爲」，發明太極之理。「幾善惡」，發明陰陽之理。「德愛曰仁」節，發明五行之理。「喜怒哀樂」二節，發明一動一靜之理。

乾，天也。天者乾之形體，乾者天之性情。乾，健也，健而無息之謂乾。夫天專言之則道也，「天且弗違」是也。分而言之，則以形體謂之天，以主宰謂之帝，以功用謂之鬼神，以妙用謂之神，以性情謂之乾。易傳。下同。○价按：此論天道兼理氣而言。形體、功用、妙用，氣也；性情、主宰，理也。○朱子曰：「性情」，該體用、動靜而言。○火之性情則是熱，水之性情是寒，天之性情則只是一個健。健故不息，惟健乃能不息。○健之體便是天之性，健之用便是天之情。「靜專」便是性，「動直」便是情。○乾坤是性情，天地是皮殼。○「天專言之則道也」，所謂「天命之謂性」，此是説道。所謂「天之蒼蒼」，此是形體。所謂「惟皇上帝，降衷于下民」，此是説帝。○問：「以功用謂之鬼神，以妙用謂之神」，二「神」字不同否？曰：鬼神之神，此「神」字説得粗。如繫辭言「神也者妙萬物而爲言」，此所謂「妙用謂之神」也；言「知鬼神之情狀」，此所謂「功用謂之鬼神」也。○功用兼精粗而言，是説造化。妙用以其精者言，其妙不可測。○鬼神者有屈伸往來之迹，如寒來暑往，日往月來，春生夏長，秋斂冬藏，皆鬼神之功用，此皆可見也。忽然而來，忽然而往，方如此，又如彼，使人不可測知，鬼神之妙用也。○鬼神是有個漸次形迹。神則忽然如此，忽然不如此，無一個蹤由，要之亦不離於鬼神，只是無迹可見。○葉平巖曰：道者，天理當然之路。專言天者，即道也。分而言之，指其形體高而無涯者[五]，則謂之天；指其主宰運用而有定者，則謂之帝。天所以主宰萬化者，理而已。功用，造化之有迹者，如日月之往來、萬物之屈伸是也。往者爲鬼，來者爲神；屈者爲鬼，而伸者爲神也。妙用，造化之無迹者，如運用而無方、變化而莫測是也。

四德之元，猶五常之仁。偏言則一事，專言則包四者。

〈乾彖傳〉。○問：仁如何包四者？朱子曰：〈易〉便説得好，「元者善之長」。義、禮、智莫非善，這個卻是善之長。又曰：義、禮、智無仁則死矣，何處更討義、禮、智來？○仁是個温和底意思，義是慘烈剛斷底意思，禮是宣著發揮底意思，智是收斂無痕跡底意思。性中有此四者，聖門卻以求仁爲急。緣仁是四者之先，若常存得温厚底意思，到宣著發揮時便自然會宣著發揮，到剛斷時便自然會剛斷，到收斂時便自然會收斂。若將別個做主，便都對付不著了。此仁之所以包四者也。○且就氣上看，如春夏秋冬，看他四時界限，又卻看春如何包得三時。四時之氣，温涼寒熱。涼與寒既不能生物，夏氣又熱，亦非生物之時，惟春氣温厚，乃見天地生物之心，到夏是生氣之長，秋是生氣之斂，冬是生氣之藏。若春無生物之意，後面三時都無了。此仁所以包得義、禮、智也。○問：仁何以能包四者？曰：人只是一個心，就裏面分爲四者。且以惻隱論之，本只是個惻隱，遇當辭遜便爲辭遜，不安處便爲羞惡，分別處便爲是非。若無一個醒底動底在裏面，便也不知羞惡，不知辭遜，不知是非。如天地只是一個春氣，發生之初爲春氣，發生得透便爲夏，收斂便爲秋，消縮便爲冬。明年又從春起，渾然只是一個發生之氣。○問：仁包四者，就初意上看，就生意上看？曰：統是個生意。四時雖異，生意則同。劈頭是春生。到夏長養，是長養那生底。秋成遂，是成遂那生底。冬堅實，亦是堅實那生底。草木未華實，去摧折他，生意便死了。仁、義、禮、智，都只是個生意。當惻隱而不惻隱，便無生意，便死了。當羞惡而無羞惡，這生意亦死了。以至當辭遜而失其辭遜，當是非而失其是非，心便死，全無那活底意思。○仁是生底意思，通貫周流於四者之中，須得辭遜、斷制、是非三者，方成得仁之事。○偏言則曰愛之理，專言則曰心之德。如孝弟「爲仁之本」，就愛上説，此是偏言之仁。至説「克己復禮」爲仁，「居處恭，執事敬，與人忠」，「仁，人心也」，此是説專言之仁。然雖説專言之仁，所謂偏言之仁亦在裏面。○葉平巖曰：元者天地之生理也，亨者生理之達，利者生理之遂，貞者生理之正也。仁者人心之生理也，禮者仁之節文，義者仁之裁制，智者仁之明辨，信者仁之真實也。

天所賦爲命，人所受爲性〔六〕。乾彖傳。○朱子曰：天以陰陽五行化生萬物，氣以成形，而理亦賦焉，猶命令也。於是人物之生，因各得其所賦之理，以爲健順五常之德，所謂性也。○命猶誥敕，性猶職任。○价按：天以元亨利貞賦於人謂之命，人稟受於天之理則爲仁義禮智之性。○在天曰命，以流行而言，繼之者善也；在人曰性，以稟受而言，成之者性也。

鬼神者，造化之迹也。乾文言傳。○問「鬼神者，造化之迹」，朱子曰：風雨霜露，四時代謝。又問：此是迹可得而見，又曰「視之不見，聽之不聞」，何也？曰：說道無又有，説道有又無。物之生成，非鬼神而何？然又去那裏討鬼神？○如日月星辰風雷，皆造化之迹。天地之間，只是此一氣耳。來者爲神，往者爲鬼。○問：伯有爲厲，此豈亦造化之迹乎？曰：皆是也。若論正理，則似樹上忽生出花葉，此便是造化之迹。又如空中忽有雷霆風雨，皆是也。但人所常見，故不之怪。○价按：鬼神者，氣之屈伸。造者，自無而有；化者，自有而無。造化微妙，不可得見，而於氣之往來屈伸見之。氣日至而滋息，神之伸也，造之迹也；氣日反而游散，鬼之歸也，化之迹也。○屈伸者氣，而其所以屈伸者，則實理爲之，天命流行不已。「元亨」，誠之通，神之所以伸也；「利貞」，誠之復，鬼之所以歸也。

剥之爲卦，諸陽消剥已盡，獨有上九一爻尚存，如碩大之果不見食，將有復生之理。上九亦變則純陰矣，然陽無可盡之理，變於上則生於下，無間可容息也。聖人發明此理，以見陽與君子之道不可亡也。或曰：剥盡則爲純坤，豈復有陽乎？曰：以卦配月，則坤當十月。以氣消息言，則陽剥爲坤，陽來爲復，陽未嘗盡也。剥盡於上[七]，則復生於下矣。故十月謂之陽月，恐疑其無陽也。陰亦然，聖人不言耳。剥上九傳。○价按：造化之迹，不外剥、復兩端。剥者，化之迹，鬼之歸也；復者，造之迹，神之伸也。○理無可盡，故氣不容息。剥，由利而向於貞。坤，純陰無陽，貞之至也。純陰中微陽已生，貞下所以生元也。○問：剥、復相因，畢竟須經由坤，坤卦純陰無陽，如此陽有斷滅。朱子曰：凡陰陽之生，一爻當一月，須是滿三十日，方滿得那腔子，做得一畫成。坤卦非是無陽，陽始生甚微，未滿那腔子，做一畫未成。然此亦不是甚深奧事，但伊川當時不曾分明道與人，故令人做一件大事看。○「陽無可盡之理」，伊川説得甚精。且以卦配月，則剥九月，坤十月，復十一月。剥一陽尚存，復一陽已生，坤純陰，陽氣闕了三十日，安得謂之無盡？嘗細推之，這一陽不是恁地生出，纔立冬便萌芽，上面剥一分，下面便萌芽一分，上面剥二分，下面便萌芽二分，積累到那復處，方成一陽。消時亦如此。但伊川説欠幾句漸漸消長之意。○「陰亦然」，以夬、乾、姤推之亦可見。但聖人所以不言者，這便是一個參贊裁成之道。蓋抑陰而進陽，長善而消惡，用君子而退小人，此理自是恁地。雖堯舜之世，豈無小人？但有聖人壓在上面，不容他出而有爲耳。○价按：良心之在人，亦無滅盡之理。雖旦晝牿亡之極，而夜氣之息，良心亦必有生長者，在人之知所養耳。

一陽復於下，乃天地生物之心也。先儒皆以靜爲見天地之心，蓋不知動之端乃天地之心也。非知道者，孰能識之？復彖傳。○价按：一陽復於下，氣也，而理寓焉。復爲貞下生元之卦，氣之伸，造之迹，已微露其端，發生萬物皆起於此，故可以見天地之心。「元者善之長」，而復則元之元也。〇朱子曰：十月積陰，陽氣收斂，天地生物之心，固未嘗息，但無端倪可見。一陽既復，則生意發動，乃始復見其端倪也[八]。蓋陽氣收斂，天地生物之心伏藏而不可見，及陽氣長盛，萬物暢茂，天地生物之心又散漫而不可見。惟積陰之下，一陽復生，萬物生意將絶而復續，造化之仁幾息而復接，天地生物之心無時止息，於此始可見耳。若有止息，安能相生相續之無窮乎？人能見此，則知道體之無盡矣。故程子曰「非知道者，孰能識之」。〇不直下「動」字，卻云「動之端」，雖動而物未生，未到大段動處。凡發生萬物都從這裏起，豈不是天地之心！〇積陰之下，一陽復生，在人則静極而動，惡極而善，本心幾息而復見之端也。程子言之詳矣。而邵子之詩亦曰：「冬至子之半，天心无改移。一陽初動處，萬物未生時。玄酒味方淡，太音聲正希。此言如不信，更請問庖羲。」至哉言乎！學者宜盡心焉。

仁者天下之公，善之本也。復六二傳。〇价按：「一陽復於下」，天地生物之心在天爲元，在人爲仁。葉平巖曰：仁者以天地萬物爲一體，故曰「天下之公」。四端萬善皆統乎仁，故曰「善之本」。

有感必有應。凡有動皆爲感，感則必有應，所應復爲感，所感復有應，所以不已也。感通之理，知道者默而觀之可也。咸九四傳。〇价按：感應氣也，而所以感應者理也。〇朱子曰：凡在天地間，無非感應之理，造化與人事皆是。如雨便感得暘來。暘已是應，又感得雨來。寒暑晝夜，無非此理。如父慈則感得子孝，子孝則又感得父愈慈，其理亦只一般。〇問：感應之理，於學者工夫有用處否？曰：無乎不在，如何學者用不得？「精義入神以致用也，利用安身以崇德也」，亦是這道理。○葉平巖曰：屈伸往來，感應無窮。自屈而伸，則屈者感也，伸者應也；自伸而屈，則伸者感也，屈者應也。明乎此，則天地陰陽之消長變化、人心物理之表裏盛衰，要不外乎感應之理而已。○价按：以人事言，感以公則應以公，感以善則應以善。不公不善反是。是以君子慎其所感也。

天下之理，終而復始，所以恒而不窮。恒非一定之謂也，一定則不能恒矣。惟隨時變易，乃常道也。天地常久之道，天下常久之理，非知道者，孰能識之？恒彖傳。○价按：易恒卦之義：「久於其道」，以不變立其體；「利有攸往」，以變易妙其用。非一定而不變也。天地定位，體之常也；陰陽寒暑迭運，用之變也。聖人抱道在躬，體之常也；仕止久速，各當其可，用之變也。恒非一定之謂，能常而後能變，變正所以爲常，知道者默而識之可也。○朱子曰：恒非一定之謂，故晝則必夜，夜而復晝，寒則必暑，暑而復寒，若一定則不能常也。其在人，冬日則飲湯，夏日則飲水，可以仕則仕，可以止則止，今日道合則從，明日不合則去，皆隨時變易，故可以爲常也。劉䜣三曰：自「乾天也」至此爲一段，論天道理氣，發明「天以陰陽五行化生萬物，氣成形而理亦賦」之旨，以見「天體物而不遺」之意。

人性本善，有不可革者，何也？曰：語其性，則皆善也；語其才，則有下愚之不移。葉平巖曰：性無不善。才則有昏明、强弱之異，其昏弱之極者爲下愚。所謂下愚有二焉：自暴也，自棄也。人苟以善自治，則無不可移者，雖昏愚之至，皆可漸磨而進。惟自暴者拒之以不信，自棄者絶之以不爲，雖聖人與居，不能化而入也。仲尼之所謂「下愚」也。朱子曰：「言非禮義」，以禮義爲非而拒之以不信，自賊害也。「吾身不能居仁由義」，而絶之以不爲，自棄絶也。○自暴者，剛惡之所爲；自棄者，柔惡之所爲。然天下自棄自暴者，非必皆昏愚也，往往强戾而才力有過人者，商辛是也。聖人以其自絶於善，謂之「下愚」，然考其歸，則誠愚也。葉平巖曰：史記稱紂「資辯捷敏，才力過人，手格猛獸，知足以拒諫，言足以飾非」，則其天資固非昏愚者。然其勇於爲惡而自絶於善，要其終，真下愚耳。既曰「下愚」，其能革面，何也？价按：面，向也。孟子「東面而征」、「南面而征」與此處「面」字皆當作「向」字解。革面者，革不善而向善也。先儒皆謂革面而不革心，疑非是。曰：心雖絶於善道，其畏威而寡罪則與人同也。唯其有與人同，所以知其非性之罪也。革上六傳。○价按：君子恒於善，能變則善日進；小人恒於惡，不變則以惡終。人性本善，苟能變易從道，雖昏愚之極，亦可化惡而爲善，而有下愚之不移者，自暴自棄而已。「自暴者拒之以不信，自棄者絶之以不爲」，非不可移，乃不肯移耳。然心雖絶於善道而能畏威寡罪，亦可見性之本善。理義之根於人心者，終不可得而滅絶也。○朱子曰：孔子說「不移」，便定是不移了。人之氣質，實有如此者，如何必說變得？所以謂之「下愚」，而其所以至此下愚者，便是氣質之性。伊川卻只說得七分，不說到底。孟子卻只說得性善。其所言地頭各自不同。○如堯舜之不可爲桀紂，桀紂之不可爲堯舜。夫子說底只是如此，伊川卻又推其說，須知異而不害其爲同。○以聖人之言觀之，則曰「不移」而已，不曰「不可移」也。以程子之言考之，則以其不肯移而後不可移耳。蓋聖人之言，本皆以氣質之稟而言其品第，未及乎不肯不可之辨也。程子之言則以人責其不可移也，而徐究其本焉，則以其稟賦甚異而不肯移，非以其稟賦之異而不可移也。

在物爲理，處物爲義。艮彖傳。○价按：理義具於人心，而原於天性。一物各有一理，而吾所以處之者各得其宜，則義也。在父子則有慈孝之理，在君臣則有仁敬之理。仁敬孝慈各盡其道，則爲處物之義。推之他事，無不皆然。○朱子曰：義者，心之制、事之宜也。○義似一柄利刀，看甚物來都割得去，非是刀之割物處是義，只此刀便是義。○事之義雖若在外，然所以制其宜則在心。程子曰「處物爲義」，非此一句，則後人恐不免有義外之見矣。

動静無端，陰陽無始。非知道者，孰能識之？經説。下同。○价按：動静陰陽，氣也，所以無端無始者，則太極之實理爲之。天道如是，人心亦如是，道所以不可須臾離也，在人默而識之耳。○朱子曰：動之前有静，静之前又有動。推而上之，其始無端，推而下之，以至未來之際，其卒無終。○仁爲四端之首，而智則能成終成始。猶元雖四德之長，然元不生於元，而生於貞。蓋天地之化，不翕聚則不能發散，理固然也。仁智交際之間，乃萬化之機軸，此理循環不窮，總合無間。程子所謂「動静無端，陰陽無始」者，此也。○「動静無端，陰陽無始」，天道也。始於陽，成於陰，本於静，流於動，人道也。然陽復本於陰，静復根於動，其動静亦無端，其陰陽亦無始，則人蓋未始離乎天，而天亦未始離乎人也。

仁者天下之正理，失正理則無序而不和。价按：此釋「人而不仁如禮何，人而不仁如樂何」也。仁爲天下之正理。得正理，則作事秩然有序，藹然以和。失正理，則肆欲妄行，顛倒錯亂而無序，情意乖戾而不和，則雖欲用禮樂，而禮樂不爲之用也。

明道先生曰：天地生物，各無不足之理。常思天下君臣、父子、兄弟、夫婦，有多少不盡分

處。遺書。下同。○价按：天賦人以正理，君仁臣忠、父慈子孝、兄友弟恭、夫義婦正，道理完全具足，必各止於至善，然後能

盡其分。其所以不盡其分者，失其正理，故無序而不和耳。○葉平巖曰：分者天理當然之則。天之生物，理無虧欠，而人之處

物，每不盡理。如君臣、父子、兄弟、夫婦，一毫不盡其心，不當乎理，是爲不盡分。故君子貴精察而力行之也。

「忠信所以進德」，「終日乾乾」，君子當終日對越在天也。葉平巖曰：發乎真心之謂忠，盡乎實理之謂信，忠信乃進德之基。「終日乾乾」者，謂終日對越在天也。越，於也。君子一言一動守其忠信，常瞻對乎上帝，不敢有一毫欺慢之意也。以下皆發明所以對越在天之義。蓋「上天之載，無聲無臭」，其體則謂之易，其理則謂之道，其用則謂之神，其命於人則謂之性。率性則謂之道，修道則謂之教。葉平巖曰：「上天之載，無聲無臭」，所謂「太極本無極」也。體，猶質也。陰陽變易，乃太極之體也，故其體謂之易。其所以變易之理，則謂之道。其變易之用，則謂之神。此以天道言也。天理賦於人謂之性，循性之自然謂之道，因其自然者而修明之謂之教。此以人道言也。惟其天人之理一，所以當終日對越在天也。○朱子曰：體是體質之體，猶言骨子也。易者，陰陽錯綜、交换代易之謂。如寒暑晝夜，闔闢往來。天地之間，陰陽交錯，而實理流行，蓋與道爲體也。寒暑晝夜，闔闢往來，而實理流行其間，非此則實理無所頓放。故曰「其體則謂之易」，言易爲此理之體質也。○就人身而言，易猶心也，道猶性也，神猶情也。易者變化錯綜，如陰陽晝夜，雷風水火，反復流轉，縱横經緯而不已也。人心則語默動静變化不測者是也。言體則亦是形而下者，其理則形而上者也。孟子於其中又發揮出浩然之氣[九]，可謂盡矣。葉平巖曰：浩然，盛大流行之貌。蓋天地正大之氣，人得之以生，本浩然也。失養則餒，而無以配夫道義之用；得養則充，而有以復其正大之體。盡矣，謂無餘事也。此言天人之氣一，所以當終日對

越在天也。故説神「如在其上，如在其左右」，大小大事，而只曰「誠之不可揜如此夫」。徹上徹下，不過如此。葉平巖曰：大小，猶多少也。中庸論鬼神如此其盛，而卒曰「誠之不可揜」。誠者實理，即所謂忠信之體。天人之間，通此實理，故君子忠信進德，所以爲對越在天也。形而上爲道，形而下爲器，須着如此説，器亦道，道亦器，葉平巖曰：道者事物之理[一〇]，故曰「形而上」；器者事物之質[一一]，故曰「形而下」。道寓於器，本不相離。日用之間，無非天理之流行。終日對越在天，亦敬循乎此理而已。但得道在，不繫今與後，己與人。葉平巖曰：不繫，猶不拘也。言人能體而不違，則道在我，不拘人己古今，無往而不合。蓋道本無間然也。○价按：失正理，不盡分，只是不誠。求誠莫如忠信，忠信所以進德，君子當終日乾乾，對越在天也。天地之理，吾得之以謂性，故天人一理；天地之氣，吾得之以成形，故天人一氣。理氣流行於天人間，神妙不測，洋洋如在。「誠之不可揜」者，徹上徹下，在天在人無二道也。理之當然爲道，氣之成形爲器。道者器之理，器者道之質，道器不相雜，亦不相離。形上之道即寓於形下之器，君臣、父子、兄弟、夫婦皆器也，而莫不各有道焉，皆實理也。人能以實心體實理，則道在我矣。以時節言之，則有古今，而道無間於古今。以形體言之，則有人己，而道無間於人己。君子誠之爲貴，必忠信以進其德，終日對越在天，無須臾之敢忽。庶得其正理，推而行之，而無不盡之分也。○朱子曰：此是因解「乾」字，遂推言許多名字。只是一理，而各有分別。雖各有分別，又卻只是一個實理。誠者，實理之謂也。○魏默深曰：明道先生之言高遠宏闊，當求其著落處、親切處、下手處。此段只是言天理流行，無乎不在[一二]，人不可有一息之不體也。終日對越在天，是下手處。曰「忠信」、曰「誠」，則存主之要也。

醫書言手足痿痺爲不仁，此言最善名狀。仁者以天地萬物爲一體，莫非己也。認得爲己，何所不至?若不有諸己,自不與己相干。如手足不仁,氣已不貫,皆不屬己。价按:此承上文「人己」而言。以四體之不仁明心體之仁也。天人一理,物我亦一理。天人一氣,物我亦一氣。仁者心無私欲,以天地萬物爲一體,莫非己也。認得爲己,物我同體,痌瘝乃身,至誠惻怛之心周流貫通,無所不至。若稍有私意之蔽,視物我爲異體,有形骸之隔,即有人己之見。視人之疾苦於己無關,漠然無動於中。如手足痿痺,痛癢不覺,氣不相貫,則手足亦不屬己。即四體之不仁,而心體之所以仁從可識也。故博施濟衆,乃聖人之功用。仁至難言,故止曰:「己欲立而立人,己欲達而達人,能近取譬,可謂仁之方也已。」欲令如是觀仁,可以得仁之體。朱子曰:以己及人,仁者之心也。如此觀之,可以見天理之周流而無間矣。狀仁之體,莫切於此。○「博施濟衆」,是就事上説,卻不就心上説。夫子所以提起,正是就心上指仁之本體而告之。○譬,喻也。方,術也。近取諸身,以己所欲譬之他人,知其所欲亦猶是也,然後推其所欲以及於人,則恕之事而仁之術也。於此勉焉,則有以勝其人欲之私,而全其天理之公矣。○齊氏曰:手足不屬己,氣之不貫也;天地萬物不屬己,心之不貫也。身與手足一體也,外邪間之,故與氣不相貫。天地萬物一體也,人欲間之,故與心不相貫。通身與手足之間者,醫必有方;通我與天地萬物之間者,聖人亦必有方。然則恕者,聖人示學者以去間之方也。

「生之謂性」,性即氣,氣即性,生之謂也。○价按:仁者以天地萬物爲一體,性之本然也。不仁者有人己之私,拘於氣也。此條即性與氣反復言之。○人物未生之前,只謂之理,不謂之性。生而氣聚成形,理亦具焉,始謂之性。性與氣混合無間,除卻性便無氣,除卻氣亦無性。故「性即氣,氣即性」也。○仁義禮智,性也。知覺運動,氣也。告子不知有理,而以所謂氣者當之,故認氣爲性,而以甘食悦色爲性,即佛氏所謂「作用是性」也。程子謂人物既生,即此所稟以生之氣,而天命之性存焉。即易所謂「成之者性也」，與告子語同指異。○程子所謂氣，以清濁厚薄言；告子所謂氣，以知覺運動言。所謂性者不同，所謂氣者亦異。○朱子曰：此章内「性」字，有指其墮在氣質中者而言，有指其本原至善者而言。須且分別此一字，令分明不差，方可仔細逐項看詳。人生氣禀，理有善惡，然不是性中元有此兩物相對而生也。○朱子曰：此「理」字不是説實理，猶云理當如此，只作「合」字看。○葉平巖曰：氣禀雜揉，善惡攸分［一三］，此亦理之所有。然原是性之本，則善而已矣。非性中原有善惡二者並生也。有自幼而善，有自幼而惡，本注：后稷之「克岐克嶷」。子越椒始生，人知其必滅若敖氏之類。是氣禀有然也。善固性也，然惡亦不可不謂之性也。价按：性無不善，氣禀拘蔽而後流而爲惡。仁性也，慈愛之過流爲姑息則惡矣，然亦仁之爲也，不可謂之非性也。義性也，斷制之過流爲慘刻則惡矣，然亦義之爲也，不可謂之非性也。故程子曰「善惡皆天理，謂之惡者本非惡，但或過或不及便如此」。朱子曰「天下無性外之物，本皆善而流於惡耳」。蓋「生之謂性」、「人生而静」以上不容説，才説性時，便已不是性也。朱子曰：「人生而静」以上，是人物未生時，只可謂之理，未可名爲性，所謂「在天曰命」也。「才説性時」，便是人生以後。此理已墮在形氣中，不全是性之本體，所謂「在人曰性」也。葉平巖曰：此重釋「生之謂性」。凡人説性，只是説「繼之者善也」，孟子言性善是也。夫所謂「繼之者善」也者，猶水流而就下也。○价按：繼之者善，易以天命流行言，程子以人性發動言。性之發爲情，孟子言四端，即情之善以明性之善。人之情本但可以爲善而不可以爲惡，則性之本善可知，猶觀水流之就下，則知水之性下也。皆水也，有流而至海，終無所汙，此何煩人力之爲也。有流而未遠，固已漸濁。有出而甚遠，方有所濁。有濁之多者，有濁之少者。清濁雖不同，然不可以濁者不爲水也。○葉平巖曰：此重釋「善固性也，惡亦不可不謂之性」。如此則人不可以不加澄治之功。故用力敏勇則疾清，用力緩怠則遲清。及其清也，則卻只是元初水也，不是將清來換卻濁，亦不是取出濁來置在一隅也。水之清，則性善之謂也。故不是善與惡在性中爲兩物相對，各自出來。葉平巖曰：此重釋「不是性中元有兩物相對而生」。但前以本言，故曰「相對而生」，此以用言，則曰「相對各自出來」。○朱子曰：此又以水之清濁譬之。水之清者，性之善也。流而至海不汙者，氣稟清明，自幼而善，聖人性之而全其天者也。流未遠而已濁者，氣稟偏駁之甚，自幼而惡者也。流既遠而方濁者，長而見異物而遷焉，失其赤子之心者也。濁有多少，氣之昏明純駁有淺深也。「不可以濁者不爲水」，「惡亦不可不謂之性也」[一四]，然則人雖爲氣所昏，流於不善，而性未嘗不在其中。特謂之性，則非其本然，謂之非性，則初不離是。以其如此，故人不可以不加澄治之功。惟能學以勝氣，則知此性渾然[一五]，初未嘗壞[一六]，所謂「元初水也」。雖濁而清者存，故非將清來換濁；既清則本無濁，故非取濁置一隅也。如此則其本善而已矣，性中豈有兩物對立而並行也哉？○价按：天性渾全，無所汙壞，不假修爲，生知安行之聖人也。自聖人以下，有氣稟之拘，即有物欲之蔽，不能無所汙壞，但分數多少有異耳。修身體道，求復其性，或學知利行，或困知勉行，用力有勤惰，則成功有遲速。「人一己百，人十己千。雖愚必明，雖柔必强」，則性之本然者可復矣。張子曰：「形而後有氣質之性，善反之，則天地之性存焉。」蓋惟氣稟有惡，故宜加澄治之功。惟性本善，故加澄治之功而可以復其性也。

此理，天命也。順而循之，則道也。循此而修之，各得其分，則教也。自天命以至於教，我無加損焉，此舜有天下而不與焉者也。○价按：人性本然之理，純粹至善，天所命也。順而循之，則爲日用當行之道。循此而修之，使人安其分，則謂之教。因其性之本然，順其理之當然。不容以私智穿鑿，有所加損。舜有天下，恭己無爲，亦行所無事而已耳。初未嘗有所矯揉造作於其間也。○問：「此理天命也」，這處方提起以此理說，則是純指上面天理而言，不雜氣說？朱子曰：固是。又曰：理離氣不得，而今講學用心着力，卻是用這氣去尋個道理。○所引舜事，非論語本文之意。

觀天地生物氣象。本注：周茂叔看。○葉平巖曰：造化流行，發育萬物，溥博周徧，生理條達，觀之使人良心油然而生。此即周子窗前草不除去，問之，云「與自家意思一般」是也。

萬物之生意最可觀，此「元者善之長也」，斯所謂仁也。价按：在天曰命，元統四德；在人曰性，仁兼萬善。天地生物氣象，化育流行，上下昭著，萬物生意，純粹未散。此「元者善之長」，即所謂仁也。○朱子曰：物之初生，其本未遠，固好看[一七]，及幹成葉茂[一八]，便不好看。如赤子入井時[一九]，怵惕惻隱之心，只些子仁，得見時卻好看。到得發政施仁[二〇]，其仁周廣[二一]，然卻難看。

滿腔子是惻隱之心。○朱子曰：惻，傷之切。隱，痛之深。所謂「不忍人之心」也。○腔子猶言軀殼，是俗語。「滿腔子」只是言充塞周徧，本來如此。○此就人身上指出此理充塞處，最爲親切。若如此見得，即萬物一體，更無內外之分。○滿這個軀殼，都是惻隱之心，纔觸着便是這個物事出來，大感則大應，小感則小應。恰似大段痛傷固是痛，只如針子略挑些血出也便痛。故日用所當應接，更無些子間隔，癢痾疾痛莫不相關，纔是有些子不通，便是被些私意隔了。○价按：遠觀諸萬物，仁之理充滿於宇宙；近驗諸一心，仁之理充滿於吾身。

天地萬物之理，無獨必有對，皆自然而然，非有安排也。每中夜以思，不知手之舞之，足之蹈之也。朱子曰：陰與陽對，動與靜對。以至屈伸、消長、左右、上下，或以類而對，或以反而對。反覆推之，未有兀然無對而孤立者。程子謂惟道無對，然以形而上下論之，亦未嘗不有對也。○价按：「無獨必有對」，兩儀之象也。「自然而然，非有安排」，則太極之實理爲之。

中也者，天下之大本[一二]，天地之間，亭亭當當、直上直下之正理。出則不是，惟「敬而無失」最盡。价按：此言未發之中，不偏不倚也。「亭亭當當，直上直下」，借俗語以形容無偏倚之意。「中者天下之大本」，靜而無以存之，則此心放逸於外，而不可以言中。惟戒慎恐懼，敬而無失，則渾然在中，無少偏倚，有以存養天命之性，而大本立矣。

伊川先生曰：公則一，私則萬殊。人心不同如面，只是私心。○价按：公則視民物爲同體，故一；私則劃肝膽爲楚、越，故萬殊。「人心不同如面，只是私心」，去其私心，則仁矣。○劉緘三曰[一三]：中則仁之體立，公則仁之用行。

凡物有本末，不可分本末爲兩段事。灑掃應對是其然，必有所以然。○价按：事，末也。理，本也。其然，事也。所以然，理也。事有大小，理無精粗，日用常行之事皆有至當不易之理。本末精粗，一以貫之。爲其事而昧其理，俗學也。以日用爲粗迹，而别求玄妙之理，異學也。皆分本末爲兩事也。○朱子曰：灑掃應對之事，其然也，形而下者也。灑掃應對之理，所以然也，形而上者也。自形而下者而言，則灑掃應對之理，精義入神，本末精粗不可同日而語矣。自夫形而上者言之，則初未嘗以其事之不同，而有餘於此、不足於彼也。曰：物有本末，而本末不可分者何也？曰：有本末，其然之事也。不可分者，以其悉具所以然之理也。○問：所以然者是如何？曰：若無誠意，如何灑掃應對？○价按：以事言，則正心修身爲本，灑掃應對爲末。以事與理對言，則事爲末，理爲本。事無大小，皆有所以然之理以貫之，故不可分本末爲兩段事。

楊子拔一毛不爲，墨子又摩頂放踵爲之，此皆是不得中。至如子莫執中，欲執此二者之中，不知怎麽執得。識得則事事物物上[二四]，皆天然有個中在那上，不待人安排也，安排著便不中矣。价按：此論處事之中，無過不及者也。○葉平巖曰：楊朱爲我，故以一毫利天下而不爲。墨翟兼愛，故雖摩頂至踵可以利天下而爲之。楊、墨各守一偏，固皆失其中。子莫，魯之賢人，懲二者之偏，欲於二者之間而取中。夫中者隨時而在，不能隨時以權其宜，而膠於一定之中，則所執者亦偏矣。故君子貴於格物以致其知，物格而知至，則有以識夫時中之理，而於事事物物各有天然之中，不待著意安排也。若事事安排，則或雜以意見之私，而非自然之中矣。○朱子曰：三聖相授，「允執厥中」，與「子莫執中」文同而意異。蓋精一之餘，無適非中，其曰「允執」，則非徒然執之也。子莫之執中，其爲我不敢爲楊朱之深，其兼愛不敢爲墨翟之過，而於二者之間，執其一節之爲中耳。故由三聖以爲中，則其中活；由子莫以爲中，則其中死。中之活者，隨時隨事而無不中；中之死者，非學聖人之學，不能有以權之而常適於中也。權者，「權衡」之權，言其可以稱物之輕重，而游移前卻，以適其中。蓋所以節量仁義之輕重，而時措之者也。

問：時中如何？曰：中字最難識，須是默識心通。且試言：一廳則中央爲中，一家則廳中非中而堂爲中，言一國則堂非中而國之中爲中。推此類可見矣。如三過其門不入，在禹、稷之世爲中，若居陋巷，則非中也。居陋巷，在顔子之時爲中，若三過其門不入，則非中也。价按：時中者，隨時以處中，即所謂權也。○朱子曰：道之所貴者中，中之所貴者權。○聖賢之心，無所偏倚，隨感而應，各盡其道。○楊龜山曰：禹、稷三過其門而不入，苟不當其可，則與墨氏無異。顔子在陋巷不改其樂，苟不當其可，則與楊氏無異。子莫執「爲我」、「兼愛」之中而無權，鄉鄰有鬬而不知閉户，同室有鬬而不知救之，是亦猶執一耳。故孟子以爲賊道。禹、稷、顔回易地則皆然，以其有權也。不然，則是亦楊、墨而已矣。

无妄之謂誠，不欺其次矣。本注云：李邦直云「不欺之謂誠」，便以不欺爲誠。徐仲車云「不息之謂誠」，中庸言「至誠無息」，非以無息解誠也。或以問先生，先生曰云云。○价按：隨時處中，所以行之者誠也。誠，實理也，聖人以實心體實理，無一毫之虚妄，誠者也。不欺，猶未免於有意也，誠之者也，故曰「其次」。○朱子曰：无妄是自然之誠，不欺是着力去做底。

沖漠無朕，萬象森然已具，未應不是先，已應不是後。如百尺之木，自根本至枝葉皆是一貫，不可道上面一段事無形無兆，卻待人旋安排引入來教入塗轍。既是塗轍，卻只是一個塗轍。价按：誠，實理也，即太極也。沖漠無朕，太極本無極也。沖漠無朕，而陰陽五行萬事萬物之理已備具其中，無極而太極也。

釋氏說空，老氏說無，均說向空寂去，與周子「無極」之旨迥異，學者所宜細參。未應，寂也，體也。已應，感也，用也。寂然之中而感通之理已具，即體而用在其中。故未應非先，已應非後。非未應之時無形無兆、空空蕩蕩，至已應之時，始安排此理，使之循塗守轍也。「沖漠無朕，萬象森然已具」，一本之所以萬殊也。塗轍只一塗轍，萬殊之所以一本也，皆實理也。○朱子曰：未有事物之時，此理已具，少間應處，只是此理。所謂塗轍，即是所由之路。如父之慈，子之孝，只是一條路，從源頭下來。○管向定曰：此言全體能包大用，體用所以一源也。

近取諸身，百理皆具。屈伸往來之義，只於鼻息之間見之。屈伸往來只是理，不必將既屈之氣復爲方伸之氣。生生之理，自然不息。如復卦言「七日來復」，其間元不斷續。陽已復生，物極必返，其理須如此。有生便有死，有始便有終。朱子曰：此段爲橫渠「形潰反原」之說而發。○問：屈伸往來，氣也，程子曰「只是理」，何也？朱子曰：其所以屈伸往來者，是理必如此。「一陰一陽之謂道」，陰陽，氣也，其所以一陰一陽循環而不已，乃道也。○价按：「至誠無息」，天地之爲物不貳，則其生物不測。不貳所以誠也，誠故生生之理自然不息，非以既屈之氣復爲方伸之氣。程子謂驗之鼻息可見，价謂驗之草木更易見。今歲花葉枯落，屈也、往也、死也、終也；明歲花葉更生，伸也、來也、生也、始也。伸者自伸，非以屈爲伸；來者自來，非以往爲來。死者不能復生，終者不能復始，豈能以今歲既枯之花葉爲來歲更生之花葉乎？推之人物殆無不然。○李果齋曰：往而屈者，其氣已散；來而伸者，其氣方生。生生之理，自然不窮。若以既屈之氣復爲方伸之氣，則是天地間只有許多氣來來去去，造化之理不幾於窮乎？釋氏不明乎此，所以有輪回之說。○葉氏曰：學者先看天地二氣之屈伸，若朝暮，若寒暑，若榮謝，大綱已明，卻反驗之吾身。自父母生育之始，及少長壯老之變，晝夜作息夢覺，熟體而精察之，無餘藴矣。○管向定曰：此言大用流行，循環不已。使人體諸身而驗之，以知天道亦如此。

明道先生曰：天地之間，只有一個感與應而已，更有甚事？朱子曰：陰陽之變化，萬物之生成，情僞之相通，事爲之終始，一爲感則一爲應，循環相代，所以不已也。○价按：屈伸往來，皆感應也。天地之感應，至誠無僞，故生生不息。人事之感應，有誠有僞，以誠感者以誠應，以僞感者以僞應，故君子不問人之所以應，而但慎己之所以感。

問仁。伊川先生曰：此在諸公自思之，將聖賢所言仁處類聚觀之，體認出來。孟子曰：「惻隱之心，仁也。」後人遂以愛爲仁。愛自是情，仁自是性，豈可專以愛爲仁？孟子言「惻隱之心，仁之端也」，既曰仁之端，則不可便謂之仁。退之言「博愛之謂仁」，非也。仁者固博愛，然便以博愛爲仁則不可。葉平巖曰：仁者愛之性，愛者仁之情。以愛爲仁，是指情爲性。端之云者，言仁在中而端緒見於外也。或問：樊遲問仁，子曰「愛人」，是夫子亦嘗以愛言仁也？曰：孔門問答皆是教人於已發處用功。孟子所謂「惻隱之心，仁也」，亦是於已發之端體認。但後之論者[二五]，無復知性情之別，故程子發此義以示人，欲使沿流而泝源也，學者其深體之。○价按：朱子謂「仁是愛之體，愛是仁之用」、「愛是仁之情，仁是愛之性」，斯言最盡。周子言「愛曰仁」，即用以指其體，猶孟子言「惻隱之心，仁也」，即情以驗夫性，初非以愛爲仁也，後人不達此旨，遂以愛爲仁，知用而不知體，知情而不知性，而仁之理晦矣，故程子非之。

問：仁與心何異？曰：心譬如穀種，生之性便是仁，陽氣發處乃情也。施虹玉曰：此言仁與心之別。心者，人之神明。仁者，本心之全德。故伊川先生以穀種喻心。仁則其生之性，此説「仁」字最親切處。○陳潛室曰：孟子只恐人懸空去討仁，故即人心而言；程子又恐人以人心爲仁，故即穀種而言。○价按：生之性，猶言生之理也。親親仁民愛物，仁之用也，情也。生之理，則仁之體也，性也。穀種有此生理，而根莖花實由此而生。人心有此生理，而親親仁民愛物由此而出。人心私欲錮蔽，則生理摧殘，本心之德失，如穀種朽爛不能復生。克己復禮，所以葆此生理以全其心之德也。

義訓宜，禮訓別，智訓知，仁當何訓？説者謂訓覺、訓人，皆非也。當合孔孟言仁處，大概研窮之，二三歲得之，未晚也。价按：仁者以天地萬物爲一體，痌瘝乃身，有感斯通，固無不覺。然覺者知之用，故不可以訓人。中庸曰「仁者人也」，章句云「人指人身而言，具此生理，自然便有惻怛慈爱之意」，孟子曰「仁也者，人也」，集注云「仁者，人之所以爲人之理也」，如此則以人訓仁，亦無不可。然終費分解，不如義之訓宜、禮之訓別、智之訓知直捷簡明。漢學家以二人偶爲仁，謂人與人相偶，則慈愛之心生。此仁之用，非仁之體，如其言，則幽居獨處不與人接，遂無所謂仁矣，安可以訓仁乎？○問：仁當何訓？朱子曰：不必用一字訓，但要識得大意通透。○江慎修曰：古人訓字多用諧聲，苟識得大意，則「人」字未嘗不可訓。要之仁字之義，朱子「心之德」、「愛之理」二言盡之矣。

性即理也。天下之理，原其所自[二六]，未有不善。喜怒哀樂未發，何嘗不善？發而中節，則無往而不善，發不中節，然後爲不善。故凡言善惡，皆先善而後惡；言吉凶，皆先吉而後凶；言是非，皆先是而後非。本注：易傳曰：「成而後有敗，敗非先成者也；得而後有失，非得何以有失也？」○价按：性即人心所禀之理也。性命於天，原其所自，未有不善。未發之前，氣不用事，仁義禮智之性渾然在中，何嘗不善？性發爲情，而後善、不善分焉。以理宰氣，則中節而善。以氣汩理，則不中節，然後爲不善。○朱子曰：「性即理也」，在心喚做性，在事喚做理。○「性即理也」一語，自孔子後惟伊川説得盡，攧撲不破。便是千萬世説性根基。○靈峰先生曰：善惡、吉凶、是非，先善後惡、先吉後凶、先是後非，程子舉語言之先後自然以明其理。邪正、曲直、災祥，顛倒其辭，取便語言，則非天地自然之理，不足以難程子也，蔡虚齋之言泥矣。

問：心有善惡否？曰：在天爲命，在事爲理[二七]，在人爲性，主於身爲心，其實一也。心本善，發於思慮，則有善有不善。若既發，則可謂之情，不可謂之心。譬如水，只可謂之水。至如流而爲派，或行於東，或行於西，卻謂之流也。葉平巖曰：天道流行，賦與萬物，謂之命。事物萬殊，各有天然之則，統而名之，謂之理。人得是理以生，謂之性。是性所存，虚靈知覺，爲一身之主宰，謂之心。實則非二也。推本而言，心豈有不善？自七情之發，而後有善惡之分。○价按：此章當從朱子之説，微有未穩，想是記者之誤。心統性情，性固心之所具，情亦心之所發，不可謂之非心。譬如水，水之源固謂之水，水之流亦不可謂之非水也。以前章「心一也，有指體而言者，有指用而言者」之説格之，則情正心之用也，焉得以情有不善，遂謂非心所爲哉？

性出於天，才出於氣。氣清則才清，氣濁則才濁。才則有善有不善，性則無不善。价按：仁義禮智之性出於天，昏明强弱之才出於氣。氣清則才强明而清，氣濁則才昏弱而濁。氣質雖有不善，而性無不善，人能百倍其功，則足以變化氣質，愚明柔强，而性可復矣。○葉平巖曰：性本乎理，理無不善。才本乎氣，氣則不齊。故或以之爲善，以之爲惡。○朱子曰：性是形而上者，氣是形而下者。形而上者全是天理，形而下者只是渣滓。至於形，又是渣滓至濁者也。○孟子曰：「若夫爲不善，非才之罪也。」朱子曰：一般能爲謂之才。才之初，亦無不善，緣他氣禀有善惡，故才亦有善惡。孟子專指其發於性者言之，故以爲才無不善。程子專指其發於氣者言之[二八]，則人之才固有昏明强弱之不同矣。張子所謂「氣質之性」是也。二説雖殊，各有所當，然以事理考之，程説爲密[二九]。蓋氣質所禀雖有不善，而不害性之本善。性雖本善，而不可以無省察矯揉之功，學者所當深玩也。

性者自然完具，信只是有此者也。故四端不言信。价按：信即誠，實理也。天之命於人，人之得於天，實有此仁義禮智之理完全具足，即信也，故四端不言信，而信在其中矣。○朱子曰：信是個真實無妄底道理，如仁義禮智皆真實而無妄，故信字更不須説。○信是誠實此四者，實有是仁，實有是義，禮、智皆然。如五行之有土，非土不足以載四者。又如土於四時，各王十八日。○五行非土不立，而土無定位。五常非信不有，而信非一端。故曰：「誠者，物之終始，不誠無物。」亦可以觀矣。

心，生道也。有是心，斯具是形以生。惻隱之心，人之生道也。价按：「心生道也」，言人之心以生爲道也，即所謂仁也。天地以生物爲心，而所生之物，又各得夫天地生物之心以爲心，故人之心以生爲道也。仁人之心，至誠惻但，有觸斯動，心之生理如草木之有生意，暢茂條達，自不可遏，故曰「惻隱之心，人之生道也」。○此條之説，施氏璜謂「有是形而有知覺運動[三〇]，生生不窮」，固謬。李青函謂「心存則衆善皆由此出」，解爲本立道生之意，尤謬。天地之大德曰生，人心之大德亦曰生。天地以生物爲心，人亦以生物爲心。「生道」二字借用孟子。孟子云「以生道殺民」，謂本欲生之也。程子所謂「生道」，猶言生理也、生意也、生機也。觀「惻隱之心」四字可見。劉緘三曰：自「人性本善」至此爲一段，論人心性情，發明「聖人定之以中正仁義」、「主静立人極」、「君子修之吉」之旨，以見仁體事而無不在之意。○价按：天人一理，天人一氣，聖人與天合德。君子修之，主敬存誠，以理馭氣，約情歸性，吾心之仁周流貫徹，無一事之不體，亦如天之體物而不遺焉，則亦可以盡人合天矣。

橫渠先生曰：氣坱然太虛，升降飛揚，未嘗止息。此虛實動静之機，陰陽剛柔之始，浮而上者陽之清，降而下者陰之濁。其感遇聚散，爲風雨，爲霜雪，萬品之流形，山川之融結，糟粕煨燼，無非教也。正蒙。下同。○价按：此條極言氣之功用，末句始説到理上。坱然，盛大氤氲之義。盈天地之間皆氣，升降飛揚，無須臾停息。「虛實動静之機」，機以流行者言。「陰陽剛柔之始」，始以對待者言。對待者上浮爲陽，下降爲陰。流行者感遇聚散，成形而生萬物。至粗之迹，皆實理之所形見。故曰「無非教也」。理寓於氣，氣載夫理，氣之生人生物、成形成質，莫非示人以理也，周子所謂「五行一陰陽，陰陽一太極」，意正如此。○朱子曰：「氣坱然太虛，升降飛揚，未嘗止息」，此張子所謂「虛空即氣」也。蓋天在四畔，地居其中，減得一尺地，遂有一尺氣，但人不見耳。此是未成形者。問：虛實以陰陽言否？曰：以有無言。及至「浮而上」、「降而下」，則已成形者。若所謂「山川之融結，糟粕煨燼」，即是氣之渣滓。要之皆是示人以理。○實與動便是陽，虛與静便是陰。但虛實動静是言其用，陰陽剛柔是言其體而已。

游氣紛擾，合而成質者，生人物之萬殊。其陰陽兩端循環不已者，立天地之大義。价按：「游氣紛擾」即上章所謂「升降飛揚」者，「合而成質」即上章所謂「感遇聚散」者，人物萬殊由此生焉。「陰陽兩端」即上章所謂「陰陽剛柔之始」，「循環不已」即上章所謂「虛實動静之機」。日月運行，寒暑往來，陰而陽，陽而陰。乾道之所以變化，而性命各正。天地之所以絪緼，而萬物化醇者不外乎此。故曰「立天地之大義」。此條雖專言氣而不及理，然承上章末句而言，則氣之所在，亦莫非示人以理也。○朱子曰：陰陽循環如磨，游氣紛擾如磨中出者。○「循環不已者」，「乾道變化」也。「合而成質者」，「各正性命」也。○「游氣」者，指其所以賦與萬物。一物各得一個性命，便有一個形質，皆此氣合而成之也。雖是如此，而所謂陰陽兩端成片段滚將出來者，固自若也。亦猶論太極物物皆有之，而太極之體未嘗不存也。○「立天地之大義」，此是説氣之本。

天體物不遺，猶仁體事而無不在也。「禮儀三百，威儀三千」，無一物而非仁也。「昊天曰明，及爾出王。昊天曰旦，及爾游衍」，無一物之不體也。朱子曰：體物猶言爲物之體也，蓋物物有個天理。體事謂事事是仁做出來。凡言體，便是做他骨子。○葉平巖曰：禮儀，經禮也。威儀，曲禮也。禮文之大小，無非愛敬懇惻之心所發見者，故曰「無一物而非仁也」。不然，則禮文特虛文而已。王、往通。詩大雅板之篇。出王，謂出而有所往也。旦，亦明也。游衍，寬縱之意。言天道昭明，凡人往來游息之所，此理無所不在，以證體物不遺之意。○价按：天者，理之所從出。

一物一理即一物一天，無一物無理即無一物無天。故天體物而不遺。仁者，心之德、愛之理，遇父則孝，遇子則慈，遇民物則愛，故仁體事而無不在。大而綱常倫理，小而事物細微，莫非天理之流行，無一事而非仁也。一本而萬殊，萬殊而一本。莫非實理之充周，無一物之不體也。

鬼神者，二氣之良能也。价按：「天體物而不遺」，天無爲也，其功用謂之鬼神。天之生物，陰陽二氣而已。陰陽非鬼神，其往來屈伸，靈妙不可測處乃鬼神也。鬼神一往一來，一屈一伸，自然而然，非有安排，故謂之「良能」。鬼神氣也，而理寓焉。天之生物，皆氣之屈伸爲之。氣伸而理在伸中，氣屈而理在屈中，天所以體物而不遺也。

物之初生，氣日至而滋息；物生既盈，氣日反而游散。至之謂神，以其伸也；反之謂鬼，以其歸也。价按：此承上章而言。「良能」、「功用」見於氣之屈伸。氣至而滋息，則物以始；氣反而游散，則物以終。物之終始，莫非陰陽合散之所爲，此鬼神所以體物而不可遺也。鬼神，天地之功用，鬼神體物不遺，即天之體物不遺也。○朱子曰：天下萬事萬物只是個陰陽、消息、屈伸，横渠將屈伸説得貫通。○横渠言至謂之神、反謂之鬼，固是。然雷風山澤亦有神，今之廟貌亦謂之神，亦以方伸之氣爲言耳。此處要錯綜周徧而觀之，伸中有屈，屈中有伸。伸中有屈，如人有魄是也；屈中有伸，如鬼而有靈是也。人死便是鬼[三一]，祖考來格便是神[三二]。○通天地間一氣而言曰鬼神，主於人身而言曰魂魄。方伸之氣，精魄固具，然神爲主。及氣之屈，魂氣雖存，然鬼爲主。氣盡則魄降而純乎鬼矣。

性者，萬物之一源，非有我之得私也。惟大人爲能盡其道，是故立必俱立，知必周知，愛必兼愛，成不獨成。彼自蔽塞而不知順吾理者，則亦末如之何矣。葉平巖曰：性原於天，人所同得。大人能盡己之性，則能盡人之性。故己有所立，必與人以俱立；己有所知，必使人以周知。愛必兼愛，使人皆得所愛；成不獨成，使人皆有所成。四者，大人之存心也。立者禮之幹，知者智之用，愛者仁之施，成者義之遂。自立於禮以至成於義，學之始終也。張子之教以禮爲先，故首曰立。如是而彼或蔽塞而不通，不知所以順乎理，然其心固欲其同盡乎一源之性也。此即大學「明明德於天下」、中庸「成己成物」之道，蓋西銘之根本也。○价按：「立必俱立，知必周知，愛必兼愛，成不獨成」，皆至誠惻怛之心自然流露，仁之體事而無不在者然也。

一故神。譬之人身，四體皆一物，故觸之而無不覺，不待心使至此而後覺也。此所謂「感而遂通」，「不行而至，不疾而速」也。价按：天地之爲物不貳，則其生物不測。不貳，一也。不測，神也。天地祇此一理。陰陽升降上下，日月寒暑往來，生人生物，神化無窮。聖人之心渾然一理，不二不雜，神妙不測，感而遂通，不疾而速，不行而至。天之所以體物不遺，仁之所以體事而無不在，皆一之神爲之也。○朱子曰：「一故神」，横渠親注云「兩在故不測」。只是一物，卻周行乎事物之間，如陰陽屈伸往來上下。以至於行乎什伯千萬之中，無非這一個物事，所以謂「兩在故不測」。「兩故化」，注云「推行乎一」。凡天下事，一不能化，惟兩而後能化。雖是兩個，要之亦是推行乎此一耳。○問「一故神」，曰：一是一個道理，卻有兩端用處不同。譬如陰陽，陰中有陽，陽中有陰，陰極生陽，陽極生陰，所以神化無窮。○發於心，達於氣，天地與吾身共只是一團物事。所謂鬼神者，只是自家氣，自家心下思慮才動，這氣即敷於外，自然有所感通。

心，統性情者也。横渠語録。下同。○朱子曰：統猶兼也。性是體，情是用，性情皆出於心，故心能統之。統，如統兵之統，言有以主之也。○統是主宰。性者心之理，情者心之動[三三]，心者性情之主。孟子曰「仁，人心也」，又曰「惻隱之心」。「性」「情」上都下個「心」字，可見「心統性情」之義。○未動爲性，已動爲情。心則貫乎動静而無不在焉。知言曰「性立天下之有，情效天下之動，心妙性情之德」，此言甚精密。○心是神明之舍，爲一身之主宰。性便是許多道理，得之於天而具於心者。發於智識念慮處皆是情。故曰「心統性情」。○价按：仁體事而無不在，不外於一心，心統性情者也。仁、義、禮、智，性也，而根於心；惻隱、羞惡、辭讓、是非，情也，而發於心。仁者，本心之全德，統四端，兼萬善。静而敬以存之，則有以養其性，仁之體立，而義、禮、智皆仁也。動而敬以察之，則有以約其情，仁之用行，而羞惡、辭讓、是非皆惻隱也。仁之體事而無不在者然也。

凡物莫不有是性。由通蔽開塞，所以有人物之別；由蔽有厚薄，故有智愚之別。塞者牢不可開，厚者可以開，而開之也難，薄者開之也易，開則達於天道，與聖人一。价按：人物之生，同得天地之理以爲性。性無不同，而氣則有異。由氣有通蔽開塞，故有人物之別。由氣之蔽有厚薄，故有智愚之別。塞者拘於形體，牢不可開，禽獸之屬與下愚不移者是也。蔽之厚者，困知勉行，非百倍其功，不足以致之，故開之也難。蔽之薄者，學知利行，開之也易。開則理明義精，有以變化氣質，復其本然之性，達於天道，與聖人一矣。中庸所謂「知之一」、「成功一」也。○朱子曰：此段似不如吕與叔分别得分曉。吕曰：「蔽有淺深，故爲昏明；蔽有開塞，故爲人物。」○問：人之習於不善，終不可反與？曰：勢極重者不可反，亦在乎識之淺深與其用力之多寡耳。須是痛加工夫，人一己百，人十己千，然後能及學利者。進而不已，則成功與聖人一也。○陳氏沆曰：橫渠先生之意專爲氣質不齊者而言，以見不可無矯揉變化之功，故云「開則達於天道，與聖人一」。若聖人之無待於開而自無所蔽，不待言也。朱子謂「通蔽開塞」似欠了生智之聖，恐非張子立言之意。○劉緘三曰：「天道」、「聖人」，結應卷首太極圖説之意。自開其蔽則自明而誠，結應「君子修之」之事，以起下卷「爲學」之意。劉緘三曰：自「橫渠先生」至末爲一段，論天道理氣、人心性情，發明「天以陰陽五行化生萬物，氣成形而理亦賦」及「聖人定之以中正仁義而主静立人極」之旨，以見「天體物而不遺，猶仁體事而無不在」而「君子修之所以吉也」之意。

【校勘記】

［一］而大本有所不立　「立」，葉本作「識」。

［二］以質而語其生之序　「生」，葉本作「性」。

［三］誠之復而性之真　「真」，葉本作「貞」。

［四］仁義而非中正　「非」，葉本作「匪」。

［五］指其形體高而無涯者　「高」下，葉本有「大」字。

［六］人所受爲性　「人」，葉本作「物」。

［七］剥盡於上　「剥」原作「陽」，據葉本改。

［八］乃始復見其端倪也　「倪」，葉本、施本、茅本、陳本作「緒」。

［九］孟子於其中又發揮出浩然之氣　「於」，葉本、茅本、施本、江本、陳本均作「去」。

[一〇] 道者事物之理　「者」下，葉本有「指」字。

[一一] 器者事物之質　「者」下，葉本有「指」字；「質」，葉本作「體」。

[一二] 無乎不在　「乎」，陳本作「處」。

[一三] 善惡攸分　「攸」，葉本作「由」。

[一四] 惡亦不可不謂之性也　「惡」字原無，據江本補。

[一五] 則知此性渾然　「性」，葉本作「理」。

[一六] 初未嘗壞　「壞」，葉本作「損」。

[一七] 其本未遠固好看　「其本未遠」，葉本、施本、茅本、陳本作「純粹未散」；「固」，葉本、施本、茅本、陳本作「最」。

[一八] 及幹成葉茂　「茂」，葉本作「盛」。「成葉茂」，茅本作「葉茂盛」。

[一九] 如赤子入井時　「如赤子」，葉本作「見孺子」。

[二〇] 到得發政施仁　「得」，葉本、茅本作「他」。

[二一] 其仁周廣　「周」，葉本、施本、茅本、陳本作「固」。

[二二] 中也者天下之大本　「也」字，葉本、江本無。

[二三] 劉緘三曰　「緘」原作「鍼」，據前後文改。

〔二四〕識得則事事物物上　「事事物物」，葉本作「凡事物」。
〔二五〕但後之論者　「論」下，葉本有「仁」字。
〔二六〕原其所自　「自」下，葉本有「來」。
〔二七〕在事爲理　「事」，葉本、江本作「義」。
〔二八〕程子專指其發於氣者言之　「專」，葉本作「兼」。
〔二九〕程説爲密　「説」，江本作「子」。
〔三〇〕施氏璜謂有是形而有知覺運動　「有是形」，施本作「即形生」。
〔三一〕人死便是鬼　「鬼」，江本作「歸」。
〔三二〕祖考來格便是神　「神」，江本作「伸」。
〔三三〕情者心之動　「動」，葉本作「用」。

近思録解義卷之二 凡百十一條

朱子曰：此卷「爲學大要」。劉緘三曰：此卷以「自明誠」爲主，以學聖人之道者「志於仁」、「知行並進」、「敬義夾持」、「不可以不弘毅」爲總旨，以「乾道坤道」、「着力得力」、「古之學者爲己，今之學者爲人」爲分意，體似兩截。

濂溪先生曰：聖希天，賢希聖，士希賢。朱子曰：希，望也。字本作「睎」。○价按：首篇起結皆言天道、聖人。此卷以「聖希天」總承上卷，以「賢希聖」二句總領通篇。伊尹、顔淵，大賢也。伊尹耻其君不爲堯舜，一夫不得其所，若撻於市。顔淵「不遷怒，不貳過」，「三月不違仁」。朱子曰：説見書及論語，皆賢人之事也。○价按：上卷言「仁體事而無不在」，此卷論爲學之道莫要於志仁，維聖安仁，維賢求仁。伊尹「一夫不得其所，若撻於市」，則仁之用行；顔子「三月不違仁」，則仁之體立。志伊尹之所志，學顔子之所學，朱子曰：此言「士希賢」也。○价按：「學」字内兼有「知行並進」、「敬義夾持」工夫。有着力處，有得力處。過則聖，及則賢，不及則亦不失於令名。通書。下同。○朱子曰：二者隨其用力之淺深，以爲所至之遠近，不失令名，以其有爲善之實也。○价按：志伊學顔，過聖及賢，爲己之學也。實至而名自歸，故不失令名，有意求名則爲人之學也。○胡氏曰：周子患人以發策決科、榮身肥家、希世取寵爲事也，故曰「志伊尹之所志」。患人以廣聞見、工文辭、矜智能、慕空寂爲事也，故曰「學顏子之所學」。人能志此志而學此學，則知此書之包括至大，而其用無窮矣。

聖人之道，入乎耳，存乎心，蘊之爲德行，行之爲事業。彼以文辭而已者，陋矣。朱子曰：欲人真知道德之重，而不溺於文辭之陋也。○价按：蘊爲德行，發爲事業，爲己之學也。以文辭而已者，爲人之學也。

或問：聖人之門，其徒三千，獨稱顏子爲好學。夫詩書六藝，三千子非不習而通也，然則顏子所獨好者何學也？价按：承上章「學顏子之所學」。伊川先生曰：學以至聖人之道也。价按：學聖人之道，承上二章之意而言，以領起通篇。聖人可學而至歟？曰：然。學之道如何？曰：天地儲精，得五行之秀者爲人。葉平巖曰：人物萬殊，莫非二氣五行之所爲也。然人則得其精且秀者，是以能通於道而爲聖爲賢。其本也真而靜，其未發也五性具焉，曰仁、義、禮、智、信。朱子曰：真指本體而言，靜但言其初未感乎物。未發即靜之謂，五性即真之謂。仁、義、禮、智、信者，未發之蘊，而性之真也。形既生矣，外物觸其形而動其中矣。其中動而七情出焉，曰喜、怒、哀、懼、愛、惡、欲[二]。情既熾而益蕩，其性鑿矣。葉平巖曰：性動則爲情，情炎於中，末流益蕩，則反戕賊其性矣。是故覺者約其情使合於中，正其心，養其性；愚者則不知制之，縱其情而至於邪僻，梏其性而亡之。然學之道，必先明諸心，知所往，一本作「知所養」。然後力行以求至，所謂自明而誠也。朱子曰：「明諸心，知所往」，窮理之事。「力行」、「求至」，踐履之事。○价按：學聖人之道須就性情上做工夫，工夫不外敬、義。此段明揭性情暗含敬、義。未發而五性具，必「敬以直内」，而後有以養其性。中動而七情出，必「義以方外」，而後有以約其情。程子不言「敬義」而言「知行」者，「致知」、「力行」於學者入手工夫爲尤切也。○知行並進，學之大端，必致知、格物，而後能明諸心，知所往。誠意、正心、修身，則力行以求至也。○博文，致知之事。約禮，力行之事。○「自明而誠」，乃此卷一篇大旨，學聖人之道，求進於「誠」而已。以中庸言之，「明諸心，知所往」，擇善之功也。力行求至，固執之功也。擇善則可進於明，固執則可進於誠矣。

誠之之道，在乎信道篤，信道篤則行之果，行之果則守之固。仁義忠信不離乎心，造次必於是，顛沛必於是，出處語默必於是，久而弗失，則居之安，動容周旋中禮，而邪僻之心無自生矣。葉平巖曰：此因上文言所以誠之之道也。信道篤則不惑，行之果則不止，守之固則不變。仁義忠信不離乎心者，信之篤也。造次顛沛、出處語默必如是者[二]，行之果也。久而弗失，守之固也。動容周旋中禮，邪僻之心不生，則幾於化矣。○价按：致知力行，學之着力處也。行果守固以下，申言力行求至之意。久而弗失，居安中禮，則學之得力處也。

故顏子所事，則曰：「非禮勿視，非禮勿聽，非禮勿言，非禮勿動。」說見論語。仲尼稱之，則曰：「得一善，則拳拳服膺而弗失之矣。」說見中庸。又曰：「不遷怒，不貳過。」說見論語。「有不善未嘗不知，知之未嘗復行也。」說見繫辭下傳。○价按：至明以察其幾，故有不善未嘗不知。至健以致其決，故知之未嘗復行。

此其好之、篤學之之道也。然聖人則不思而得、不勉而中，顏子則必思而後得、必勉而後中。其與聖人相去一息，所未至者，守之也，非化之也。以其好學之心，假之以年，則不日而化矣。价按：顔子以賢希聖者也。聖人自誠而明，賢人自明而誠。「假之以年，不日而化」，則其至誠之妙，亦不異於聖人矣。孰謂聖不可學而至哉？後人不達，以謂聖本生知，非學可至，而爲學之道遂失。不求諸己而求諸外，以博文强記、巧文麗辭爲工[三]，榮華其言，鮮有至於道者。則今之學與顔子所好異矣。文集。下同。○价按：求諸己，爲己之學也；求諸外，爲人之學也。爲己爲人，乃學問緊要關頭。必有爲己之心，然後可以學聖人之道。○葉平巖曰：後世聖學無傳，不知反身修德，徒以記問、詞章爲學，去道愈遠矣。○朱子曰：好學論是程子十八歲作。○此論説得條理，只依此學，便可以終其身也。

横渠先生問於明道先生曰：定性未能不動，猶累於外物，何如？明道先生曰：所謂定者，動亦定，静亦定，無將迎，無内外。苟以外物爲外，牽己而從之，是以己性爲有内外也。且以性爲隨物於外，則當其在外時，何者爲在内？是有意於絶外誘，而不知性之無内外也。既以内外爲二本，則又烏可遽語定哉？此明道年二十三爲鄠令，横渠以書問，明道以書答。○葉平巖曰：此章就「累於外物」一句反覆辨明。蓋萬物不同，而無理外之物；萬理不同，而無性外之理。凡天下之物理，酬酢萬端，皆吾性之所具也。所謂「定性」者，非一定而不應也。發而中節，動亦定也；敬而無失，静亦定也。將，送也。事之往也無將，事之來也無迎，動静一定，何有乎將迎！「寂然不動」者，存於内也，「感而遂通」者，應於外也，體用一貫，何間乎内外！○价按：性無内外，而坤文言敬義分内外者，敬直於内，内直則外自方；義方於外，外方則内愈直。敬義夾持，乃合内外之道也。○朱子曰：「知止而後有定」，只看此一句便了得。萬物各有當止之所，知得則此心自不爲動。舜「號泣於旻天」，「象憂亦憂，象喜亦喜」，此是當應而應，當應而應便是定。○黄勉齋曰：此書分七段讀。此首段。「定性」字當作「定心」看。若以心有内外，不惟未可語定，亦且不識心矣。

夫天地之常，以其心普萬物而無心；聖人之常，以其情順萬事而無情。故君子之學，莫若擴然而大公，物來而順應。价按：學聖人之道，在知行，尤在敬義。學者用知行工夫，而未能知止有定，往往惡動求静，以累於外物爲患，而求絶於物。求絶於物，則自私而不公，故知雖致而不能以有爲爲應跡。累於外物，則用智而不順，故行雖力而不能以明覺爲自然。皆敬義之功未至也。此篇未明言敬義，而敬義自在其中。蓋必「敬以直内」，則心無私曲，而後能擴然大公；「義以方外」，則因事制宜，而後能物來順應。○朱子曰：「大公」以統體言，「順應」則就其中細言之。擴然大公是「寂然不動」，物來順應是「感而遂通」。○所謂「普萬物」、「順萬事」者，即「擴然而大公」之謂。所謂「無心」、「無情」者，即「物來而順應」之謂。○聖人自有聖人大公，賢人自有賢人大公，學者自有學者大公。曰：學者大公當如何？曰：只是除去私意。事物之來，順他道理以應之。且如有一事，自家見得道理是如此，卻有偏曲意思要爲那人，便是不公，便逆了此道理，不能順應。○黄勉齋曰：此第二段。此書大意不過此二語：擴然大公是不絶乎物，物來順應是不累乎物。

易曰：「貞吉，悔亡。憧憧往來，朋從而思[四]。」苟規規於外誘之除，將見滅於東而生於西也。非惟日之不足，顧其端無窮，不可得而除也。价按：「貞」字内具有敬義工夫。貞者，虚中無我之謂也。虚中故大公，無我故順應。不能虚中，故「憧憬往來」；不能無我，故「朋從而思」。○黄勉齋曰：此第三段，引易以結上段之意。「貞吉」則虚中無我，不絶乎物，而亦不累乎物也。「憧憬」則累乎物矣。

人之情各有所蔽，故不能適道，大率患在於自私而用智。自私則不能以有爲爲應迹，用智則不能以明覺爲自然。今以惡外物之心，而求照無物之地，是反鑑而索照也。价按：不能敬以直内，故自私而不公；不能義以方外，故用智而不順。○問：自私則不能擴然大公，所以不能以有爲爲應迹。用智則不能物來順應，所以不能以明覺爲自然。朱子曰：然。○應迹謂應事物之迹，若心則未嘗動也。○或問：「自私」、「用智」之語，恐即是佛氏之自私？曰：常人之私意與佛氏之自私，皆一私也。但明道説得闊，非專指佛之自私。葉平巖曰：横渠欲去外物之累，便已近於釋氏。故程子推其病源，自然與釋氏相似。然其「自私」類於釋，而「用智」則又類於老。要之，二氏用意，皆欲不累於外物而已。○黄勉齋曰：此第四段，只是與前二段相反。自私便是求絶乎物，用智是反累乎物。不能以有爲爲應迹，故求絶乎物；不能以明覺爲自然，故反累乎物。

易曰：「艮其背，不獲其身；行其庭，不見其人。」孟子亦曰：「所惡於智者，爲其鑿也。」與其非外而是内，不若内外之兩忘也。兩忘則澄然無事矣，無事則定，定則明，明則尚何應物之爲累哉！价按：「不獲其身」、「不見其人」，則不自私而擴然大公，敬之所以直内也。鑿，用智也。行所無事，則不用智而物來順應，義之所以方外也。内直外方，而後内外兩忘，不誘於物而定，不惑於物而明。定且明，尚何應物之爲累哉！○朱子曰：内外兩忘，非忘也。一循乎理，不是内而非外也。○黄勉齋曰：此第五段，亦引易以結上文。艮「不獲其身」則無我，無我則不自私。用智而鑿，則不以明覺爲自然，故不若内外之兩忘也。

聖人之喜，以物之當喜；聖人之怒，以物之當怒。是聖人之喜怒，不繫於心而繫於物也。是則聖人豈不應於物哉？烏得以從外者爲非，而更求在内者爲是也？今以自私用智之喜怒，而視聖人喜怒之正爲何如哉？价按：喜怒繫於心，則自私而用智；喜怒繫於物，則大公而順應。○朱子曰：天之怒，雷霆亦震。舜誅四凶，當其時亦須怒。但當怒而怒便中節，事過便消了，更不積。○血氣之怒不可有，義理之怒不可無。○黄勉齋曰：此第六段。以聖人喜怒，明其擴然大公，物來順應也。

夫人之情，易發而難制者，惟怒爲甚。第能於怒時遽忘其怒，而觀理之是非，亦可見外誘之不足惡，而於道亦思過半矣。价按：忘怒則不自私，故公；觀理則不用智，故順，敬義夾持之功也。○朱子曰：此明道爲學者理未甚明底說。言於怒時且權停閣這怒，而觀理之是非，少間自然見得當怒不當怒。蓋怒氣易發難制，如水之澎漲，能權停閣這怒，則如水漸漸歸港。○黄勉齋曰：此第七段。未嘗無怒，而觀理是非，則未至於聖人，而於道思過半矣。此段專說順應一邊，然未嘗不怒，則是大公。文公舊說，則兼大公、順應而言，蓋以「遽忘其怒」爲大公也。○總論。朱子曰：明道意，言不惡事物，亦不逐事物。今人惡則全絶之，逐則又爲物引將去。惟不拒不流，泛應曲當，則善矣。蓋横渠有意於絶外物而定其内，明道意以爲須是内外合一，動静皆定，則應物之際自然不累於物，苟只静時能定，則動時恐被物引去矣。○吴敬庵曰：逐事物，衆人之徇欲也；惡事物，異端之虚寂也。學者須知得道理分明，凡事不着一毫私意，只是順理而行，廓然大公，物來順應，則内外動静皆一理之本然，而性定矣。

伊川先生答朱長文書曰：聖人之言[五]，不得已也。蓋有是言則是理明，無是言則天下之理有闕焉。如彼耒耜陶冶之器，一不制則生人之道有不足矣。聖賢之言雖欲已，得乎？然其包盡天下之理[六]，亦甚約也。後之人始執卷，則以文章爲先，平生所爲，動多於聖人。然有之無所補，無之靡所闕，乃無用之贅言也。不止贅而已，既不得其要，則離真失正，反害於道必矣。來書所謂欲使後人見其不忘乎善，此乃世人之私心也。夫子「疾没世而名不稱焉」者，疾没世無善可稱云爾[七]，非謂疾無名也。名者可以厲中人，君子所存，非所汲汲。价按：此申言周子以文辭爲陋及程子好學論結段之意。學者巧文麗辭，藉口於聖賢立言，大抵名心未化耳。名心一萌，爲人而不爲己，而知行敬義之功弛矣。不知聖賢之言所以明理，包涵甚約，爲己者終至成物。後人執卷爲文章，適以害道。爲人者終至喪己，無善可稱，而汲汲於名。

此世俗之私心陋見，非君子之所貴也。劉綎三曰：自卷首至此爲首段，先引濂溪先生二節爲領起，點志仁學聖，以爲一卷大旨。曰「不失令名」、曰「彼以文辭而已者陋矣」，便伏爲己、爲人之根。引好學論見「聖人之道可學而至」，明點知行，暗含敬義。引定性書見「知止而後有定」，言君子之學，敬以直内，擴然而大公，義以方外，物來而順應，忘怒觀理，指明下手工夫。再引答朱長文書以收束之。離真，反收好學論。失正，反收定性書。害道，反收濂溪二節。復注「疾没世而名不稱」以應令名，收束嚴密。

内積忠信，所以進德也；擇言篤志，所以居業也。朱子曰：一言一動，必忠必信，是積也。○「内積忠信」是實心，「擇言篤志」是實事。○忠信者，「如惡惡臭，如好好色」，表裏無一毫之不實。擇言謂修辭，篤志謂立誠。立誠即上文「忠信」。○内有忠信，方能修辭。德以心言，業者德之事。德要日新又新，故曰進；業要存而不失，故曰居。進如「日知其所亡」，居如「月無忘其所能」。進德、修業只是一事。「知至至之」，致知也。求知所至而後至之，知之在先，故「可與幾」，所謂「始條理者，知之事也」。「知終終之」，力行也。既知所終，則力進而終之，守之在後，故「可與存義」，所謂「終條理者，聖之事也」。此學之始終也。易傳。下同。○价按：此論知行並進之功，申好學論篇意。「忠信」、「篤志」，皆求誠之事，「致知」、「力行」，所謂「自明誠」也。忠信所以進德，有所進必有所至。至即至善之地也，知所至而推致以至之，致知也。知極其至，則精微奥妙之藴洞悉無遺，故「可與幾」。孟子所謂「始條理者，知之事也」，在顔子則博文之功也。修辭立誠，所以居業，有所居必有所終。終者，至善之歸宿處也，知所終而勤勉以終之，力行也。守之既固，則理爲我有，不至旋得旋失，故「可與存義」。孟子所謂「終條理者，聖之事也」，在顔子則約禮之功也[八]。○

朱子曰：「知至至之」，進德之事。「知終終之」，居業之事。

君子主敬以直其内，守義以方其外。敬立而内直，義形而外方。義形於外，非在外也。敬義既立，其德盛矣，不期大而大矣，德不孤也。無所用而不周，無所施而不利，孰爲疑乎？价按：此論敬義夾持之功，申定性書篇意。内不自直，主敬以直其内；外不自方，守義以方其外。直内方外，而不是内非外。内直則公，外方則順。無不周，公也。無不利，順也。敬義既立，不疑所行，尚何應物之爲累乎？○朱子曰：敬以直内者，持守之事；義以方外者，講學之功。「直」是直上直下，無纖毫委曲。「方」是割截方正之意，是處事皆合宜，如一物四方在面前，不可得而移易之意。○問「義形而外方」，曰：義是心頭斷事，心斷於内，而外自方正，萬物各得其宜。○此坤六二之爻。德是工夫已到，實有得於己者。敬義皆立，然後德不孤。二者闕其一則不可行，便是孤。若敬而無義，則做出事來便錯了。只義而無敬，則無本何以爲義？皆是孤也。須是敬義立，方不孤。

動以天爲无妄，動以人欲則妄矣。无妄之義大矣哉！葉平巖曰：震下乾上爲无妄。震，動也。乾，天也。故曰「動以天爲無妄」。雖無邪心，苟不合正理，則妄也，乃邪心也。价按：敬以直内，然後無邪心；義以方外，然後合正理。既已无妄，不宜有往，往則妄也。故无妄之彖曰：「其非正有眚[九]，不利有攸往。」价按：敬義夾持則動以天，無妄而誠矣；否則動以人欲，妄而不誠矣。敬義並重，敬以存心，尤必義以制事。學者知敬而不知義，則雖無邪心，而行事不合正理，亦妄也。申生豈有邪心？而不知大杖則逃之義，故陷父於惡。釋氏豈有邪心？而毀四大，去人倫，亦適形其妄而已。○朱子曰：所謂「雖無邪心」而「不合正理」者，該動靜而言。如燕居獨處之時，物有來感，理所當應，而此心頑執不動，則此不動處便非正理。又如應事接物處，理當如彼，而吾所以應之者乃如此，則雖未必出於血氣人欲之私，然只此亦是不合正理。既不合正理，非邪妄而何？又如賢智者過之，其心豈有邪？卻不合正理。○茅氏曰：「往」謂私意之營爲也，蓋既已无妄，則當循其實理之自然，以聽禍福之自至，不可有苟得倖免之心〔一〇〕，以往而求之也。

人之蘊蓄，由學而大，在多聞前古聖賢之言與行。考蹟以觀其用，察言以求其心，識而得之，以蓄成其德。大畜象傳。○价按：學以畜德，多識前言往行，致知以明其理，正以爲力行之地，故識而得之，可以蓄成其德。彼採輯古人言行，誇多鬭靡，專以供文辭之用，則德之棄也，爲人之學，非爲己之學也。○朱子曰：書雖是古人書，今日讀之，所以蓄自家之德。卻不是欲這邊讀得些，便搬出做那邊用，讀書將以求道，不然讀作何用。今人不去這上理會道理，皆以涉獵該博爲能，所以有道學、俗學之分。

咸之象曰：「君子以虛受人。」傳曰：「中無私主，則無感不通。以量而容之，擇合而受之，非聖人有感必通之道也。」价按：「以虛受人」，敬也，而義在其中。「中無私主」，內之直也。「無感不通」，外之方也。○朱子曰：心無私主，也只是公。善則好之，惡則惡之，善則賞之，惡則刑之。此聖人至公至神之化，如天地一般，寒則偏天下皆寒，熱則偏天下皆熱，便是有感皆通。問：心無私主最難。曰：只是克去己私，便心無私主。若心有私主，只是相契者應，不相契者則不應。○以量，謂隨我量之大小以容之。擇合，謂擇其合於我而受之。皆謂不虛也。○葉氏曰：有量必有限，有合則必有不合。其九四曰：「貞吉，悔亡。憧憧往來，朋從爾思。」傳曰：「感者人之動也，故咸皆就人身取象。四當心位而不言咸其心，感乃心也。感之道無所不通，有所私係則害於感通，所謂悔也。聖人感天下之心，如寒暑雨暘，無不通無不應者，亦貞而已矣。貞者虛中無我之謂也。」葉平巖曰：咸卦取象人身，初爲拇，二爲腓，三爲股，五爲脢，上爲輔頰舌，四當心位而不言心者，感者必以心也。有感則有通，然使在此者有所私係，則爲感之道狹矣。心所不通，是悔也。聖人之感天下，如寒暑雨暘，周徧公溥，無所私係，故無不通應，所謂「貞吉」而「悔亡」也。或謂貞者正也，未有解爲「虛中無我」者。愚聞之師曰：「諸卦之貞，各隨卦義以爲正，乾以健爲貞，坤以順爲貞。故曰『利牝馬之貞』。『虛中無我』者，咸之正也。然此與象『以虛受人』異者，蓋象取山澤通氣之義，謂虛中以受人之感。爻取四爲感之主，謂虛中以感人也。惟虛則能應人之感，惟虛則能感人之應，其理則一也。」若往來憧憧然，用其私心以感物，則思之所及者有能感而動，所不及者不能感也。以有係之私心，既主於一隅一事，豈能廓然無所不通乎？」价按：貞兼敬義，貞者虛中無我。虛中則公，故心無私係。無我則順，故有感必通。若「憧憬往來，朋從爾思」，內不直則外不方，不能擴然大公，又安能物來順應乎？○朱子曰：聖人未嘗不教人思，只是不可憧憧，這便是私了。感應自有個自然底道理，何必思他？若是義理，卻不可不思。○一往一來，感應之常理，是自然之往來。憧憧是加私意不好底往來，只是加一個忙迫底心，不能順自然之理。○伊川說得未備。往來自還他自然之理，惟正靜爲主，則吉而悔亡。至於憧憧則私爲主，而思慮之所及者朋從，所不及者不朋從矣。是以事未至而迎之，事已過則將之，全掉脫不下。今人皆病於無公平之心，所以事物之來，少有私意雜焉，則陷於所偏重矣。

君子之遇艱阻，必思自省於身，是失而致之乎［一一］？有所未善則改之，無歉於心則加勉，乃自修其德也。蹇象傳。○价按：君子固無感不通。若遇艱阻，則必反己自省。有則改之，無則加勉，敬義夾持，以自修其德而已。○葉平巖曰：此教人以處險阻之道［一二］。君子反躬之學，雖遇險阻，亦莫非進德之地。

非明則動無所之，非動則明無所用。豐初九傳。○价按：明者，致知之功。動者，力行之事。○朱子曰：豐「明以動」，以明心應事物也。○徒明不行，則明無所用，空明而已。徒行不明，則行無所向，冥行而已。○見善明是平日工夫，用心剛是臨事決斷，二者皆不可闕，而當以平日工夫爲先，不然則其所動者未必不爲狂妄激發過中之行矣。

習，重習也。時復思繹，浹洽於中，則悦也。葉平巖曰：繹，往來紬繹也。學者於所學之事，時時思繹，不驟不輟，久則義理浹洽於中［一三］，自然悦豫。○朱子曰：「浹洽」二字，宜子細看。凡於聖賢言語，思量透徹，乃有所得。譬之浸物於水，水若未入，只是外面稍濕，裏面依前乾燥，必浸之久，則透内皆濕。程子之言極有深意。○价按：學兼知行，習亦兼知行。思繹浹洽，知也。謝氏所謂「坐時習」、「立時習」，行也。兼此二説，其義始備。程子之説，專以知言也。以善及人，而信從者衆，故可樂。价按：善有諸己，足以及人。信從者衆，同歸於善，成己者終能成物，所以可樂。○朱子曰：己既有得，何待人之信從始爲可樂？須知己之有得，亦欲人之皆得。然信從始但一二人，亦未能愜吾之意，至於信從者衆，豈不可樂！雖樂於及人，不見是而無悶，乃所謂君子。經説。下同。○价按：君子之學，爲己非爲人。雖樂於以善及人，人不見是，亦勉進吾學而已，何悶之有？○葉平巖曰：自信之篤而無待於外，所以爲成德之君子。○价按：時習，學之着力處也。説樂不愠，則學之得力處也。

「古之學者爲己」，欲得之於己也；「今之學者爲人」，欲見知於人也。价按：浹洽於中，得於己也。爲人者欲見知於人，汲汲以求人信從，人不見是，神喪意沮，安能無悶？名心未化，而所學荒矣，何以爲君子？○朱子曰：爲學且須分内外義利，便是生死路頭。○今須先正路頭，明辨爲己、爲人之别，直見得透，卻旋旋下工夫，則思慮自通，知識自明，踐履自正，積日累月，漸漸熟，漸漸自然。若見不透，路頭錯了，則讀書雖多，爲文雖工，終做事不得。

伊川先生謂方道輔曰：聖人之道，坦如大路，學者病不得其門耳。得其門，無遠之不可到也。求入其門，不由於經乎？今之治經者亦衆矣，然而買櫝還珠之蔽，人人皆是。經所以載道也，誦其言辭，解其訓詁，而不及道，乃無用之糟粕耳。方元寀，字道輔。買櫝還珠事見韓非子。○葉平巖曰：經所以載道，猶櫝所以藏珠，治經而遺乎道，猶買櫝而還其珠。覬足下由經以求道，勉之又勉，異日見卓爾有立於前，然後不知手之舞、足之蹈，不加勉而不能自止矣。手帖。○价按：聖人之道，備載於經，坦如大路。知行、敬義，皆入道之門也，人病不求耳。買櫝還珠，爲人之學也，故經爲無用之糟粕。由經求道，爲己之學也，故無遠之不可到。知行並進，敬義夾持，勉之又勉，卓爾如見。聖人之道可學而至，亦求之於經而已。○朱子曰：買櫝還珠之論，尤可以警學者用心之謬。

明道先生曰：「修辭立其誠」，不可不子細理會。言能修省言辭，便是要立誠。若只是修飾言辭爲心，只是爲僞也。葉平巖曰：「修省言辭」者，中有其誠，省治之，將以立實德也；「修飾言辭」者，中無其誠，修飾之[一四]，將以誇美也。省、飾之間，乃天理、人欲之分。○朱子曰：蘇季明，横渠門人，祖横渠修辭之説，以立言傳後爲修辭。明道所謂「修辭」，只是如「非禮勿言」。○人多將言語作没緊要，容易説出來。若一一要實，這工夫自是大。○誠便是忠信，修省言辭便是要立得這忠信。若口不擇言，逢事便説，則忠信便被汩没動蕩，立不住了。○問：何不説事，卻説辭？曰：事尚可欺人，辭不可揜，故曰「言顧行，行顧言」。若修其言辭，正爲立己之誠意，乃是體當自家「敬以直内，義以方外」之實事。○葉平巖曰：體當，俗語，猶言體驗勘當也。○茅氏曰[一五]：敬義工夫在平日，修省言辭則其臨事勘驗也。如一言不敢妄發，便是敬。而其言之發也，必一一當理，便是義。所謂「立己之誠」者如此。道之浩浩，何處下手？惟立誠纔有可居之處。有可居之處，則可以修業也。「終日乾乾」，大小大事，卻只是「忠信所以進德」爲實下手處，「修辭立其誠」爲實修業處。遺書。下同。○价按：學者當由經以求道，而世之治經者，往往以立言傳後爲修辭，不知易所謂「修辭立其誠」，乃謂人當修省言辭，言不妄發，必忠必信，便是立誠，非著書立説之謂也。若以修飾言辭爲心，則僞也，非誠也，爲人也，非爲己也。

伊川先生曰：志道懇切，固是誠意。若迫切不中理，則反爲不誠。蓋實理中自有緩急，不容如是之迫。觀天地之化可知[一六]。价按：此承上文「立誠」而言。「志道懇切，固是誠意」，然求之太迫，則不中理，而反爲不誠。蓋實理中自有緩急，優游饜飫，從容涵泳，寬以居之，自有所得，不容如是之迫，觀天地之化可知。穀之生也，耕耘培擁，苗而秀，秀而實，則須俟其自化，而我無與焉，未可以急迫求也。若揠苗助長，則非徒無益，而又害之矣。〇朱子曰：升高自下，陟遐自邇，能不遺寸晷，而不計近功，則終必有至矣。〇學者必優游饜飫而自得之，固不可以自畫而緩，亦不可以欲速而急。〇嚴立課程，寬著意思，久之自當有味，不可求欲速之功。

孟子才高，學之無可依據。學者當學顏子，入聖人爲近，有用力處。又曰：學者要學得不錯，須是學顏子。本注：有準的。〇价按：顏、孟皆以賢希聖者也。學者有志於道，當學顏、孟，乃可以士希賢。但孟子才高，學之無可依據。顏子博文約禮，知行並進，當下便有用力處，入聖人爲近，故學者當學顏子，方有準的，不至於錯。〇陸氏之「先立其大」，王氏之「致良知」，皆學孟子而錯者。程、朱居敬、窮理、力行，則善學顏子者也。吾人欲學顏子，須先學程、朱。

明道先生曰：且省外事，但明乎善，惟進誠心，其文章雖不中不遠矣。所守不約，泛濫無功。价按：學無内外，而初學則宜且省外事。明善者，致知之事。進誠心者，信道篤，行之果，守之力也。自明而誠，有德者必有言，其文章雖不中不遠矣。明善進誠心，守約之功也。所守不約，馳心外事，自治必疏，故泛濫而無功。〇朱子曰：「且省外事」，只是教人鞭辟近裏。明善是致知，誠心是誠意。知至即便意誠。善才明，誠心便進。「其文章雖不中不遠矣」，便是應那「省外事」一句。善只是那每事之至理，文章是威儀制度。「所守不約，泛濫無功」，説得極切。這般處只管將來玩味，則道理自然都見。又曰：這段是呂與叔自關中來，初見程子時説話。蓋横渠多教人禮文制度之事，他學者用心不近裏，故以此説教之。然只可施之與叔諸人，若與龜山言，便不着地頭了。

學者識得仁體，實有諸己，只要義理栽培。如求經義，皆栽培之意。价按：守約莫要於體仁。「元者善之長」，明善者明此而已。明善，然後能識得仁體。進誠心，然後能實有諸己。識得者，知之事。實有則守之固而行之力矣。仁體實有諸己，以義理栽培，則生意自暢，否則雖博求經義，栽培個甚。○朱子曰：識得是知之，實有是得之。若只識得，只是知有此物，卻須實有諸己，方是己物也。○涵養工夫如一粒芥子，中間含有許多生意，亦須是培壅澆灌方得成。若只見道理如此，便要受用去，則一日只如一日，一年只如一年，不曾長進，正如菜子無糞去培壅，無水去澆灌也。須是更將語、孟、中庸、大學中道理去涵養。

昔受學於周茂叔，每令尋顏子、仲尼樂處，所樂何事。朱子曰：程子之言，引而不發，蓋欲學者深思而自得之。今亦不敢妄爲之説，學者但當從事於博文約禮之誨，以至於欲罷不能而竭其才，則庶乎有以得之矣。○問：顏子所樂何事，周子、程子終不言，不審先生以爲所樂何事？曰：人之所以不樂者，有私意耳，克己之私則樂矣。○問：孔、顏之樂，求之亦甚難？曰：且就聖賢著實用功處求之，如克己復禮，致謹於視聽言動之間，久久自當純熟，充達向上去。○价按：聖人安仁，顏子不違仁，私欲净盡，天理流行，其樂可知。學者從事於博文約禮之誨，真知力行，漸精漸熟，使仁體實有諸己，則亦能樂孔顏之樂矣。○胡敬齋曰：學者未能克己求仁，先要求顏子之樂，所以卒至狂妄。

所見所期不可不遠且大，然行之亦須量力有漸。志大心勞，力小任重，恐終敗事。价按：「士不可以不弘毅」，志伊學顔，遠大自期，弘也。然人之才質不同，須量其力之所能及，循序漸進，方可有得。「志大心勞，力小任重」，弘而不毅，恐終敗事。○朱子曰：學者志道，固不可不以遠大自期。然苟悦其大而忽於近[一七]，慕於大而累於細，則無漸次經由之實，而徒有懸空跂望之勞，亦終不能以自達矣。○學問亦無一超直入之理[一八]，直是銖積寸累做將去，某是如此喫辛苦從漸做來。

朋友講習，更莫於「相觀而善」工夫多[一九]。學記：「相觀而善之謂摩。」○价按：友所以輔仁，有言之益猶淺，無言之益最深。薰陶漸摩，可以涵養德性，變化氣質。相觀而善，獲益良多。

須是大其心使開闊，譬如爲九層之臺，須大做脚始得。价按：大其心使開闊，則不失於隘陋，而有以居之，所謂弘也。○朱子曰：心只是放寬平便大，不要先有一私意隔礙便大[二〇]，心大則自然不急迫。○識得道理源頭便是大地盤。語云「執德不弘」，易曰「寬以居之」，聖賢多説個寬弘廣大之意，學者要須體之。

明道先生曰：自「舜發於畎畝之中」至「百里奚舉於市」[二一]，若要熟，也須從這裏過。价按：工夫就大處做，尤須就實處做。動心忍性，增益不能。從貧困艱苦中鍊出毅力，方可以當大任而不懼。故曰「若要熟，也須從這裏過」。優游安逸，志弱骨柔，遺大投艱，必至僨事。○朱子曰：須從貧困艱苦中做來方堅牢。似一條路，須每日從上面往來，行得熟了，方認得許多險阻去處。若素不曾行，忽然一旦撞行將去，少間定墮坑落塹去也。○葉平巖曰：履艱處困，則歷變多而慮患深，察理密而制事審。

參也，竟以魯得之。价按：曾子誠篤，其學皆自艱難辛苦中得之，質魯而能深造乎道，得力全在一「毅」字。學者雖有明敏之資，必用困勉之功，方可有得。若要熟，也須從這裏過。不然，領會雖易，而持守不固，終不足以達道。○朱子曰：敏底見得容易，又不能堅守。鈍底捱得到略曉得處，便説道理止此，更不深求。惟曾子不肯放舍，若這事看未透，真是捱得到透處，所以竟得之。○緣他質魯，故着工夫去看，遂看得來透徹，非他人所及。有一等伶俐人，見得雖快，然只從皮膚上略過，所以不如他。

明道先生以記誦博識爲「玩物喪志」。本注：時以經語録作一册。鄭轂云：嘗見顯道先生云：「某從洛中學時，録古人善行，别作一册。明道先生見之，曰：『是玩物喪志。』蓋言心中不宜容絲髮事。」胡安國云：謝先生初以記問爲學，自負該博，對明道舉史書成篇，不遺一字。明道曰：「賢卻記得許多，可謂玩物喪志。」謝聞此語，汗流浹背，面發赤。及看明道讀史，又卻逐行看過，不蹉一字。謝甚不服，後來省悟，卻將此事做話頭，接引博學之士。○謝良佐，字顯道，上蔡人，程子門人。○价按：記誦博識之學，多出於才智明敏之士。主於矜奇炫異，而不主於明道畜德，故程子譏其「玩物喪志」。魯者之所以得，敏者之所以失，學者所宜明辨也。○朱子曰：明道以上蔡記誦爲「玩物喪志」，蓋謂其意不是理會道理，只是誇多鬬靡爲能。若明道看史，不蹉一字，則意思自别。此正爲己、爲人之分。

禮樂只在進反之間，便得性情之正。原注：以上並明道語。○价按：記誦之學，不向性情上用功，故玩物喪志。欲理性情者，其必從事禮樂乎。禮之體嚴，嚴者常失之不及，故以進爲文。行事無所勉强，則嚴中有和，而不苦其拘迫。樂之用和，和者常失之過，故以反爲文。意思務爲收斂，則和中有嚴，而不至於流蕩。一進一反，無過不及，故得其性情之正，非記誦之學所及知也。○問：記曰：「禮主其減，樂主其盈。禮減而進，以進爲文；樂盈而反，以反爲文。」恐減與盈是禮樂之體本如此，進反是用功處否？朱子曰：減是退讓、撙節、收斂底意思，是禮之體本如此。進者力行之謂。盈是和悦、舒散、快滿底意思，是樂之體本如此。反者退斂之謂。禮主其減，卻欲進一步向前着力去做。樂主其盈，卻須退斂節制收拾歸裏。如此則得性情之正。問：如此則禮樂相爲用矣。曰：然。○主於減者，以進爲文，主於盈者，以反爲文，中間便自有個恰好處，所謂「性情之正」也。○秦別隱曰：性之德中，情之德和。而禮樂進反之間，時常莊敬，而慢易之心不入；時常和樂，而乖戾之心不生，氣象自別。

父子君臣，天下之定理，無所逃於天地之間。安得天分，不有私心，則行一不義，殺一不辜，有所不爲。有分毫私，便不是王者事。价按：父子君臣，各有定理，不可踰越。禮之爲體至嚴也，然其體雖嚴，而其用則和。安得天分，循其理之自然，無所勉强，而不參以私心，則樂之和也。有分毫私心，則不安天分，而失其定理，便非王者之事。○朱子曰：天分即天理也。父子君臣各安其分，則安得私？

論性不論氣，不備；論氣不論性，不明。二之則不是。价按：定理原於天性之善，私心發於氣禀之偏，故繼以「論性」「論氣」。○朱子曰：論性不論氣，則無以見生質之異；論氣不論性，則無以見義理之同。○本然之性，只是至善，然不以氣質而論之，則不知其有昏明開塞、剛柔强弱，故有所不備。徒論氣質之性，而不自本原言之，則雖知有昏明開塞、剛柔强弱之不同，而不知至善之源未嘗有異，故其論有所不明。須是合性與氣觀之，然後盡。○論氣不論性，荀子言性惡，揚子言善惡混是也。論性不論氣，孟子言性善是也。○孟子終是未備，所以不能杜絶荀、揚之説。○不備則少欠耳，不明則大害事。○須是兩邊都説，理方明備。「二之」正指上二句，「論性不論氣」、「論氣不論性」，便是二之。○問：氣質之説，始於何人？曰：此起於程、張，極有功於聖門，有補於後學。韓退之説三品，説得也是，但不曾分明説是氣質之性，所以有費分疏。諸子説性惡與善惡混，使程、張之説早出，許多説話[一二二]，自不用分争。故程、張之説立，則諸子之説泯矣。○周子太極圖，卻有氣質底意思。程子之論，又自太極圖中見出來。

論學便要明理，論治便須識體。价按：性者，萬事萬理所從出。存之爲天德，行之爲王道。學之理，治之體，皆吾性中所固有。論學而不明理，則爲記誦詞章，而不足以達天德。論治而不識體，則爲小惠私智，而不足以語王道。○朱子曰：所謂「明理」，亦只是明其所當然與其所以然而已。○學者只要理會這一理，這理纔通，則凡天理人欲、公私、義利、善惡之辨，莫不皆通。○事理合當做處，凡事皆有個體。如作州縣，便合治告訐，除盗賊，勸農桑，抑末作。如朝廷，便須開言路[一二三]，通下情，消朋黨。如爲大吏，便須求賢才，去贓吏，除暴斂，均力役。這個是一定格局，合當如此做。

曾點、漆雕開已見大意，故聖人與之。价按：見大意者，大處見得分明，所謂弘也，明理識體，皆在其中。曾點灑落，所見極高，而行不掩言，則毅力有所不足。漆雕開篤實，所見不及曾點之高，而工夫精密，則毅力似較優於點。○朱子曰：「大意」便是本初處。若不見得大意，如何下手做工夫？若已見大意，而不下手做工夫，亦無益[二四]。○問：「大意」畢竟是如何？曰：若推其極，只是「惟皇上帝，降衷於下民」。○點開闊，開深穩。○論其資禀之誠慤，則開優於點；語其見趣超詣[二五]，脱然無毫髮之累，則點賢於開。然開之進則未已也。○學問須是大進一番，方始有益，若能於一處大處攻得破，那許多零碎，只是這一個道理，方始快活。然零碎底非是不當理會，但大處攻不破，縱理會些子終不快活。曾點、漆雕開已見大意，只緣他大處看得分曉。今且道他那大底是甚物事。天下只有一個道理，學只要理會這一個道理，這理纔通，莫不皆通。

根本須是先培壅，然後可立趨向也。趨向既正，所造淺深則由勉與不勉也。价按：學問有得，乃能見大意，爲學之初，須先培養根本。身心者，人之根本也。莊敬持養，栽培深厚，根本既固，然後趨向可立。以聖人之道爲必可學而至，而卓然不惑於歧途，則趨向正矣。趣向既正，苟能孳孳不已，勉之又勉，可以見大意，亦可以達天德矣。○朱子曰：刊落枝葉，栽培根本。○涵養持敬，便是栽培。○先培根本，後立趨向，即所謂「未有致知而不在敬者」。因語吴伯豐曰：「元來道學不明，不是上面欠卻工夫，乃是下面少了根脚。爲學之要，先須持己，然後分别義、利兩字，令趨向不差，其他隨力所及爲，務在精審，而不貴於泛濫涉獵也。」

敬義夾持直上，「達天德」自此。价按：根本培，趨向正，用敬義夾持工夫，勉勉不已。「敬以直内，義以方外」，内外交修，則私意無所容，而天德可達矣。○人孰不欲達天德，而不能勇往直上者，怠心欲心累之也。敬勝怠，義勝欲，則不爲物累，可以直上達天德矣。○朱子曰：敬主乎中，義防於外，二者相夾持，要放下霎時也不得，只得直上去，故便達天德。○直上者，無許多人欲牽惹也。又曰：不爲物欲所蔽，無倒東來西之謂也[二六]。只一個提撕警策，通貫動静，但無事時如此持養，有事時便有個是非取舍，所以有直内方外之别。

懈意一生，便是自棄自暴。价按：敬義工夫，夾持直上，不容一息少懈。懈意略萌，則工夫間斷，無由上達天德，故謂之自暴自棄。

不學便老而衰。价按：人能用力於敬義之學，而無敢少懈，則志堅識定，神明内藴，血氣雖衰，而志氣不衰。不學則怠勝敬、欲勝義，壯盛之時，客氣用事，悻悻自得，及血氣既衰，則客氣消盡，頹爾如萎，神識日昏，無復能自振拔矣。

人之學不進，只是不勇。价按：人能奮然用力，用敬義夾持工夫，學未有不進者。學不進，只是不勇。○懈也，衰也，不勇也，皆毅力不足。○朱子曰：爲學須是痛切懇惻做工夫，飢忘食、渴忘飲始得。○某見今之學者，皆似無所作爲無圖底人相似。人之爲學，當如救火追亡，猶恐不及，如自家有個光明寶藏被人奪去，尋求趕捉，必要取回始得。今學者只是悠悠的無所用心，所以兩年、三年、五年、七年相别，及再相見，只是如此。

學者爲氣所勝，習所奪，只可責志。价按：立剛大之志，强毅不屈，則不爲氣所勝、習所奪。○朱子曰：爲學大端，在於求復性命之本然，求造聖賢之極致。須是立志如此，便做去始得。若曰我之志只是要做個好人，識些道理便休，宜乎工夫不進，日漸消磨。程子曰：「學者爲氣所勝，習所奪，只可責志。」○凡人謂以多事廢讀書，或曰氣質不如人者，皆是不責志而已。若有志時，那問他事多，那問他氣質不美。○葉平巖曰：立志不大不剛，則義理不足以勝其氣質之錮蔽，學力不足以移其習俗之纏繞。

内重則可以勝外之輕，得深則可以見誘之小。价按：敬義夾持，進學勇，立志堅，則内重得深，而可以進於弘矣。不爲氣所勝、習所奪，則有以勝外之輕，見誘之小，而可以進於毅矣。○葉平巖曰：道義重則外物輕，造理深則嗜欲微。

董仲舒謂：「正其義，不謀其利；明其道，不計其功。」孫思邈曰：「膽欲大而心欲小，智欲圓而行欲方。」可以爲法矣。此仲舒對江都易王語。思邈，隋唐間人。唐書本傳，盧照鄰問人事，答曰：「心爲之君，君尚恭，故欲小。詩曰『如臨深淵，如履薄冰』，小之謂也。膽爲之將，以果決爲務，故欲大。詩曰『赳赳武夫，公侯干城』，大之謂也。仁者静，地之象，故欲方。傳曰『不爲利回，不爲義疚』，方之謂也。知者動，天之象，故欲圓。易曰『見幾而作，不俟終日』，圓之謂也。」○价按：外誘之私，莫甚於功利。正義明道，則内重而得深，不計功，不謀利，則可以勝外之輕，見誘之小，非弘毅而有敬義之功者不能也。○心小而膽不大，固不足以有爲，然膽大而心不小，則血氣用事，而或至於狂妄恣肆。行方而智不圓，固不足以慮事，然智圓而行不方，則權謀相尚，而或流爲機械變詐。欲進乎此，其惟敬義乎？敬則膽大而心小，義則智圓而行方。膽大智圓，弘也；心小行方，毅也。○朱子曰：道義是個體用，道是大綱説，義是就一事上説。義是道中之細分別，功是就道中做得功效出來。○只有一個「正其義，不謀其利；明其道，不計其功」，公平正大行將去。其濟不濟，天也。古人做得成者，不是他有智，只是偶然，其他費心費力，用智用數，牢籠計較，都不濟事，都是枉了。○膽大是「千萬人吾往」處，天下萬物不足以動其心，「貧賤不能移，威武不能屈」，皆是膽大。心小是畏敬之意[二七]，文王「小心翼翼」，曾子「戰戰兢兢」是也。

大抵學不言而自得者，乃自得也。有安排布置者，皆非自得也。价按：學問之功，知行並進，敬義夾持，深造以道，真積力久，乃可自得。自得者，默識心通，自然而得之於己，未可以言語形容，亦無待於安排布置也。安排布置，則非自得矣。○朱子曰：道理本自廣大，只是潛心積慮，緩緩養將去，自然透熟。若急迫求之，則是起意去趕趁他，只是私意而已，安足以入道？

視聽、思慮、動作，皆天也，人但於其中要識得真與妄爾。价按：學貴自得，尤貴明於真妄之分。天予人以耳目口體心智，即有視聽、思慮、動作。理固天所命，氣亦天所賦，莫非天也。但要識得真與妄爾，循理則真，從欲則妄。○問：視聽、思慮、動作，發得不中節是妄。朱子曰：妄是私意，不是不中節。問：此是顏子之所謂「非禮」者？曰：非禮處便是私意。○識字是緊要處，要識得時，須是學始得。

明道先生曰：學只要鞭辟近裏，着己而已。問：「鞭辟」是如何？朱子曰：此是洛中語。大約是要鞭督向裏去，今人皆不是鞭督向裏，心都向外。下言「切問而近思」云云，何嘗有一句説做外面去？故「切問而近思」，則「仁在其中矣」。「言忠信，行篤敬，雖蠻貊之邦行矣。言不忠信，行不篤敬，雖州里行乎哉？立則見其參於前也，在輿則見其倚於衡也，夫然後行。」只此是學。質美者明得盡，查滓便渾化，卻與天地同體。价按：「明」者明善之明，明得盡者，察於人心天命之本然，真知至善之所在，一毫私意容留不得，故查滓便渾化。其次惟莊敬持養，及其至則一也。价按：識真與妄，必由於學；存真去妄，亦必由於學。學要鞭辟近裏着己，就身心上切實用功，勿苟且徇外爲人。切問近思，致知之鞭辟近裏也；忠信篤敬，力行之鞭辟近裏也。忠信篤敬，念念不忘。立則參前，輿則倚衡。隨其所在，常若有見。鞭辟近裏之功無時或懈，只此是學，記誦訓詁詞章非學也。質美者明得盡，查滓便渾化，查滓妄也。渾化則真實而无妄矣，无妄誠也。誠者天之道也，人能真實无妄，私欲浄盡，天理流行，則人而天矣，故可與天地同體。其次明得未盡，須莊敬持養，以消融其查滓。持養既久，漸明漸盡，查滓漸渾化，亦可與天地同體，及其至一也。○朱子曰：天地同體處，是義理之精英。查滓是私意人欲之未消者。人與天地本一體，只緣查滓未去，所以有間隔。若無查滓，便與天地同體。「克己復禮爲仁」，己是查滓，復禮便是天地同體處。「有不善未嘗不知」，不善處是查滓。曾子言「不忠」、「不信」、「不習」，是曾子查滓處。漆雕開言「未能信」，皆是有些查滓處。只是質美者見得透徹，查滓處都盡化了。若未到此，須當莊敬持養，旋旋磨擦去教盡。○「質美者明得盡」，固是知行並到，其次亦豈有全不知而能行者，但因持養而所知愈明耳。○所謂「持養」者，亦非是作意去穿鑿以求其明，但只此心常敬，則久久自明。

「忠信所以進德」，「修辭立其誠，所以居業」者，乾道也。「敬以直內，義以方外」者，坤道也。价按：此回應前引易傳乾文言言「知行」，坤文言言「敬義」之意。乾天下之至健也，進德修業，知行並進，勇猛奮發，健而不息，故爲乾道。坤天下之至順也，直内方外，敬義夾持，持循裁節，順而有常，故爲坤道。學者體乾坤之道，殫知行敬義之功，則志仁而可以得仁，學聖而可以至於聖矣。○乾健而不息，其毅乎，資始各正。乾道非不弘，而自强不息，則毅處爲多。坤厚而載物，其弘乎，行地無疆。坤道非不毅，而含弘廣大，則弘處爲多。○朱子曰：忠信進德，修辭立誠，是流行發用，樸實頭便做將去，是健之義。敬以直内，義以方外，便只箇静循守，是順之義。大率乾是做，坤是守。劉緘三曰：自「忠信進德」至此爲上截，言人學以爲己。無論乾道坤道，皆須用知行並進、敬義夾持工夫，方能志於仁，以學聖人之道，學而知之之事也。

凡人才學便須知着力處，既學便須知得力處。葉平巖曰：始學而不知用力之地，則何以爲入道之端？既學不知得力之地，何以爲造道之實？○劉緘三曰：「着力」承上「知行並進」、「敬義夾持」，「得力」起下「求仁得仁」。

有人治園圃，役知力甚勞。先生曰：蠱之象「君子以振民育德」，君子之事，惟有此二者，餘無他焉。二者，爲己、爲人之道也。葉氏曰：振民謂興起作成之，育德謂涵養己德。○价按：振民愛物之仁，育德成己之仁，學者所當著力，惟此二事而已。役知力於園圃，成己成物兩無當焉，君子不爲也。

「博學而篤志，切問而近思」，何以言「仁在其中矣」？學者要思得之，了此便是徹上徹下之道。价按：育德莫要於求仁，四者皆致知之事，未及乎力行而爲仁也。然從事於學問思辨，就篤實切近處用功，則心存而不放，而所以全其心之德者，亦不外是，故曰「仁在其中矣」。○朱子曰：「學者要思得之」，便是心不外馳而所存自熟之意。於四者中見得個仁底道理，便是徹上徹下之道。此是深説恁地，淺説亦恁地。

弘而不毅，則難立；毅而不弘，則無以居之。本注：西銘，言弘之道。价按：仁之爲器重、爲道遠，非弘無以勝其重，非毅無以致其遠。弘而不毅，則信之不篤，守之不固，故難立；毅而不弘，則局量褊淺，規模狹隘，故無以居之。○朱子曰：弘不但是度量寬大，容受得人，須是容受得衆理，又非是於中無所可否，包容之中，又極判別，此便是弘。毅是立脚處堅忍强厲，擔負得去底意思。○茅氏曰：程子嘗言西銘爲仁之體[二八]，即此所言弘之道也。能體此意[二九]，今實有諸己，篤志固執而不變，便是毅。

伊川先生曰：古之學者，優柔厭飫，有先後次序。今之學者，卻只做一場話説，務高而已。常愛杜元凱語：「若江海之浸，膏澤之潤，渙然冰釋，怡然理順，然後爲得也。」今之學者，往往以游、夏爲小，不足學。然游、夏一言一事，卻總是實。後之學者好高，如人游心於千里之外，然自身卻只在此。价按：學固貴弘，而不可以務高爲弘。學問之道，知行並進，先卑近，後高遠，循循有序。優游厭飫，周徧浹洽，「若江海之浸，膏澤之潤，渙然冰釋，怡然理順，然後爲得」，此實學也，非好高者所及知也。游、夏博學篤志，切問近思，純向實處致功，着力處實，故得力處亦實。好高者虛而不實，如人游心千里之外，而未嘗親至其地，所以空自大而卒無得也。○朱子曰：學者玩理須精熟，使與心浹洽透徹始得。又曰：不要窮高極遠，只於言行上點檢，便自實。今人論道，只論理不論事，只説心不説身，其説至高，而蕩然無守，流於空虛異端之説。○「優遊饜飫」，都是自得後如此。「有先後次序」，孟子所謂「深造之以道」。古人下學上達，自平易處理會，貫通浹洽，各有條理。今之學者，不得其要，説擴充，説體驗，説涵養，皆是揀好底言語做個話説，必實有得力處方可。

修養之所以引年，國祚之所以祈天永命，常人之至於聖賢，皆工夫到這裏，則自有此應。价按：三者皆至難之事，而能卒底於成者，專精有恒，百倍其功，人定勝天，祇一「毅」字做成。工夫，着力處也。有此應，得力處也。○朱子曰：詩曰：「維此文王，小心翼翼。昭事上帝，聿懷多福。厥德不回，以受方國。」顔淵曰：「舜何人也？予何人也？有爲者亦若是。」只要工夫做得到，爲其事而有其應，固天理之自然也。

忠恕所以公平。造德則自忠恕，其致則公平。价按：聖賢之所以爲聖賢，仁而已矣。公平，仁之道也。求仁莫要於恕，行恕必本於忠，忠以盡己，恕以推己。「己所不欲，勿施於人」，則居心公平而仁矣。造德自忠恕，着力處也。其致則公平，得力處也。○劉絾三曰：致公則弘。

仁之道，要之只消道一「公」字。公只是仁之理，不可將公便唤做仁。公而以人體之，故爲仁。只爲公則物我兼照，故仁，所以能恕，所以能愛。恕則仁之施，愛則仁之用也。价按：無私之謂公，仁者無私，故仁之道只一公而已。然公是仁之理，人知事之貴公，而不知反之於心，體之於身，去人欲之私，以全其天理之公，則雖有仁心，亦阻閼而不得行，何以能恕？何以能愛？公而以人體之，克己復禮，一私不存，廓然大公，物我兼照，所以能推己及人而恕，所以能親親仁民愛物，以其所愛及其所不愛。恕則仁之施，施以推己而言；愛則仁之用，用對本體而言。○朱子曰：程子言仁，本末甚備，今撮其大要，不過數言。蓋曰：仁者生之性也，而愛其情也，孝弟其用也。公者所以體仁，猶言「克己復禮爲仁」也。學者於前三言，可以識仁之名義，於後一言，可以知其用力之方矣。○公只是無私，才無私這仁便流行。如去其壅塞，則水自流通。水之流通，卻不是去壅塞底物事做出來，水自是原有，只被塞了，才除了塞便流。仁自是原有，只被私意隔了，才克去己私，做底便是仁。○陳安卿問：仁者心之德，主性情，宰萬事，本是吾身至切至近底物〔三〇〕。公只是仁之理，專言公則只虛空説着理，而不見其切於己，故必以身體之，然後我與理合而謂之仁，亦猶孟子「合而言之，道也」。公如何體？亦不過克盡己私，至於此心豁然，瑩浄光潔，徹表裏純是天理之公。生生無間斷，則天地生物之意常存，故其寂而未發，惺惺不昧。如一元之德，昭融於地中之復。無一事一物不涵在吾生理之中，其隨感而動也，惻然有隱。如春陽發達於地上之豫，無一事非此生理之所貫，無一物非此生意之所被矣。此體公之所以爲仁，所以能恕，所以能愛。曰：此説得之。

今之爲學者，如登山麓。方其迤邐，莫不闊步，及到峻處便止。須是要剛決果敢以進。价按：仁者先難而後獲。見易則進，畏難則止，學者之大病也。剛決果敢以進，愈困難，愈奮勉，以毅力貫徹始終，必躋其巔而後已，則不以難自沮矣。○朱子曰：爲學須要剛毅果決，悠悠不濟事。如「發憤忘食，樂以忘憂」，是甚麼精神！甚麼骨力！

人謂要力行，亦只是淺近語。人既能知，見一切事皆所當爲，不必待着意，纔著意便是有個私心。這一點意氣，能得幾時了〔三一〕？价按：剛決果敢以進，力行之事也。然欲履其事，必先明其理。真知事之當爲，決然而不可易，循循勉勉，自不能已，不待著意安排。纔著意爲之，看似剛決果敢，實則一點意氣而已。意氣用事，必不能久。意氣非毅也，真知而力行之，乃毅也。○朱子曰：伊川謂説力行是淺近事，惟知爲上，知最要緊。

知之必好之，好之必求之，求之必得之。古人此個學是終身事，果能顛沛造次必於是，豈有不得道理？价按：不待著意，無私心而已，非空知而不行也。知之真，必好之篤。好之篤，必求之力。求之力，必得之深。以毅力貫徹於知行之間，學無盡境，亦無止境，終吾身而已矣。造次顛沛必如是，毅之至也，豈有不得道理？學而無得者，皆毅力有所不足也。○劉絾三曰：此以上言知行並進者不可以不弘毅也。

古之學者一，今之學者三，異端不與焉。一曰文章之學，二曰訓詁之學，釋教言爲訓，釋古言爲詁。爾雅有釋訓、釋詁是也。三曰儒者之學。欲趨道，舍儒者之學不可。价按：韓、柳、歐、蘇、王、曾、桐城文派，辭章之學也。伏、毛、許、鄭、賈、孔、乾嘉漢學，訓詁之學也。孔、孟、周、程、張、朱，儒者之學也。辭章訓詁，皆道之支流。欲趨道，非儒者之學不可。○朱子曰：此切要之言。夫子之所志，顏子之所學，子思、孟子之所傳，皆是學也。

問：作文害道否？曰：害也。凡爲文，不專意則不工，若專意則志局於此，又安能與天地同其大也？書曰「玩物喪志」，爲文亦玩物也。吕與叔有詩云：「學如元凱方成癖，文似相如始類俳。獨立孔門無一事，只輸顏氏得心齋。」吕大臨，字與叔，張、程門人。杜預，字元凱，嘗自謂有左氏癖，所著訓解凡十餘萬言。司馬相如作子虛、上林等賦，徒衒文辭，務以悦人，故曰「類俳」。俳優，倡戲也。齋，齋肅純一之意也。心齋，説見莊子。古之學者，惟務養性情，其他則不學。今爲文者，專務章句，悦人耳目。既務悦人，非俳優而何？曰：古者學爲文否？曰：人見六經，便以爲聖人亦作文，不知聖人亦攄發胸中所蘊，自成文耳。所謂「有德者必有言」也。曰：游、夏稱文學，何也？曰：游、夏亦何嘗秉筆學爲詞章也？且如「觀乎天文以察時變，觀乎人文以化成天下」，此豈詞章之文也？价按：元凱訓詁，相如詞章，顏氏儒者。儒者之學，惟務養性情。敬以直内，則有以養其性而無所害。義以方外，則有以約其情使合於中。敬義夾持，乃可以趨聖人之道，他不足學也。爲文者專務章句，不以明道，而以悦人，君子豈爲之哉？○道與文合爲文章，文與道離爲辭章。今人作文以害道，古人體道以爲文。四書、六經之文，皆道義充足於中而文章發見乎外，未嘗執筆摹擬而爲之也。○朱子曰：貫穿百氏及經史，乃所以辨驗是非，明此義理，豈特欲使文辭不陋而已？義理既明，又能力行不倦，則其存諸中者，必也光明四達，何施不可？發而爲言，以宣其心志，當自發越不凡，可愛可傳矣。今執筆以習研鑽華采之文，務悦人者，外而已，可恥也矣。○道者文之根本，文者道之枝葉。惟其根本乎道，所以發之於文者皆道也。三代聖賢文章，皆從此心寫出，文便是道。今人都是因作文，卻漸漸説上道理來，不是理會得道理了方作文，所以大本都差。

涵養須用敬，進學則在致知。价按：儒者欲趨聖人之道，莫要於居敬窮理。居敬則心存，而性情得所養，故涵養須用敬。然居敬而不窮理，則學亦無由而進，故進學則在致知。○問：涵養又在致知之先？朱子曰：涵養是合下在先，古人從小以敬涵養，漸教之讀書識義理。今若説待涵養了方去致知，也無期限，須是兩下用工夫。無事時且存養在這裏，提撕警覺，不要放肆。到講習應接時，便當思量義理。○下「須」字、「在」字，便是皆要齊頭著力，不可道知得了方始行。○主敬以立其本，窮理以致其知，二者不可偏廢。本立而知益明，知精而本益固，二者亦相互發。○涵養中自有窮理工夫，窮其所養之理；窮理中自有涵養工夫，養其所窮之理。兩頭都不相離[三二]，才見成兩處便不得。

莫説道將第一等讓與別人，且做第二等。才如此説，便是自棄。雖與不能居仁由義者差等不同，其自小一也。言學便以道爲志，言人便以聖爲志。价按：居敬窮理，爲學之要。然志趣卑下，則亦無以入道。讓第一等與別人，而自作第二等，便是自棄，不可言弘，亦即不可言毅。言學以道爲志，言人以聖爲志，弘之至也。志之必求至之，以志帥氣，而毅力生焉。顔淵曰：「舜何人也？予何人也？有爲者亦若是。」孟子曰：「乃所願，則學孔子也。」古之人，古之人未有讓第一等與別人，而可以至聖人之道者也。○朱子曰：爲學須思所以超凡入聖，昨日爲鄉人，今日便要爲聖人，須竦拔後方始有進。

問：「必有事焉」，當用敬否？曰：敬是涵養一事。「必有事焉」，須用集義。只知用敬，不知集義，卻是都無事也。又問：義莫是中理否？曰：中理在事，義在心。价按：有求爲聖人之志，然後可用敬義夾持之功。涵養須用敬，欲事之中理，則在集義。在物爲理，處物爲義。一事各有一理，處之使各中乎理，則在吾心之裁制。義内也，非外也。○朱子曰：敬、義工夫不可偏廢。彼專務集義而不知主敬者，固有虚憍急迫之病[三三]，而所謂義者或非其義；然專言主敬，而不知就日用間念慮起處，分别其公私義利之所在，而決取舍之幾焉，則亦未免於昏憒雜擾，而所謂敬者有非其敬矣。

問：敬、義何别？曰：敬只是持己之道，義便知有是有非。順理而行，是爲義也。若只守一個敬，不知集義[三四]，卻是都無事也。且如欲爲孝，不成只守着一個孝字。須是知所以爲孝之道，所以侍奉當如何，温清當如何，然後能盡孝道也。价按：敬義不可偏廢，居敬尤必集義。敬只是持己之道，義則辨别是非，順理而行，乃能中理。若專守一敬，而不知集義之功，有體無用，能静而不能動，投之以事，茫然無措，處經事而不知其宜，遭變事而不知其權，粗疏迂拘，欲其中理也難矣。孝亦有常變，侍奉温清，處常之道，固宜深明其理，處人倫之變者，尤必裁以義，乃能中乎理。舜事瞽瞍，求之未嘗不在側，殺之則不可得。聖人精義入神，乃所以爲大孝。申生不識此義，殺身而陷父於惡，只謂之恭，不謂之孝。學者只守一「敬」字，安能處常處變，時措從宜？

學者須是務實，不要近名方是。有意近名，則爲僞也。大本已失，更學何事？爲名與爲利，清濁雖不同，然其利心則一也。价按：學者敬義工夫，須是立誠心，鞭辟近裏着己，務實而勿近名。纔有意近名，則爲人而不爲己。雖孜孜致力於學，亦爲僞而已。大本已失，更學何事？訓詁詞章之學，非爲名即爲利。名利之心未化，何由入聖人之道？○朱子曰：爲學是分内事，才高自標置，便不是務實也。○務實一事，觀今日學者不能進步，病痛全在此處。○雖所爲皆善，但有一毫歆慕外物之心，便是利也。

「回也，其心三月不違仁」，只是無纖毫私意，有少私意便是不仁。价按：學以求仁，爲名爲利，私意之大者，其違仁也遠矣。顔子三月不違仁，只是克己復禮，敬義工夫純熟，人欲净盡，天理流行，無纖毫私意。有少私意便是不仁，非必爲名爲利而後爲不仁也。〇朱子曰：三月言其久。仁者心之德，心不違仁者，無私欲而有其德也。〇心與仁本是一物，被私欲一隔，心便違仁，卻爲二物。

「仁者先難後獲」[三五]，有爲而作，皆先獲也。古人惟知爲仁而已，今人皆先獲也。价按：程子曰：「先難，克己也。」己者一身之私欲，最爲難克。仁者用敬義之功以克之，故曰「先難」。至於效之所得，仁者不計也，故曰「後獲」。纔有計效之心，則雖用敬義工夫，乃有爲而作，皆先獲也。先獲，私意也，有私便非仁。古人惟知爲仁，無所爲而爲也。今人皆先獲，有所爲而爲也。〇朱子曰：先計其效，而後爲其事，則其事雖公，而意則私。〇人惟有此一心。若有一求獲之心，則於所爲不專。

有求爲聖人之志，然後可與共學；學而善思，然後可與適道；思而有所得，則可與立；立而化之，則可與權。价按：有求爲聖人之志，則不溺於訓詁詞章，故可與共學。學而善思，則明於進修之方，而知所從入，故可與適道。思而有所得，則有定見、有定守，故可與立。立而化之，由集義而精義入神，變通化裁，隨時處中，故可與權。〇劉縅三曰：此以上皆言敬義夾持者不可以不弘毅也。

古之學者爲己，其終至於成物；今之學者爲物，其終至於喪己。价按：爲己者守道自重，乃能有濟於世，故終至於成物；爲人者枉道求合，必至失其所守，故終至於喪己。○問：伊川云「爲己欲得之於己也，爲人欲見知於人也」，後又云「古之学者爲己，其終至於成物」云云，何也？朱子曰：此兩段意思自別。前段是低底爲人，後段是好底爲人。前爲人只是欲見知於人而已，後爲人卻是真個要爲人。然不曾先去自家身心上做得工夫，非惟是爲那人不得，末後和己也喪了。

君子之學必日新。日新者，日進也。不日新者必日退，未有不進而不退者。惟聖人之道無所進退，以其所造者極也。价按：君子存爲己之心，用知行敬義之功，精益求精，密益求密，日新而不已，自能日進而不止。少有間斷，則不能日新，不日新則必日退，未有不進而不退者。聖人所造者極，故無所進退。學者之去聖人遠矣，苟無日新之功，安有日進之效？何以能日新而日進？毅焉而已。○江慎修曰：聖人之學，亦日新不已。蓋有獨覺其進而人不知者，然必無所退也。惟其不已，所以不退。

明道先生曰：性静者可以爲學。外書。下同。○价按：學之所以不日新日進者，多由於浮躁。資性沈静，則知日明，行日篤，故可以爲學。○朱子曰：氣質沈静，於受學爲易。心下熱鬧，如何看得道理出？○問：讀書須是有聰明？曰：雖是聰明，亦須是静方運得聰明。蓋静則心虚，道理方看得出。

弘而不毅則無規矩，毅而不弘則隘陋。价按：性静者固可以爲學，而尤不可以不弘毅。弘而不毅，則志意高遠，而或至過中失正，故無規矩。毅而不弘，則局量褊淺，而無由見大心泰，故隘陋。○朱子曰：弘毅處亦難見，不弘不毅處卻易見。不弘便淺迫，便窄狹不容物，便安於卑陋。不毅便倒東墜西。見道理合當如此，又不能行，又不能守；見道理不當如此，又不能舍，不能去。只除了不弘便是弘，除了不毅便是毅。然亦須是見理極分明，磊磊落落在這裏，無遁情，病痛來都由自家處置，要弘便弘，要毅便毅。

知性善，以忠信爲本，此先立其大者。价按：知性善則洞見本原，性中萬理皆備，而可以進於弘矣。以忠信爲本，則進德有基，以實心體實理，而可以進於毅矣。朱子曰：「知性善，以忠信爲本」，須是的然識得這個物事，然後從忠信做將去，若不識得這個，不知是做甚麽，故曰「先立乎其大者」。

伊川先生曰：人安重則學堅固。价按：内以忠信爲主，外以厚重爲要。氣象安重，則精神内斂，心思沈静，故所學堅固。玉藻九容，最學者所當留心。○安重近弘，堅固近毅。○朱子曰：爲學須是切實爲己，則安静篤實，承載得許多道理。若輕揚淺露，如何探討得道理？縱使探討得，説得去，也承載不住。

「博學之，審問之，慎思之，明辨之，篤行之」，五者廢其一，非學也。价按：學問思辨所以擇善而致其知，篤行所以固執而踐其實，五者廢其一，則知無由精，行無由熟，故曰「非學」。○問：學、問、思、辨亦有序乎？朱子曰：學之博，然後有以備事物之理，故能參伍之，以得所疑而有問。問之審，然後有以盡師友之情，故能反復之，以發其端而可思。思之謹，則精而不雜，故能有所自得，而可以施其辨[三六]。辨之明，則斷而不差，故能無所疑惑，而可以見於行。行之篤，則凡所學、問、思、辨而得之者，又皆必踐其實，而不爲空言矣。此五者之序也。

張思叔請問，其論或太高，伊川不答，良久曰：「累高必自下。」張繹，字思叔，程子門人也。○价按：程子嘗稱張繹俊，才俊者往往失之過高，故告以「累高必自下」。「千里之行，始於足下」，「九層之臺，基於累土」，行遠必自邇，登高必自卑，舍卑近而鶩高遠，則虚而不實。堂堂之子張所以難與並爲仁，而邵子之學所以謂之空中樓閣也。

明道先生曰：人之爲學，忌先立標準。若循循不已，自有所至矣。价按：好高者往往先立標準，志大言大，動稱古人，而行不足以副之，故空自大而卒無得。若用敬義知行之功，循循有序，孳孳不已，自有所至，不必先立標準也。○「言人便以聖爲志」，非就聖人言行摹擬而爲之也。善用博文工夫，則知日精，而可以知聖人之所知。善用約禮工夫，則行日熟，而可以行聖人之所行。王仲淹當學絶道喪之餘，毅然要做聖人，豈非豪傑之士？而卒未能入聖人之室者，立孔子爲標準，酷意倣效，而致知力行之功有所未至也。○朱子曰：學者固當以聖人爲標準，然豈可日日比並而較量之乎？觀顔子喟然之歎，不於高堅瞻忽處用功，卻就博文約禮上進步，則可見矣。

尹彦明見伊川後，半年，方得大學、西銘看。尹焞，字彦明，號和靖，程子門人。○价按：大學入德，知行並進。西銘論仁，弘毅兼備。以此二書，循循不已，自有所至，勿求之過高也。○葉平巖曰：必待半年後者，欲其厚積誠意，蠲除習氣，以爲學問根本也。

有人説無心。伊川曰：無心便不是，只當云無私心。价按：大學言「正心」，未嘗言無心，無心則斷絶思慮，淪於空寂。孔子心不踰矩，顔子心不違仁，只是無私心而已。無心，禪學也；無私心，聖學也。

謝顯道見伊川，伊川曰：「近日事何如？」對曰：「天下何思何慮？」伊川曰：「是則是有此理，賢卻發得太早在。」伊川直是會鍛煉得人，説了又道：「恰好着工夫也。」价按：天下之理，皆自然而然，何所用其思慮？謝氏此言，於道體極有領會，然只是虚見，不是實功，所以謂其發之太早。「恰好着工夫」者，所以抑而教之，使用下學之功，始不至莽蕩空闊，無所依據。否則挾虚見以自高，勢將掃除念慮，捐棄事物，以學問思辨爲土苴，以空洞灑落爲天機，墮入禪學之無心，而不自覺也。

謝顯道云：昔伯淳教誨，只管著他言語。伯淳曰：「與賢説話，卻似扶醉漢，救得一邊，倒了一邊。」只怕人執著一邊。价按：以天下事爲何思何慮，而不用下學之功，則執著一邊矣。教人最難，聽言亦最難，教者每對症以用藥，學者轉因藥以生病，因其偏而救之，不偏於此，又偏於彼，如扶醉人，救東倒西，學者之通患也。識聖人大中至正之道，善用知行並進、敬義夾持之功，庶不倚於一偏乎？然未易言也。○朱子曰：上蔡因有發於明道「玩物喪志」之一言，故其所論每每過高，如「浴沂御風」、「何思何慮」之類，皆是墮於一偏，如扶醉漢，真是如此。

橫渠先生曰：「精義入神」，事豫吾內，求利吾外也。「利用安身」，素利吾外，致養吾內也。「窮神知化」，乃養盛自至，非思勉之能强。故崇德而外，君子未或致知也。正蒙。下同。○价按：精研其義，至於入神，此窮理於內，似於致用無關，然理素明於內，心有定見，推行有本，正所以利吾外也。利其施用，無適不安，此循理於外，似於內養無關，然事順應乎外，踐履既熟，心得自深，正所以養吾內也。入神，知之精；利外，義之方；安身，行之熟；養內，敬之直。知行敬義，交資互發，由乎中而應乎外，制於外以養其中，此下學之事，可以思而得，勉而行。若夫窮極微妙之神，曉知變化之道，乃養盛而自至，非思勉所能强。故君子惟務用知行敬義之功，以崇其德，崇德而外，未或致知也。○朱子曰：「事豫吾內」，事未至而先知其理之謂豫。○問：「求利吾外」，「求」字似有病，便有個先獲底心。「精義入神」，自然能利吾外，何待於求？曰：然。當云「所以利吾外也」。

形而後有氣質之性，善反之則天地之性存焉。故氣質之性，君子有弗性者焉。价按：君子欲崇其德，須先知性。有氣質之性，有天地之性。昏明强弱，氣質之性也；仁義禮智，天地之性也。人有是形，則有氣質之性，而天地之性亦寓乎其中。善反之，則自明而誠。天地之性，存而不失，可以變化其氣質焉。故氣質之性，君子弗性，而惟務反之之功，以復其性之本然。反之之功，亦曰知行敬義而已矣。○朱子曰：天地之所以生物者理也，其生物者氣與質也，人物得是氣質以成形，而其理之在是者則謂之性。然所謂氣質者，有偏正純駁、昏明厚薄之不齊，故性之在是者，其爲品亦不一，所謂「氣質之性」者也。告子所謂「生之謂性」，程子所謂「生質之性」、「所稟之性」，所謂「才」者，皆謂是也。然其本然之理，則純粹至善而已，所謂「天地之性」者也。孟子所謂「性善」，程子所謂「性之本」，所謂「極本窮源之性」，皆謂此也。○「天地之性」專指理言，「氣質之性」則以理雜氣言。○性譬之水，本皆清也。以净器盛之則净[三七]，以汙器盛之則濁，澄治之，則本然之清未嘗不在。○本然之性無有不善[三八]，只被氣質有昏濁隔了，故「氣質之性，君子有弗性者焉」。學以反之，則天地之性存矣。皋陶謨所謂「寬而栗」等九德，皆是論反氣質之意。

德不勝氣，性命於氣；德勝其氣，性命於德。窮理盡性，則性天德，命天理。氣之不可變者，獨死生修夭而已。价按：命於天曰性，修於人爲德。不善反之，則德不勝氣，氣用事，性與命皆由於氣，而拘於雜揉之質；善反之，則德勝其氣，德爲主，性與命皆由於德，以全其本然之善。德何以能勝其氣？窮理以致其知，盡性以力於行，則所受之性皆能全天之德，所賦之命皆能順天之理，而氣質可變矣。死生壽夭之數，由天而不由人，故不可變。若氣質之變，在我而已，百倍其功，弗能弗措，雖愚必明，雖柔必强，何不可變之有？○朱子曰：氣之不可變者，惟死生修夭。蓋死生修夭，富貴貧賤，此卻還他氣。至「仁之於父子，義之於君臣」「命也，有性焉，君子不謂命」，此卻由我。○性是以其定者而言，命是以其流行者而言。○黄勉齋曰：窮理盡性，則不但德勝其氣而已，且將性命於天矣。德以所得者而言，理以本然者而言，故性曰「天德」，命曰「天理」，一而已矣。

莫非天也，陽明勝則德性用，陰濁勝則物欲行。「領惡而全好」者，其必由學乎？禮記「領惡而全好」，鄭氏曰：「領，猶理治也。好，善也。」○价按：變化氣質，必由於學。理氣皆命於天，德性物欲，莫非天也。陽善陰惡，陽明陰濁。陽明勝則神清氣定，德勝氣而善日進，故「德性用」；陰濁勝則神昏氣惰，氣勝德而惡日長，故「物欲行」。領惡以去物欲，全好以存德性，其必由知行敬義之學乎！○朱子曰：稟得氣清明者是陽也，此理只在裏面，而德性自用。稟得氣昏濁者是陰也[三九]，此理亦只在裏面，但爲昏濁遮蔽，所以物欲自行。○天下只有善惡兩端，譬如陰陽在天地間。風日和暖，萬物發生，此是善底意思。及群陰用事，則萬物凋瘁，惡之在人亦然。天地之理，固是抑遏陰氣，勿使常勝。學者之於善惡，亦要於兩夾界處攔截分明，勿使纖惡間絶善端，動静日用，時加體察，持養久之，自然成熟。○只將自家意思體驗便見得，人心虚静，自然清明，才爲物欲所蔽便暗了，此陰濁所以勝也。

大其心則能體天下之物，物有未體，則心爲有外。世人之心，止於見聞之狹。聖人盡性，不以見聞梏其心，其視天下無一物非我。孟子謂盡心則知性知天，以此。天大無外，故有外之心不足以合天心。价按：學問之功，全在治心。心體至大而無外，大其心則虚中無我，心理周流貫通，故能「體天下之物」。物有未體，則心爲有外。世人之心，止於見聞之狹，雖其父母兄弟，尚不能無物我之見，而有外之之心，安能體天下之物哉？「聖人盡性，不以見聞梏其心」，以天地萬物爲一體，莫非己也，視天下無一物非我，故無一物之不體。盡己性，自能盡人物之性也。性之理具於吾心，而原於天命。孟子謂盡心則知性知天，以此。天大無外，無一物之不體，有外之心則不能體天下之物，故不足以合天心。大其心能體天下之物，弘之至也。○朱子曰：「物有未體」，是體察之體，將自家這身，入那事物裏面去體認。又曰：是置心在物中究見其理，如「格物致知」之義。○問：如何得「不以見聞梏其心」？曰：張子此説，是説聖人盡性事。如今人理會學，須是有見聞，豈能舍此？先是於見聞上做工夫到，然後脱然貫通。蓋尋常見聞一事，只知得一個道理，若到貫通，便都是一理，曾子是已。○問：如何是「有外之心」？曰：只有私意，便内外扞格，只見得自己，凡物皆不與己相關，便是「有外之心」。此説固好，然只管如此説，便無歸著，入於邪遁之説。如夫子都説得平易，從得夫子之言，便是無外之實。若便要説「天大無外」，則此心便瞥入虚空裹去了。

仲尼絶四，自始學至成德，竭兩端之教也。意，有思也；必，有待也；固，不化也；我，有方也。四者有一焉，則與天地爲不相似矣。价按：心之所以不能大，意、必、固、我累之耳。張子以「毋」字爲禁止之辭，自始學之勉强禁絶，至成德之自然禁絶，皆有事於此，故曰「竭兩端之教」。天地至大而無外，意、必、固、我四者有一，則不能與天地同其大，故不可以不絶。絶之如何？維敬與義。直内方外，大公順應，庶無四者之累矣。○聖人不待禁絶，自無四者之累，無所謂毅，而毅莫加焉。學者勉强禁絶，非持以毅力不可。○朱子曰：「意有思也」，未安。意卻是個有爲底意思。爲此一事，故起此一意也。○問：夫子嘗言「學而不思則罔」，又言「君子有九思」。今横渠言「意有思也」，與此相反。曰：絶四是聖人事，不思不勉者也。學者則思不可無，但不可有私意耳。○「我有方也」，方，所也，猶言有限隔也。

上達反天理，下達徇人欲者與[四〇]！价按：達者，自此至彼，進而不已之意。上達者德勝氣，故日進乎高明，復還其天理之公；下達者氣勝德，故日究乎汙下，沈溺於人欲之私。○用知行敬義之功則上達，否則下達。○朱子曰：君子一日長進一日，小人一日沈淪一日，只是初間用心分毫之差耳。

知崇天也，形而上也。通晝夜而知，其知崇矣。知及之，而不以禮性之，非己有也。故知禮成性而道義出，如天地位而易行。价按：「上達反天理」，天理性也，性本善，而不能不拘於氣稟，壞於物欲，故必賴知禮以成之。易曰：「知崇禮卑。崇效天，卑法地。」知崇，知之事；禮卑，行之事。張子謂知識高明如天，形而上之理也。晝夜之道，即幽明、死生、鬼神之道。通猶兼也，兼晝夜而知，其知崇矣。然知其理，猶必履其事，知足以及之，而不節之以禮，則性無由成，而理非己有。惟知崇而禮復卑，知識既極高明，踐履復極篤實，知行並進，則氣稟悉化，物欲不行，而本然之性成矣。「知禮成性」，而道義由之而出，猶天地設位，而陰陽變化之易行乎其中也。性者，天所命；道義，人所由。天性渾全，一成不易，則天下之道，千變萬化，皆從此出矣。○朱子曰：横渠説成性，謂是渾成底性。「知禮成性」，如「習與性成」之意同。「不以禮性之」，與「堯、舜性之」相似，但他語言艱，意是如此。

困之進人也，爲德辨，爲感速。孟子謂「人有德慧術智者，常存乎疢疾」，以此。价按：知禮成性，則德修於己，可以處困而亨矣。人處困難，則識之定與不定，守之堅與不堅，皆可於此驗之，故爲「德辨」。困心衡慮，則感發自易，故爲「感速」。疢疾，憂患也。處憂患，則操心危，慮患深，而德慧術智由此而生。困之一境，正所以增人學識，堅人心志，以養成人之毅力也。

言有教，動有法。晝有爲，宵有得。息有養，瞬有存。价按：困爲德辨，而君子之修德，則無時無處不用其力。有教有法，功無間於言動也；有爲有得，功無間於晝夜也；有養有存，功無間於瞬息也。知之真，行之力。敬義夾持，無須臾之或懈。非天下之至毅，孰能與於此？○朱子曰：横渠此語極好。君子「終日乾乾」，不可食息間斷，亦不必終日讀書，或静坐存養亦是。天地之生物，以四時運動。春生夏長，固是不息，及至秋冬凋落，亦只藏於其中，故明年復生。若是秋冬已絶，則來春無緣復有生意。學者常喚令此心不死，則日有進。○一息之間亦有養，一瞬之間亦有存，如「造次顛沛必於是」之意。劉緘三曰：自「凡人才學」至此爲下截，言人學以爲己，志於仁以學聖人之道者，無論着力、得力，知行並進，敬義夾持，皆不可以不弘毅，「困而學之」之事也。

橫渠先生作訂頑曰：价按：頑者私欲錮蔽，冥頑不靈，與天人不相關，猶痿痹之人，痛癢不覺，作此訂之，推論本原，詳示工夫，使知求仁之方，庶無私己之失也。乾稱父，坤稱母。予茲藐焉[四一]，乃混然中處。朱子曰：天，陽也，以至健而位乎上，父道也。地，陰也，以至順而位乎下，母道也。人稟氣於天，賦形於地，以藐然之身，混合無間，而位乎中，子道也。然不曰天地而曰乾坤者，天地其形體也，乾坤其性情也。乾者健而無息之謂，萬物之所資以始者也。坤者順而有常之謂，萬物之所資以生者也。是乃天地之所以爲天地，而父母乎萬物者，故指而言之。○价按：西銘言「理一而分殊」，首節似言理一，而分殊亦在其中。蓋自其同者言之，則天地人只此一理；自其異者言之，則乾父、坤母、人混然中處，其分固自各殊也。故天地之塞，吾其體；天地之帥，吾其性。朱子曰：乾陽坤陰，此天地之氣塞乎兩間，而人物之所資以爲體者也，故曰「天地之塞，吾其體」。乾健坤順，此天地之志，爲氣之帥，而人物之所得以爲性者也，故曰「天地之帥，吾其性」。深察乎此，則父乾母坤，混然中處之實可見矣。○价按：吾之氣即天地之氣，故曰「天地之塞吾其體」。吾之理即天地之理，故曰「天地之帥吾其性」。此推言理之一處，而分之所以殊亦在其中矣。民吾同胞，物吾與也。朱子曰：人物並生於天地之間，其所資以爲體者，皆天地之塞，其所得以爲性者，皆天地之帥也。然體有偏正之殊，故其於性也，不無明暗之異。惟人也，得其形氣之正，是以其心最靈，而有以通乎性命之全體，於並生之中，又爲同類而最貴焉，故曰「同胞」，則其視之也，皆如己之兄弟矣。物則得夫形氣之偏，而不能通乎性命之全，故與我不同類，而不若人之貴。然原其性體之所自，是亦本之天地，而未嘗不同也，故曰「吾與」，則其視之也，亦如己之儕輩矣。惟同胞也，故以天下爲一家，中國爲一人，如下文所云。惟吾與也，故凡有形於天地之間者，若動若植，有情無情，莫不有以若其性、遂其宜焉。此儒者之道所以必至於參天地，贊化育，然後爲功用之全，而非有所强於外也。○价按：民物之生，同得天地之理以爲性，同得天地之氣以爲形，此理之所以一也。民與我爲同類，則爲吾同胞。物與我爲異類，則爲吾與。此分之所以殊也。○天地一大父母，父母一小天地。父母至尊至親，非民所可比也。民吾同胞，視之如兄弟，非物所可比也。親親仁民愛物，自有差等。其理則一，其分則殊。理一故仁之體立，分殊故仁之用行。墨氏「兼愛」，同民於親。佛氏「不殺」，同物於民。知仁而不知義，賊義即以賊仁。此其爲説，與張子之言不啻黑白之相反。論者不察，因「同胞」二字，爲新學借口，遂歸咎張子立言之不慎，過矣。

大君者，吾父母宗子；其大臣，宗子之家相也。尊高年，所以長其長；慈孤弱，所以幼其幼。聖其合德，賢其秀也。凡天下疲癃殘疾、惸獨鰥寡，皆吾兄弟之顛連而無告者也。

朱子曰：乾父坤母，而人生其中，凡天下之人，皆天地之子矣。然繼承天地，統理人物，則大君而已，故爲父母之宗子。輔佐大君，綱紀衆事，則大臣而已，故爲宗子之家相。天下之老一也，故凡尊天下之高年者，乃所以長吾之長。天下之幼一也，故凡慈天下之孤弱者，乃所以幼吾之幼。聖人與天地合其德，是兄弟之合德乎父母者也。賢者才德過於常人，是兄弟之秀出乎等夷者也。是皆以天地之子言之，則凡天下之疲癃殘疾、惸獨鰥寡，非吾兄弟無告者而何哉？○价按：親親仁民愛物，理一而分殊，而三者之中，又各有分之殊焉。同胞中有大君，有大臣，有高年，有孤弱，有聖有賢，有疲癃殘疾、惸獨鰥寡，莫非父乾母坤，其理未嘗不一，然品類不齊，則所以用吾仁者，亦因之而異。或爲宗子，或爲家相，或尊或慈，或師或友，或矜哀，因其類之高下，以爲愛之差等，則分殊中之分殊也。

于時保之，子之翼也；

樂且不憂，純乎孝者也。朱子曰：畏天以自保者，猶其敬親之至也。樂天而不憂者，猶其愛親之純也。○价按：戰戰兢兢，臨深履薄，畏天者也。居易俟命，無入而不自得，樂天者也。畏天樂天，非二人亦非二心。畏天乃能樂天，樂天無不畏天。○無樂天之誠，而篤信因果以爲畏，世俗之畏，非君子之畏也。無畏天之學，而遺棄事物以爲樂，異學之樂，非圣學之樂也。違曰悖德，害仁曰賊，濟惡者不才，其踐形惟肖者也。朱子曰：不循天理而徇人欲者，不愛其親而愛他人也，故謂之悖德。戕滅天理，自絶本根者，賊殺其親，大逆無道也，故謂之賊。長惡不悛，不可教訓者，世濟其凶，增其惡名也，故謂之不才。若夫盡人之性，而有以充人之形，則與天地相似而不違矣，故謂之肖。○价按：悖德子、賊子、不才子，不知畏天，遑知樂天？踐形惟肖，乃能畏天樂天，而爲與天合德之聖人也。知化則善述其事，窮神則善繼其志。朱子曰：孝子，善繼人之志、善述人之事者也。聖人知變化之道，則所行者無非天地之事矣；通神明之德，則所存者無非天地之心矣。此二者皆樂天踐形之事也。○化者天地之用，一過而無迹者也，知之則天地之用在我，如子之述父事也。神者天地之心，常存而不測者也，窮之則天地之心在我，如子之繼父志也。得其心而後可以語其用，故曰「窮神知化」。不愧屋漏爲「無忝」，存心養性爲「匪懈」。朱子曰：孝經引詩曰「無忝爾所生」，故事天者仰不愧，俯不怍，則不忝乎天地矣。又曰「夙夜匪懈」，故事天者存其心，養其性，則不懈乎事天矣。此二者畏天之事，而君子所以求踐夫形者也。○价按：知化窮神，知之精；無忝匪懈，行之熟。必如此然後可以踐形惟肖，所以畏天者在此，所以樂天者亦在此。惡旨酒，崇伯子之顧養；育英才，潁封人之錫類。朱子曰：好飲酒而不顧父母之養者，不孝也。故遏人欲，如禹之惡旨酒，則所以顧天之養者至矣。性者萬物之一源，非有我之得私也。故育英才，如潁考叔之及莊公，則所以永錫爾類者廣矣。○价按：「惡旨酒」，遏欲所以存理，畏天之事也。「育英才」，成己自能成物，樂天之事也。不弛勞而底豫，舜其功也；無所逃而待烹，申生其

恭也。朱子曰：舜盡事親之道，而瞽瞍底豫，其功大矣。故事天者盡事天之道，而天心豫焉，則亦天之舜也。申生無所逃而待烹，其恭至矣。故事天者夭壽不貳，而修身以俟之，則亦天之申生也。○舜之底豫，贊化育也，故曰「功」。申生待烹，順受而已，故曰「恭」。○問：潁封人、申生，皆不能無失處，豈能盡得孝道？朱子曰：西銘本是説事天，不是説孝。蓋事親有正有不正，若天道純熟，則無正不正之處，只是推此心以奉若之耳。至若申生無所逃而待烹，固爲未盡子道。然若事天如此，則又可謂能盡其道者。蓋人有妄，天則无妄，若命之死，自是理當如此，惟有聽受之，而固不得以獻公比也。○李青函曰：不馳勞而底豫，得天之常者，先畏後樂。無所逃而待烹，值天之變者，以畏爲樂。又曰：格天之功大，有位育之應。俟天之意恭，無徼幸之心。

體其受而歸全者，參乎；勇於從而順令者，伯奇也。朱子曰：父母全而生之，子全而歸之。若曾參之啓手足，則體其所受於親者而歸其全也。況天之所以與我者，無一善之不備，亦全而生之也。故事天者能體其所受於天者而全歸之，則亦天之曾子矣。子於父母，東西南北惟令之從。若伯奇之履霜中野，則勇於從而順令也。況天之所以命我者，吉凶禍福，非有人欲之私。故事天者能勇於從而順受其正，則亦天之伯奇矣。○曾子歸全，全其所以與我者，終身之仁也。伯奇順令，順其所以使我者，一事之仁也。○价按：天與我以仁義禮智之理，全而歸之，任重道遠，則樂中有畏。天命我以吉凶禍福之數，順而受之，身困心亨，則畏中有樂。○李青函曰：全義理之命，順氣數之命，此與上節皆以義理、氣數分説。

富貴福澤，將厚吾之生也；貧賤憂戚，庸玉女於成也。朱子曰：富貴福澤，所以大奉於我，而使吾之爲善也輕。貧賤憂戚，所以拂亂乎我，而使吾之爲志也篤。天地之於人，父母之於子，其設心豈有異哉？故君子之事天也，以周公之富而不至於驕，以顏子之貧而不改其樂。其事親也，愛之則喜而不忘〔四二〕，惡之則懼而無怨。其心亦一而已矣。○价按：富貴福澤似可樂，而所以厚吾之生，則可畏之甚，故以周公之富而不至於驕。貧賤憂戚似可畏，而所以玉我於成者，則可樂之至，故以顏子之貧而不改其樂。○李青函曰：此承上順受，又以氣數歸并義理，就天說。**存，吾順事；没，吾寧也。**朱子曰：孝子之身存，則其事親也，不違其志而已，没則安而無所愧於親也。仁人之身存，則其事天也，不逆其理而已，没則安而無所愧於天也。蓋所謂「朝聞夕死」、「吾得正而斃焉」者。故張子之銘，以是終焉。○价按：樂天畏天，一生工夫，不敢有須臾之或懈。只以求「存吾順事，没吾寧焉」而已。○李青函曰：此節就人説。○本注：明道先生曰：訂頑之言，極醇無雜。秦漢以來學者所未到。又曰：訂頑一篇，意極完備，乃仁之體也。學者其體此意，令有諸己，其地位已高。自別有見處，不可窮高極遠，恐於道無補也。又曰：訂頑立心，便達得天德。又曰：游酢得西銘讀之，即涣然不逆於心，曰：「此中庸之理也，能求於語言之外者也。」○楊中立問曰：西銘言體而不及用，恐其流遂至於兼愛，何如？伊川先生曰：横渠立言，誠有過者，乃在正蒙。西銘之書，推理以存義，擴前聖所未發，與孟子性善、養氣之論同功，豈墨氏之比哉！西銘明理一而分殊，墨氏則二本而無分。分殊之弊，私勝而失仁；無分之罪，兼愛而無義。分立而推理一，以止私勝之流，仁之方也。無別而迷兼愛，以至於無父之極，義之賊也。子比而同之，過矣。且彼欲使人推而行之，本爲用也，反謂不及，不亦異乎？○游酢，字定夫。楊時，字中立。皆程子門人。○總論。朱子曰：天地之間，理一而已。然「乾道成男，坤道成女，二氣交感，化生萬物」，則其大小之分、親疏之等，至於十百千萬而不能齊也，不有聖賢者出，孰能合其異而反其同哉？西銘之作，意蓋如此。程子以爲明「理一而分殊」，可謂一言以蔽之矣。蓋以乾爲父，以坤爲母，有生之類，無物不然，所謂「理一」也。而人物之生，血脈之屬，各親其親，各子其子，則其分亦安得而不殊哉！一統而萬殊，則雖天下一家，中國一人，而不流於兼愛之蔽。萬殊而一貫，則雖親疏異情，貴賤異等，而不牿於爲我之私，此西銘之大旨也。觀其推親親之厚，以大無我之公，因事親之誠，以明事天之道，蓋無適而非所謂「分殊而推理一也」。夫豈專以民吾同胞、長長幼幼爲理一，而必默識於意言之表，然後知其分之殊哉？且所謂「稱物平施」者，正謂稱物之宜，以平吾之施云爾。若無稱物之義，則何以知夫所施之平哉？○西銘要句句見理一而分殊，今人説只中間五六句理一分殊。據某看，「乾稱父，坤稱母」，直至「存吾順事，没吾寧也」，句句皆是理一分殊。唤作「乾稱」「坤稱」，便是分殊。逐句渾淪看，便見理一，當中横截看，便見分殊。○問：龜山語録云：「知其理一，所以爲仁；知其分殊，所以爲義。」朱子曰：仁只是發出來者，至發出來有截然不可亂處，便是義。如愛父母、愛兄弟、愛親戚鄉黨，推而大之，以至於天下國家，只是一個愛流出來，而愛之中便有許多等差，是義也。○前論天地萬物與我同體之意，固極宏大，然所論事天工夫，則自「于時保之」以下，方極親切。○价按：前半言弘之道。自「于時保之」以下，論工夫處，始之以「畏天樂天」，要之以「存順没寧」，則毅之至也。

又作砭愚曰：戲言出於思也，戲動作於謀也。發於聲，見乎四支，謂非己心，不明也。欲人無己疑，不能也。過言非心也，過動非誠也。失於聲，繆迷其四體，謂己當然，自誣也。欲他人己從，誣人也。或者謂出於心者，歸咎爲己戲；失於思者，自誣爲己誠。不知戒其出汝者，歸咎其不出汝者。長傲且遂非，不知孰甚焉？本注：横渠學堂雙牖，右書訂頑，左書砭愚。伊川曰：「是起争端。」改訂頑曰西銘，砭愚曰東銘。○朱子曰：横渠學力絶人，尤勇於改過，獨以戲爲無傷。一日忽曰：「凡人之過，猶有出於不知而爲之者，至戲則皆有心爲之也。其爲害尤甚。」遂作東銘。○問東銘，曰：此正如今法書所謂「故失」兩字。○高景逸曰：有心戲浪之謂戲，無心差失之謂過。言雖戲，必以思而出也；動雖戲，必以謀而作也。謂非己心，難以欺己，欲人無疑，難以欺人。言之過者，非其心之本然也；動之過者，非其誠之實然也。謂己當然，既以誣己。欲人己從，復以誣人。或者以戲言戲動之出於心者，歸咎爲己戲，而不知戒其出汝者，乃長傲而惡愈滋矣；以過言過動之失於思者，自誣爲己誠，而不知歸咎其不出汝者，則遂非而過益深矣。不智孰甚焉！若知戒其出汝，則誠意正心之本立矣；知歸咎其不出汝，則遷善改過之門闢矣。非智者而能若是乎，學者急宜警省[四三]。○陳毅齋曰：朱子與江西學者説此篇大旨，不越「過」「故」二字。蓋戲不自有，推其源而謂之故，欲人深戒於言動未發之先，以爲正心誠意之本。過不能無，指其流而謂之過，欲人自咎於言動已失之後，以爲遷善改過之機。○李青函曰：敬勝則無戲，義勝則無過。○葉平巖曰：頑者暴忍而不仁，愚若昏塞而不智。訂頑主仁，而義在其中；砭愚主智，而禮在其中。

將修己，必先厚重以自持。厚重知學，德乃進而不固矣[四四]。忠信進德，惟尚友而急賢。欲勝己者親，無如改過之不吝。横渠文集。下同。○价按：修己者無戲言戲動，則能厚重以自持。厚重知學，聞見博而知益明，德乃進而不固陋。友所以輔仁，相觀而善，則誠日進，德日修，故「忠信進德，惟尚友而急賢」。勇於改過，則直諒多聞之士樂與爲友，故欲勝己者親，無如改過之不吝。○主敬則能厚重，致知則學不固。義之宜，尊賢爲大。行之要，改過不吝。○問：張子「學則不固」之説如何？朱子曰：此蓋古注舊説，而張子從之。○陳氏沆曰：「厚重知學，德乃進而不固」，雖非論語本旨，而有益於學者。世有天資厚重而不明義理，卒至庸陋寡識、執滯不通者多矣，故必知學而後德可進也。

横渠先生謂范巽之曰：「吾輩不如古人[四五]，病源何在？」巽之請問。先生曰：「此非難悟。設此語者，蓋欲學者存意之不忘，庶游心浸熟，有一日脱然如大寐之得醒耳。」范育，字巽之。○价按：吾輩所以不及古人者，多因高視古人，以爲不可企及，自卑自小，安於頑而不知所以求仁，安於愚而不知所以改過，甘爲人下，絶不愧恥。病源常在，無藥可醫。孟子曰：「舜人也，我亦人也。舜爲法於天下，可傳於後世；我猶未免爲鄉人也。是則可憂也。」學者常能以不及古人爲憂，存意不忘，則激昂奮發，不安於頑愚，進德必勇，改過不吝，庶有一日脱然如大寐之得醒耳。

○朱子曰：橫渠之意，正要學者將此題目時時省察，使之積久貫熟，而自得之耳。而今緊要且看聖人是如何，常人是如何，自家因甚便不似聖人，因甚便只是常人。就此理會得透，便可超凡入聖。○人於義理，須如所謂「脱然如大寐之得醒」，方始是信得處。

未知立心，惡思多之致疑；既知所立，惡講治之不精。講治致思，莫非術内，雖勤而何厭？所以急於可欲者，求立吾心於不疑之地，然後若決江河以利吾往。遜此志，務時敏，厥修乃來。故雖仲尼之才之美，然且敏以求之。今持不逮之資，而欲徐徐以聽其自適，非所聞也。价按：吾輩欲蘄至於古人，不外居敬致知。學者無居敬之功，心未有主，而遽欲讀書講學，則思慮紛擾，適爲心累，故「未知立心，惡思多之致疑」。心既立矣，然但知居敬而不知致知，則空守此心，學亦無由而進，故「既知所立，惡講治之不精」。萬事萬物之理，皆學者所當講求，莫非在我道理之内，用力雖勤，何厭之有？人心真妄錯雜，則爲善不果，所以急於可欲之善者，欲使吾心有善無惡，立於不疑之地。好善如好好色，惡惡如惡惡臭，然後沛然若決江河，無往不利矣。遜其志而不高亢，敏於學而不頽惰，則其所修，如泉之始達，源源而來矣。孔子生知，猶且敏以求之，如不及，猶恐失，憤忘食，樂忘憂。吾輩持不逮之資，而欲徐徐以聽其自適，此其所以不及古人與！○朱子曰：「未知立心，惡思多之致疑」，此説甚好，便見有次序處。事固當考索，然心未有主，卻泛然理會不得。若是思慮紛然，趨向未定，未有個主宰，如何講學？○「遜此志，務時敏」，雖是低下著此心以順道理，又卻抖擻起精神，敏速以求之，則「厥修乃來」矣。下面云云，只是説一「敏」字。

明善爲本，固執之乃立，擴充之則大，易視之則小，在人能弘之而已。价按：講治精則善可明，此學之本也。固守此善則德立，推廣此善則德大，易視之則安於固陋而自小，在人能弘之而已。弘兼明、執而言：明善而能弘，則全體大用，洞悉靡遺，而不至淺嘗輒止；固執而能弘，則迪仁蹈義，篤志不變，而不爲曲謹小廉。

今且只將「尊德性而道問學」爲心，日自求於問學者有所背否，於德性有所懈否。此義亦是博文約禮，下學上達。以此警策一年，安得不長？每日須求多少爲益。知所亡，改得少不善，此德性上之益；讀書求義理，編書須理會有所歸著，勿徒寫過，又多識前言往行，此問學上益也。勿使有俄頃閒度，逐日似此，三年庶幾有進。价按：尊德性所以存心，在顏子則約禮之功也；道問學所以致知，在顏子則博文之功也。以此二者，俛焉日有孳孳，默自循求，嚴自警策，每日德性上之益若何，問學上之益若何，刻刻提撕，時時省察，勿使有俄頃閒度，則其進自不能已矣。○「勿使有俄頃閒度」，非至毅者不能。○尊德性，主敬之功，而力行亦在其中。古人但言存養處，皆兼力行在內。孟子「存心養性所以事天」，朱子以「履其事」釋之，是也。道問學，致知之事，而集義亦在其中。章句析理則不使有毫釐之差，理義則日知其所未知，致知之事也。處事則不使有過不及之謬，節文則日謹其所未謹，集義之功也。

爲天地立心，爲生民立道，爲去聖繼絶學，爲萬世開太平。葉平巖曰：天地以生生爲心，聖人參贊化育，使萬物各正其性命，此「爲天地立心」也。建明義理，扶植綱常，此「爲生民立道」也。「繼絶學」，謂纘述道統。「開太平」，謂有王者起〔四六〕，必來取法，利澤垂於萬世。學者以此立志，則所任至大而不安於小成，所存至公而不苟於近用。○价按：

學者以此存心，弘之至也，而所以致其功、踐其實者，仍不外尊德性、道問學，持以毅力而已。

由，亦不可得。

載所以使學者先學禮者，只爲學禮則便除去了世俗一副當習熟纏繞。譬之延蔓之物，解纏繞即上去。苟能除去了一副當世習，便自然脱灑也。又學禮則可以守得定。价按：學者貴「尊德性」，然謂之德性，猶慮懸而無薄，學者未易著力。禮則節文度數確有依據，學之則日用動静語默一於體而不苟，世俗一切戲謔、粗暴、卑屈、驕慢之習，纏繞糾結，以爲身心之累者，皆可解而去之。纏繞既解，則中正和樂，胸懷自然脱灑。且學禮則德性堅定，守得牢固，卓然有以自立，而不爲事物之所摇奪矣。○脱灑則弘，守得定則毅。○朱子曰：古人終日只在禮中，欲少自由，亦不可得。

須放心寬快公平以求之，乃可見道，況德性自廣大。易曰「窮神知化，德之盛也」，豈淺心可得？橫渠易説。○价按：學禮固可以守得定，然尊德性之功，守之太狹，求之太迫，則隘陋固滯，亦不足以見道，故須放心寬快公平以求之，所謂弘也。況德性本自廣大，窮神知化，默契造化之妙，上下與天地同流，豈淺心所能得耶？○朱子曰：看書與日用功夫，皆要放開心胸，令其平易廣闊，方可徐徐旋看道理，浸灌培養。切忌把捉太緊了，即氣象急迫，田地陋隘，無處着工夫也。○大着心胸，放教平闊，四面八方都見。

人多以老成則不肯下問，故終身不知。又爲人以道義先覺處之，不可復謂有所不知，故亦不肯下問。從不肯問，遂生百端欺妄人，我寧終身不知。橫渠論語說。○价按：道問學之功，既學於己，復問於人，質疑辯難，所學乃精，不可以下問爲耻。韓子曰：「生乎吾前，其聞道也固先乎吾，吾從而師之；生乎吾後，其聞道也亦先乎吾，吾從而師之。吾師道也，夫庸知其年之先後生於吾乎！」年後生於吾，而聞道先乎吾，師之猶可，況問之乎！人以老成自居，先覺相屬，遂不肯下問，終身不知，淺之甚矣。○張子見二程而徹皋比，可謂大勇。董蘿石年六十八，從學陽明，其勇不可及，惜所師未得其人耳。○朱子曰：有聖人之資，必好學，必好問。若就自家杜撰，更不學，更不問，便已是凡下了。舜自耕稼陶漁，以至爲帝，無非取諸人以爲善。孔子問禮於老聃，這也是學於老聃，方知得這一事。

多聞不足以盡天下之故。苟以多聞而待天下之變，則道足以酬其所嘗知。若劫之不測，則遂窮矣。橫渠孟子說。下同。○价按：道問學之功，窮萬事萬物之理，至於精義入神，乃可通權達變，非徒恃乎多聞也。若以多聞而待天下之變，則事變無窮，而見聞有限，猝然臨以不測，則必遑遽失措，而不知所以應之矣。

爲學大益，在自求變化氣質。不爾，皆爲人之弊，卒無所發明，不得見聖人之奥。价按：爲學大益，在於尊德性，道問學，百倍其功，以變化其氣質。氣質變則自明而誠，可深入於精微之奥，否則雖從事於學，亦爲人而已。拘於氣禀，學無心得，安能有所發明以見聖人之奥耶？○陳氏沆曰：學者不能變化氣質，則終身渾是病痛，就令孳孳爲學，亦只是於血氣上用功，而不能於義理上有得也，安得不百倍其功以自求變化哉？

文要密察，心要洪放。語録。下同。○价按：道體至小，故文要密察。密察以盡精微，則氣質之粗疏者可變，道問學之功也。道體至大，故心要洪放。洪放以致廣大，則氣質之狹隘者可變，尊德性之功也。○朱子曰：看義理要緊着心，又要寬着心。不緊不足以察其義理之細密，不寬不足以見其規模之闊大[四七]。

不知疑者，只是不便實作。既實作，則須有疑。有不行處，是疑也。价按：人不知疑者，只是不實用其力。若實用其力，則尊德性便忘卻道問學，道問學又忘卻尊德性。纔要密察，便不洪放；纔要洪放，又不密察。處處有礙，疑緒紛起，其不行處皆疑也。○高景逸曰：凡事行不去時節，自然有疑，有疑要思其所以行不去者，即是格物。

心大則百物皆通，心小則百物皆病。价按：心大則寬快公平，道理明澈，所知所行，無不順利，故百物皆通；心小則卑陋狹隘，識見錮蔽，所知所行，無不窒礙，故百物皆病。○朱子曰：通是透得那道理處，病則是窒礙了。○心狹隘，則事有窒礙不行。如仁則流於姑息，義則入於殘暴，皆見此不見彼。○心小是卑陋狹隘，事物來都没奈何，打不去，只見礙，皆是病。如要敬則礙和，要仁則礙義，要剛則礙柔。爲敬便一向拘拘，爲和便一向放肆，仁便煦煦姑息，義便粗暴決裂。心大便能容天下萬物，有這物則有這理，有那物則有那理，並行而不相悖[四八]，並育而不相害。○問：横渠云「心要洪放」，又云「心大則百物皆通」，孫思邈云「膽欲大而心欲小」，竊謂横渠是言心之體，思邈是言心之用否？曰：心自有合要大處，有合要小處。

人雖有功，不及於學，心亦不宜忘。心苟不忘，則雖接人事，即是實行，莫非道也。心若忘之，則終身由之，只是俗事。价按：功猶事也，雖應事接物，無暇讀書修業以爲學，而爲學之心亦不宜忘。學之道，知行敬義而已。心苟不忘，則應事之時，敬焉而心不外馳，義焉而事皆中理，以平日之所知，驗臨時之所行，接人事即是實行，莫非道也。否則終身由之，只是俗事而已。○朱子答許順之曰：閤中安好，想亦能甘淡漠，相助經家務也。修身齊家，即此是學，更欲別於何處留心耶？○答范伯崇曰：官事擾擾，想不得一向静坐看書。然暇時收斂身心，事物之來，隨時省察，則内外本末，交相浸灌，此外別無着力處也。

合内外，平物我，此見道之大端。价按：有内外之見，則是内非外，自私用智，故須合内外。有物我之見，則私己之心勝，愛物之念微，故須平物我。二者見道之大端也。○朱子曰：道只是致一公平之理而已。○茅氏曰：見道之大端，猶曾點、漆雕開見大意而已。若説到細微精密處，則當就内外物我間，一一各究其當然之極，而不使有毫髮之差〔四九〕，則乃真爲見得到。

既學而先有以功業爲意者，於學便相害。既有意，必穿鑿創意，作起事端也。德未成而先以功業爲事，是代大匠斲，希不傷手也。价按：學以爲己，非爲功業。學而先以功業爲意，則主於爲人，留心經世之務，而反躬修德之意疏，故於學相害。穿鑿創意，作起事端，生心害政，貽禍無窮。德未成而先以功業爲事，功業不可建，且往往至於身敗名裂，殷深源、房次律皆代大匠斲而傷其手者也。

竊嘗病孔孟既没，諸儒囂然，不知反約窮源，勇於苟作，持不逮之資，而急知後世。明者一覽，如見肺肝然，多見其不知量也。方且創艾其弊，默養吾誠，顧所患日力不足，而未果他爲也。价按：孔孟既没，聖學失傳，諸儒不知反約窮源，用知行敬義之功，向身心性命切己自修，而著書立説，勇於苟作，急於見知後世。明者一覽，如見其肺肝然，荀、揚、文中所以取譏於後儒也。君子創艾其弊，默養吾誠，反約窮源，猶懼日力之不足，何暇他爲哉！○反約窮源、默養吾誠，爲己之學也；勇於苟作、急知後世，爲人之學也。

學未至而好語變者，必知終有患。蓋變不可輕議，若驟然語變，則知操術已不正。价按：學必精義入神，始可語變。學未至而好語變，妄作僨事，終必有患。賢守經，聖達權，權非體道者不能用，故變不可輕議。理未明，義未精，而驟然語變，操術不正，權謀譎詐，所以終必有患也。○或問理會變處。朱子曰：今且當理會常，未要理會變。常底許多道理，未能理會得盡，如何便要理會變？聖賢説話，許多道理平鋪在那裏，且要闊着心胸，平心去看，通透后自能應變，不是硬捉定一物，便要討常，便要討變。建州有徐柟者，常言秦始皇賢於湯、武，管仲賢於夫子。近日有一種説，亦頗似之。此恐是日前於根本不曾大段用功，而便於討論世變，著力太深，所以不免此蔽。

凡事蔽蓋不見底，只是不求益。有人不肯言其道義所得所至，不得見底，又非於吾言無所不説。价按：學者須將所知所能與所不知不能，畢陳於師友之前，然後人得因其病而藥之，長善而救其失。若凡事蔽蓋不見底裏，不肯言其道義所得所至，此乃不思求益，恐人非笑，巧自掩覆，貌爲有學，與顔子之無所不説、終日不違如愚者不同，自欺欺人。雖明師益友，亦無如之何矣。○朱子答徐思遜曰：某某守舊説甚固，乃是護惜己，不肯自將來下毒手彈駁。如人收得假金，不肯試將火煅，如此如何得長進？

耳目役於外，攬外事者，其實是自惰，不肯自治，只言短長，不能反躬者也。价按：人苟有反躬自治之心，日夜汲汲，以求真知實踐之不暇，何暇他及耶？役耳目、攬外事者，心馳於外，舍己芸人，自惰而不肯自治，好議論短長，熟於世故人情，而疏於省身克己，不能反躬者也。

學者大不宜志小氣輕。志小則易足，易足則無由進；氣輕則以未知爲已知、未學爲已學。黄勉齋曰：理義無窮，如登嵩、華，如涉溟、渤，且要根脚純實深厚，然後可以承載。初涉文義，便有跳踉自喜之意，又安能任重而致遠耶？○价按：志小則不弘，氣輕則不毅。「學」字、「志」字，遥應卷首濂溪先生語。志小則得少輒足，自畫而不能進，安能志伊學顔，以士希賢、以賢希聖？氣輕則虚憍自是，亡而爲有，虚而爲盈，約而爲泰，故「以未知爲已知、未學爲已學」。○劉緘三曰：此以上申結今之學者爲人，其終至於喪己，皆急求人知，志小氣輕故也。朱子以此終篇，玩「大不宜」三字，而士之不可以不弘毅，益昭昭矣。再以「志小則易足，易足則無由進」反結通篇，「氣輕則以未知爲已知、未學爲已學」引起下卷。劉緘三曰：自「横渠先生作訂頑」至末爲後段，申言乾道坤道，着力得力，志於仁以學聖人之道，知行敬義工夫，爲己而勿爲人，不可以不弘毅之旨。

【校勘記】

［一］曰喜怒哀懼愛惡欲　「懼」，葉本作「樂」。

［二］造次顛沛出處語默必如是者　「如」，葉本作「於」。

［三］以博文强記巧文麗辭爲工　「文」，葉本、江本作「聞」。

［四］朋從而思　「而」，葉本、江本作「爾」。

［五］聖人之言　「人」，葉本、江本作「賢」。

［六］然其包盡天下之理　「包」，葉本、江本作「涵」。

［七］疾没世無善可稱云爾　「世」，葉本、江本作「身」。

［八］在顔子則約禮之功也　「則」，原作「在」，據上下文改。

［九］其非正有眚　「非」，葉本、江本作「匪」。

［一〇］以聽禍福之自至不可有苟得倖免之心　「至」，茅本作「来」；「倖」，茅本作「幸」。

［一一］是失而致之乎　「是」，各本均作「有」，伊川易傳亦作「有」。

［一二］此教人以處險阻之道　「險阻」，葉本作「艱阻」。

［一三］久則義理浹洽於中　「久則義理」，葉本作「義理久則」。

［一四］修飾之　「修」，葉本作「虚」。

〔一五〕茅氏曰　「茅」原作「芽」，據茅本改。

〔一六〕觀天地之化可知　「化」下，葉本、江本有「乃」字。

〔一七〕然苟悦其大而忽於近　「大」，葉本作「高」，江本作「遠」。

〔一八〕學問亦無一超直入之理　「一超直入」，原作「一直趨入」，據朱子語類卷十二訓門人三録此條改。

〔一九〕更莫於相觀而善工夫多　「於」，葉本、江本作「如」。

〔二〇〕不要先有一私意隔礙便大　「不」上，原有「大」字，據江本删。

〔二一〕百里奚舉於市　「百里奚舉於市」，葉本作「孫叔敖舉於海」。

〔二二〕許多説話　「許」上，江本有「這」字。

〔二三〕便須開言路　「便須」原作「須便」，據江本改。

〔二四〕亦無益　「無益」，江本作「不可」。

〔二五〕語其見趣超詣　「語」，江本作「論」。

〔二六〕無倒東來西之謂也　「無倒」，江永近思録集注清嘉慶本作「無到」、江蘇書局本作「而倒」。

〔二七〕心小是畏敬之意　「意」，江本作「謂」。

〔二八〕程子嘗言西銘爲仁之體　「言」，茅本作「論」。

〔二九〕能體此意　「能」上，茅本有「其」。

〔三〇〕本是吾身至切至近底物　「至切至近」，陳本作「至親至切」。

〔三一〕能得幾時了　「了」，葉本作「子」。

〔三二〕兩頭都不相離　「頭」，茅本作「項」。

〔三三〕固有虛憍急迫之病　「憍」，江本作「驕」。

〔三四〕不知集義　此句原無，據葉本、江本補。

〔三五〕仁者先難後獲　「難」下原有「而」字，據葉本、江本刪。

〔三六〕而可以施其辨　「辨」原作「變」，據江本改。

〔三七〕以凈器盛之則凈　「凈」，葉本作「清」。

〔三八〕本然之性無有不善　「然」，江本作「原」。

〔三九〕稟得氣昏濁者是陰也　「稟得氣」三字原無，據茅本補。

〔四〇〕下達徇人欲者與　「與」，葉本作「歟」。

〔四一〕予茲邈焉　「茲」原作「慈」，據葉本、江本改；「邈」，葉本、江本作「藐」。

〔四二〕愛之則喜而不忘　「不」，葉本、江本作「弗」。

〔四三〕學者急宜警省　「急宜」，陳本作「宜急」。

〔四四〕德乃進而不固矣　「不」，葉本作「日」。
〔四五〕吾輩不如古人　「如」，葉本、江本作「及」。
〔四六〕謂有王者起　「謂」，葉本作「如」。
〔四七〕不寬不足以見其規模之閎大　「閎」，茅本作「宏」。
〔四八〕並行而不相悖　「相」字原無，據江本補。
〔四九〕而不使有毫髮之差　「差」下，茅本有「謬」字。

近思録解義卷之三 凡七十八條

朱子曰：此卷「格物窮理」。价按：此卷以格物、致知、讀書爲主，以「心通乎道」、「知言窮理」、「真知自得」爲總旨，以「致思會疑」、「通文求義得意」爲分意，體似兩截。自首章至「更不復求」論致知之方，爲上截；自「伊川先生曰凡看文字」至末「論讀書之法」，爲下截。

伊川先生答朱長文書曰：心通乎道，然後能辨是非，如持權衡以較輕重，孟子所謂「知言」是也。心不通乎道，而較古人之是非，猶不持權衡而酌輕重，竭其目力，勞其心智，雖使時中，亦古人所謂「億則屢中」，君子不貴也。文集。下同。○价按：此以孟子「知言」承上卷末節「未知」、「已知」之意，以「心通乎道」二句領起通篇。道者天下之定理，必理明義精，心通乎道，然後於天下之事灼然有以辨其是非，如持權衡以較輕重，毫釐不爽，孟子所謂「知言」是也。孟子知言在「盡心知性」之後，性具於心而原於天，盡心知性，則心通乎道，故誦詩讀書，尚論古人，皆因言而得其心。而於當世「爲我」、「兼愛」、「食色」、「並耕」、「杞柳湍水」、「性無善無不善」，詖淫邪遁之辭，亦皆知其生心害政，決然而無疑也。心不通乎道，而强辨是非，雖使億中，君子不貴，況未必中乎？

伊川先生答門人曰：孔孟之門，豈皆賢哲？固多衆人。以衆人觀聖賢，弗識者多矣，惟其不敢信己而信其師，是故求而後得。今諸君於頤言，纔不合則置不復思，所以終異也。不可便放下，更且思之，致知之方也。价按：此承上「知言」而言，而教人以思也。誦聖賢之言而弗識，聞師友之言而不合，自以爲是，置不復思，則其理終不明矣。中庸「博學」、「審問」，繼以「慎思」，思者致知之方也。學而弗識則思，問而不合則思，思以求其理而得之，庶漸進於知言而無難矣。○朱子曰：某向來從師，日間所聞説話，夜間如温書一般，一一子細思量，才有疑，明日又問。

伊川先生答横渠先生曰：所論大概，有苦心極力之象，而無寛裕温厚之氣。非明睿所照，而考索至此，故意屢偏而言多窒，小出入時有之。本注：明所照者，如目所睹，纖微盡識之矣。考索至者，如揣料於物，約見髣髴爾，能無差乎？更願完養思慮，涵泳義理，他日自當條暢。价按：此承上言致思之道，不可苦心極力，强爲考索，當完養思慮，涵泳義理，而後有所得也。强考索者，發之於言，往往偏而不中，窒而不暢，出入而不周偏，見其似而未得其真，不能無差也。完養涵泳，則思慮深沉，義理條暢，深造以道，自有所得。明睿所照，與考索所至，相去懸絶矣。○朱子曰：横渠只是一向苦思，求將向前去，卻欠涵泳，以待其義理自形見處。如云「由氣化，有道之名」，説得是好，卻只是生受辛苦。如以太虚、太和爲道體，卻只是説得形而下者。

欲知得與不得，於心氣上驗之。思慮有得，中心悦豫，沛然有裕者，實得也；思慮有得，心氣勞耗者，實未得也，强揣度耳。嘗有人言：「比因學道，思慮心虛。」曰：「人之血氣固有虛實，疾病之來，聖賢所不免，然未聞自古聖賢因學而致心疾者。」遺書。下同。○价按：此承上言致思得與不得，固可證之於言，亦可驗之於心。中心悦豫，沛然有裕者，明睿所照，完養涵泳之所得，乃實得也。心氣勞耗者，考索所至，苦心極力之所得，非實得也，强揣度耳。學道正以養心，優游饜飫，生意盎然，心氣和樂，安有心疾？苦思而致心疾，非聖賢深造之學也。

今日雜信鬼怪異説者，只是不先燭理。若於事上一一理會，則有甚盡期？須只於學上理會。价按：所貴乎實得者，燭理明而已。理有常變，鬼怪理之變也，聖人語常而不語怪，爲其惑人也。學者燭理不明，故雜信鬼神異説，若於事上理會，則變幻百端，安有盡期？須於學上理會，燭理既明，則異説不得而惑之矣。

學原於思。价按：於學上理會，而學原於思。學者窮理之功，思其當然，復思其所以然，精察詳辨，然後燭理明而有實得。○朱子曰：學原於思，思所以起發其聰明。○看道理只若恁地説過一遍，則都不濟事。須是常常把來思量始得。看過了後，無時無候，又把起來思量一遍，十分思量不透，又且放下。待意思好時，又把起來看，恁地將久自然解透徹。延平先生嘗言「道理須是日中理會，夜裏卻去静處坐地思量，方始有得」，某依此説去做，真個是不同。

所謂「日月至焉」與久而不息者，所見規模雖略相似，其意味氣象迥別。須潛心默識，玩索久之，庶幾自得。學者不學聖人則已，欲學之，須熟玩味聖人之氣象，不可只於名上理會，如此只是講論文字。价按：此言學者致思在於潛心默識也。「日月至焉」與久而不息者，規模雖略相似，意味氣象、淺深生熟迥别，須潛心默識，玩索久之，庶幾自得。未可以淺嘗求也。久而不息者，聖人也。聖人之道，藴於心，見於氣象。學者玩味聖人之氣象，而聖人之道所以久而不息者，亦可潛心默職而得之，非僅得其氣象也。

問：忠信進德之事，固可勉强，然致知甚難。伊川先生曰：學者固當勉强，然須是知了方行得。若不知，只是覷卻堯，學他行事，無堯許多聰明睿智，怎生得如他「動容周旋中禮」？如子所言，是篤信而固守之，非固有之也。葉氏曰：固守者勉强堅持[一]，固有者從容自得。未致知，便欲誠意，是躐等也。勉强行者，安能持久？江慎修曰：此言未致知亦不能誠意耳，非謂誠意工夫有等待也。故朱子嘗云：「爲學次第雖有先後，然須用一齊做去。如格物、致知而後誠意，不成説物未格、知未至，且未要誠意，安有此理？聖人亦只説大綱自然次序如此，非謂做一件無餘，方做一件也。」除非燭理明，自然樂循理。性本善，循理而行，是順理事，本亦不難，但爲人不知，旋安排著，便道難也。知有多少般數，煞有深淺，學者須是真知，纔知得是，便泰然行將去也。价按：此言知先於行，而必以真知爲貴也。學者於聖人氣象固當玩味，然聖人動容周旋中禮，乃生而知之，不待思勉而從容中道，無聖人之聰明睿智，而欲學其行事，必不可得。張子所以十五年學「恭而安」不成也。知之明，乃能行之力，先明乎善，然後能實其善。未致知而欲誠意，勉强行者，安能持久？須是燭理明，循理而行，何難之有？

理有未明，而强爲安排布置，則難矣。知有淺深，見其表而忘其裏，得其粗而遺其精，皆非真知。真知者，表裏精粗無不透徹之謂也。真知善之當爲，則所以爲之者，自不容已，泰然行將去，何容勉强安排？此學之所以貴乎力行，而力行尤必先以真知也。○程子曰：昔嘗見有談虎傷人者，衆莫不聞，而其間一人，神色獨變。問其所以，乃嘗傷於虎者也。夫虎能傷人，人孰不知，然聞之有懼有不懼者，知之有真有不真也。學者之知道，必如此人之知虎，然後爲至耳。若曰知不善之不可爲，而猶或爲之，則亦未嘗真知而已矣。○朱子曰：人果見得分曉，如烏喙之不可食，水火之不可蹈，見善如飢之欲食、寒之欲衣，則意自實矣。

某年二十時，解釋經義與今無異。然思今日，覺得意味與少時自別。价按：解釋無異，而意味自別者，潛心默識，玩味積久，真知而自得之也。○朱子曰：程子晚年而自言如此，此温故知新之大者。學者當以是爲的而深求之。

凡一物上有一理，須是窮致其理。窮理亦多端，或讀書講明義理，或論古今人物，別其是非，或應接事物而處其當。皆窮理也。价按：此言致知之功，在即物以窮理也。窮理亦多端：理在於書，則講明義理以窮之；理在於古今人物，則別其是非以窮之；理在於應接事物，則處其當否以窮之。皆窮理也，理明則知自真矣。○朱子曰：用力之方，則或考之事爲之著，或察之念慮之微，或求之文字之中，或索之講論之際。使於身心性情之德，人倫日用之常，以至天地鬼神之變，鳥獸草木之宜，自其一物之中，莫不有以見其所當然而不容已，與其所以然而不可易者。

或問：格物須物物格之，還只格一物而萬理皆知？曰：怎得便會貫通？若只格一物便通衆理，雖顔子亦不敢如此道。須是今日格一件，明日又格一件，積習既多，然後脱然自有貫通處。本注：又曰：所務於窮理者，非道盡窮了天下萬物之理，又不道是窮得一理便到，只要積累多後，自然見去。○价按：孟子曰「博學而詳説之，將以反說約也」，學非欲其徒博，而亦不可以徑約。務博者欲盡窮天下之理，一物不知，引爲深耻，其究必爲俗學。務約者，謂格一物而萬理皆通，反身而誠，則天下之物無不在我，其流必爲異學。聖人有所不知，安能盡窮天下之理？顏子亦只聞一知十，安能格一物而萬理皆通？今日格一件，明日格一件，積習既多，博也。脫然貫通，約也。知博而不知約，誇多鬭靡以爲知，漢家學之知，非真知也。不博而欲徑約，冥悟坐照以爲知，良知家之知，非真知也。惟程子所云積累多後，脫然有貫通處，乃爲真知而自得耳。○朱子云：一日一件者，格物工夫次第也。脫然貫通者，知至效驗極致也。不循其序而遽責其全，則爲自罔；但求粗曉而不期貫通，則爲自畫。○舊見李先生說：「理會文字，須令一一融釋了後，方更理會一件。」此亦伊川所謂「今日格一件，明日又格一件」，格得多後，自脫然有貫通處。此亦是他曾經歷來，便說得如此分明。今若一件未能融釋，而又欲理會一件，則第二件又不了，事事不了，何益！

「思曰睿」，思慮久後，睿自然生。若於一事上思未得，且別換一事思之，不可專守着這一事。蓋人之知識，於這裏蔽著，雖强思亦不通也。价按：通微曰睿。人心至虛至靈，故思慮久則睿自生。然亦有偶有所蔽，思慮愈久而窒塞愈甚者，則宜暫置不思，別窮一理，俟他日再取思之，則因彼及此，積久生悟，自有豁然以解者。若只拘守一隅，必欲苦心極力以索之，則心氣勞耗，縱有所得，非真知實得也，强揣度耳。○問：伊川此說與延平之說何如？曰：這說自有一項難窮底事，如造化、禮樂、度數等事，是卒急難曉，只得且放住。延平說是窮理之要。若平常遇事，一件理會未透，又理會第二件，第二件理會未透，又理會第三件，恁地終身不長進。

問：人有志於學，然知識蔽固，力量不至，則如之何？曰：只是致知。若智識明，則力量自進。价按：此亦前章燭理明自然樂循理之意。真知事理之當然，則其守必定，其氣必充，故力量自進。

問：觀物察己，還因見物反求諸身否？曰：不必如此說。物我一理，纔明彼，即曉此，此合內外之道也。又問：致知先求之四端何如？曰：求之情性，固是切於身。然一草一木皆有理，須是察。本注：自一身之中，以至萬物之理，但理會得多，胸次自然豁然有覺處。○价按：此言致知在格物，物理明得一分，即知識進得一分。物我一理，物之是非得失，即我之是非得失，纔明彼，即曉此，無待見物反求諸己也。仁義禮智之性，惻隱、羞惡、辭讓、是非之情具於吾心[二]，而切於吾身，固學者所當講求。然天下無性外之物，一草一木亦皆有理，不可不察。○「一草一木皆有理」，不可不察，此極言窮理之功，不容忽於細微耳。須善會，勿泥看。草木固皆有理，然視吾身之性情，則先後輕重不可同日而語。程子曰「自一身之中，以至萬物之理」，曰「自」曰「以至」，則性情之當急、物理之當緩明矣。朱子曰：「今爲學而不窮天理、明人倫、講聖言、通世故，乃兀然存心於一草一木、器用之間，此是何學問！如此而望有所得，是炊沙而欲其成飯也。」陽明不知此義，格庭前竹子，七日而病，遂力詆程朱「格物窮理」之說，謬矣。○朱子曰：窮理者，欲知事物之所以然與其所當然者而已。知其所以然，故志不惑；知其所當然，故行不謬。非謂取彼之理而歸諸此也。程子所謂「物我一理，纔明彼，即曉此」。

「思曰睿」，「睿作聖」。致思如掘井，初有渾水，久後稍引動得清者出來。人思慮始皆溷濁，久自明快。葉氏采曰：「致思則能通乎理，故明睿生。充其睿則可以入聖域，故睿作聖。然致思之初[三]，疑慮方生，所以溷濁。致思之久，疑慮既消，自然明快。此由思而生睿也。」故曰思者聖功之本。

問：如何是「近思」？曰：以類而推。价按：「以類而推」，即朱子所謂「因其已知之理而益窮之」也。由近而推之遠，由易而推之難，由淺而推之深，由表而推之裏，由粗而推之精，循序漸進，自可推之以至其極，而豁然貫通不難矣。若厭小務大，忽近圖遠，則徒勞罔功，終無由真知而實得。○朱子曰：劈初頭理會得一件分曉透徹，便逐件如此理會去，相次亦不難。○以類而推者，只是從易曉者推將去，一步又一步。若遠去尋討，則不切於己。

學者先要會疑。价按：學以求覺，能疑乃能有覺，故學先要會疑。以類而推，推不去處而疑生焉，有疑而審問、慎思、明辨，則理明而疑釋矣。然謂之「會疑」者，疑所當疑之謂也。若妄爲穿鑿，則不得謂之會疑矣。○朱子曰：書始讀未知有疑，其次漸有疑，又其次節節有疑。過此以後[四]，疑漸漸釋，以至融會貫通，都無可疑，方始是學。○學者讀書，須是於無味處當致思焉。至於群疑並興，寢食俱廢，乃能驟進。因歎「驟進」二字最下得好。○讀書逐字逐句要見著實。若用功粗鹵，不務精思，只道無可疑處，非無可疑，理會未到，不知有疑耳。○价按：程、朱以前，注疏之説多與經旨不合，故朱子云然。程、朱以後，群經皆有定説，學者只宜熟讀精思，身體而力行之，不可妄生疑竇，自尋荆棘。

橫渠先生答范巽之曰：所訪物怪神姦，此非難語，顧語未必信耳。孟子所論知性、知天，學至於知天，則物所從出，當源源自見。知所從出，則物之當有當無，莫不心諭，亦不待語而後知。

諸公所論，但守之不失，不爲異端所刼，進進不已，則物怪不須辨，異端不必攻，不踰期年，吾道勝矣。若欲委之無窮，付之以不可知，則學爲疑撓，知爲物昏[五]，交來無間，卒無以自存，而溺於怪妄必矣。文集。下同。○价按：天者理之所從出，天下之物莫不本於陰陽五行之氣，莫不本於陰陽五行之理，特其間有常變之異耳。常者爲人、爲鳥獸、爲草木，變者爲物怪、爲神姦，常者固理之所有，變者亦非理之所無，皆天也。學至於知天，則物之當有當無，自可心諭神會，不待語而後知也。聖人語常而不語怪，語人而不語神，所謂「未能事人，焉能事鬼？未知生，焉知死」，所謂「非其鬼而祭之，諂也」，所謂「務民之義，敬鬼神而遠之」，皆不易之定理。學者未能知天，但守此定理而不失，其他物怪神姦，置之不辨，則異端不能惑，而吾道勝矣。若不能守定常理，而委之無窮，求之不可知，則學爲疑撓而守奪，知爲物昏而識擾，惑於異端，不能自存，而溺於怪妄也必矣。

子貢謂「夫子之言性與天道，不可得而聞」，既言「夫子之言」，則是居常語之矣。聖門學者以仁爲己任，不以苟知爲得，必以了悟爲聞，因有是説。价按：此承上「知性」、「知天」而言。性者人心稟受之理，天道者化育流行之妙。性道貴實體不貴空談，聖門學者以仁爲己任，性與天道之理期於身體而力行之，故不以苟知爲得，必以了悟爲期。苟知者徒聞其説，非真知也。了悟者深達其理，乃真知也。

義理之學，亦須深沉方有造，非淺易輕浮之可得也。价按：義理之學無窮，須思慮深沉，方能由淺入深，由表達裏，深造而有以自得。淺易輕浮者，縱有所知，苟焉而已，安能有所得邪？○朱子曰：子張謂「執德不弘」，弘字有深沉厚重之意。○爲學切不可粗心，須是今日去了一重，又見得一重，明日又去了一重，又見得一重。去盡皮方見肉，去盡肉方見骨，去盡骨方見髓，使粗心大氣不得。

學不能推究事理，只是心麤。至如顏子未至於聖人處，猶是心麤。价按：淺易輕浮則心麤而不能推究事理。虞廷執中，「惟一」必先以「惟精」，必察之極其精，然後守之純於一。一者，無二、無雜、無間斷之謂也。顏子不能不違仁於三月之後，猶微有二處、雜處、間斷處，其所以守之者未能與聖人之純於一，由其所以察之者未能如聖人之極其精也，故曰「猶是心麤」。○問：顏子心麤之説，恐太過否？朱子曰：顏子比之衆人純粹，比之孔子便麤。如「有不善未嘗不知，知之未嘗復行」，是他細膩如此，然猶有這不善，便是麤。伊川説「未能不勉而中，不思而得，便是過」，説得好。○心麤，學者之通病。顏子未至聖人，猶是心麤。一息不存，即爲麤病。要在精思明辨，使理明義精，而操存涵養，無須臾離，無毫髮間，則天理常存，人欲消去，其庶矣乎。

「博學於文」者，只要得習坎「心亨」。蓋人經歷險阻艱難，然後其心亨通。价按：學欲免心麤之病，其惟習之熟乎？「博學於文」，文之疑難窒塞，皆險阻也。須潛心玩索，反復研求，習之既久，則疑者釋，塞者通，而心亨矣。心亨即孔子所謂「説」，程子所謂「浹洽於中也」。○朱子曰：博學於文，又要得習坎「心亨」。如應事接物之類皆是文，但以事理切磨講究，自是心亨。且如讀書，每思索不通處，則翻來覆去，處處窒塞，然其間須有一路可通，只此便是許多艱難險阻，習之可以求通，通處便是亨也。○理會道理到衆説紛紜處[六]，卻好定著精神看。○蓄積多者，忽然爆開，便自然通，此所謂「何天之衢，亨」也。蓋蓄積則通，須是蓄之極則通。

義理有疑，則濯去舊見，以來新意。心中有所開，即便劄記，不思則還塞之矣。更須得朋友之助，一日間朋友論著，則一日間意思差別。須日日如此講論，久則自覺進也。|价按：此言學貴日新也。習坎，温故也。心亨，知新也。知新由於温故，而温故尤不可以不知新。人爲舊見所囿，胸中滯而不化，心慮閉塞，則新意無由而來，故義理有疑，須濯去舊見，則心慮開而新意來。心有所開，則隨時劄記，以備異日觀省，否則隨得隨失，旋開旋塞，無復新意之來矣，更須得朋友之助。朋友講論一番，則心中必有所開，而新意之來，有不知其何以然者。蓋人心中有機，不撥則不動，朋友講論正所以撥動其機，機動則新意踴躍而出，如泉始達，源源而來。孔子所以有「起予」之歎，而君子以友輔仁所以必先以文會友也。○朱子曰：學者不可只管守從前所見，須除了方見新意。如去了濁水，然後清者出焉。○到理會不得處，便當濯去舊見，以來新意，仍且只就本文看之。○涵養之功，則非他人所得與，若致知之事，則正須朋友講學之功，庶有發明。胡文定固是資質好，然在太學，多聞師友之訓，所以能然。

凡致思到説不得處，始復審思明辨，乃爲善學也。若告子則到説不得處遂已，更不復求。|横渠孟子説。○价按：此言義理有疑，當反求諸心也。致思到説不得處，疑起而心塞也，更復審思明辨，則心開而疑釋，乃爲善學。告子以義爲外，於言有所不達，不復反求其理於心，不知義故不知性。雖以孟子反復講論，終不能開其塞，去其舊見。此所以卒陷於異端，而不得其正與！|价按：自篇首至此爲一段，言致知格物之功，須致思會疑，以窮其理，真知實得，然後能心通

乎道，而有以知言。

伊川先生曰：凡看文字，先須曉其文義，然後可求其意。未有文義不曉而見意者也。遺書。

下同。○价按：此以下言讀書之法，而前十一節其綱領也。聖人之意，備載於書，必先曉其文義，然後可求其意。陸氏謂「六經皆我注脚」，脱略語言文字，而自謂得聖人之意，故其學卒歸於禪。○朱子曰：讀書須且虚心静慮，依傍文義，推尋句脈，看定此句指意是説何事。略用今人言語，襯貼替换一兩字，説得古人意思出來，先教自家心裏分明歷落，如與古人對面説話，彼此對答，無一言一字不相肯可，此外都無閒雜説話，方是得個入處。○學者觀書，先須讀得正文，記得注解，成誦精熟，注中訓釋文意、事物名義、發明經旨相穿紐處，一一認得，如自己做出來底一般，方能玩味反復，向上有透處。○讀書須看他文勢語脈。○讀書着意玩味，方見得義理從文字中迸出。

學者要自得。六經浩渺，乍來難盡曉，且見得路徑後，各自立得一個門庭，歸而求之可矣。

价按：學要自得，方異於記誦辭章之習。六經各有路徑，各有門庭。詩理性情，書道政事，禮謹節文，易明吉凶消長之理、進退存亡之道，春秋正三綱、明五倫、内諸夏、外夷狄、誅亂臣賊子，道同而用各不同，故讀之之法亦異。程、朱以前，群經未有成説，讀之不易，經程、朱論定後，經中大義微言炳若日星，路徑門庭燦然明著。學者循其説以求之，而勿亂以乾嘉漢學之説，詩主集傳，書主蔡傳，易主本義兼參程傳，禮主儀禮經傳通解，春秋主程傳兼參胡傳，通其文，識其義，求其意，斯可以深造自得矣。○問：如何是門庭？朱子曰：是讀書之法，如讀此一書，須知此書當如何讀。問：如詩是吟詠情性，讀詩者便當以此求之否？曰：然。

凡解文字，但易其心，自見理。理只是人理甚分明，如一條平坦底道路[七]。詩曰「周道如砥，其直如矢」，此之謂也。价按：此言讀經求聖人之意，當易其心，不可失於鑿也。聖人之言，至平至實，無新奇可喜之論，無隱僻難知之理，學者但易其心，則理自明，如平坦道路，人所共由共見，不難知也。乾嘉諸儒，舍康莊而尋荊棘，務爲穿鑿附會，以與程朱爲難，聖人之旨晦，而經學掃地矣。○朱子曰：學者讀書，只除卻自己私意，逐字逐句，平心體會，久久自然有得。○讀書只就一直道理看，剖析自分曉，不必去偏曲處看。易有個陰陽，詩有個邪正，書有個治亂，皆是一直路徑可見，别無嶢崎。○某嘗説，文字不難看，只是讀者心自嶢崎了，看不出。若大著意思，反覆熟看，那正當道理自湧出來。不要將那小意見、私見識去間亂他，如此無緣看得出。

或曰：聖人之言，恐不可以淺近看他。曰：聖人之言，自有近處，自有深遠處。如近處怎生强要鑿教深遠得？揚子曰：「聖人之言遠如天，賢人之言近如地。」頤與改之曰：「聖人之言，其遠如天，其近如地。」揚子，揚雄法言中語。○价按：聖人之言，遠者如天，近者如地。遠者如性與天道，雖子貢猶謂「不可得聞」。近者如孝弟、謹信、愛衆、親仁，雖童孺亦自可曉。讀書須平心觀理，不可鑿近使遠，鑿淺使深也。○朱子曰：「今之談經者，往往有四病。本卑也，而抗之使高；本淺也，而鑿之使深；本近也，而推之使遠；本明也，而必使至於晦。」按，此朱子論當時説經者之蔽也。乾嘉諸儒，則又本高也而抑之使卑，本深也而推之使淺，其不能易其心以求聖人之意，則一而已矣。

學者不泥文義者，又全背卻遠去；理會文義者，又滯泥不通。如子濯孺子爲將之事，孟子只取其不背師之意，人須是就上面理會事君之道如何也[八]。又如萬章問舜完廩浚井事，孟子只答他大意，人須要理會浚井如何出得來，完廩又怎生下得來。若此之學，徒費心力。价按：不泥文義者，多失之疏略；拘泥文義者，又執一不通。其不得聖人之意一也。子濯孺子事，孟子只取其不背師，以見取友之宜端。舜完廩浚井，孟子之意只言象憂亦憂，象喜亦喜，以見天理人情之至。讀書須識大意，若只從小處理會，則滯泥不通矣。

凡觀書不可以相類泥其義，不爾則字字相梗。當觀其文勢上下之意，如「充實之謂美」，與詩之美不同。朱子曰：凡讀書須看上下文意是如何，不可泥着一字，如揚子「於仁也柔，於義也剛」，到易中又將剛來配仁，柔來配義。孟子「學不厭，知也；教不倦，仁也」，到中庸又謂「成己，仁也；成物，知也」。此等須是各隨本文意看，便不相礙。○葉平巖曰：充實之美在己，詩之稱美在人。如此之類，豈可相泥爲一義。○价按：大學「正心」，與孟子「正心」不同。論語「令色」，與大雅「令色」不同。唐虞執中，與子莫執中不同。若不看上下文意，而以相類泥其義，則經中之窒礙處多矣。

問：瑩中嘗愛文中子「或問學易，子曰『終日乾乾可也』」，此語最盡。文王所以聖，亦只是個不已。先生曰：凡説經義，如只管節節推上去，可知是盡。夫「終日乾乾」，未盡得易。據此一句，只做得九三使。若謂乾乾是不已，不已又是道，漸漸推去，自然是盡，只是理不如此。陳瓘，字瑩中，程子門人。「子曰」者，王通答或人之語。○价按：此言窮經當周徧精密，不可儱侗求約也。陳瑩中謂「終日乾乾」即文王之「純亦不已」，極爲有見，而謂足以盡易則失之。易之爲書，廣大悉備，天地萬物之理無不包括其中。須逐卦逐爻，一一理會着實，方可識易之理。若謂一語足以盡易，則當日聖人作易，只着「終日乾乾」四字足矣，何必分爲六十四卦、三百八十四爻乎！又按，一語不足盡全經，固不可執以爲約；一語足盡全經，亦不可執以爲約。「思無邪」足以蔽詩，然必將三百篇一一理會着實，方真知「思無邪」之義；「毋不敬」足以蔽禮，然必將三千三百一一理會着實，方真知「毋不敬」之義。由博方能反約，不博而徒執一語以爲約，空見也，非實得也。○朱子曰：嘗見學者説詩，問他關雎篇，於其訓詁名物都未曉得，便説「樂而不淫，哀而不傷」。因言此八字更添「思無邪」三字，便了卻一部毛詩，其他三百篇皆成渣滓矣。沈元用問和靖易傳何處切要，尹氏舉「體用一源，顯微無間」八字。李先生曰：「尹説固好。然須是看得六十四卦、三百八十四爻都有下落，方始説得此話。若學者未曾仔細理會，便與他如此説，豈不誤他？」愚聞之悚然，自此讀書愈加詳細。

「子在川上曰：逝者如斯夫！」言道之體如此，這裏須是自見得。張繹曰：此便是無窮。先生曰：固是道無窮，然怎生一個「無窮」便道了得他？朱子曰：道本無體，因此可以見道之體耳。又曰：天下之物皆道之體，只是水上較親切易見。○价按：此亦前章之意。道體固是無窮，然但謂之「無窮」，即了其義，則只是儱侗説過，非真知實得也。朱子曰「欲學者時時省察，而無毫髪之間斷」，程子曰「君子法之，自强不息，及其至也，純亦不已。其要只在慎獨」。學者以程子、朱子之言反躬而實體之，真知無窮之所以然，方能有得，未可以一語儱侗説過，遂謂足以盡其理也。

今人不會讀書。如：「誦詩三百，授之以政，不達；使於四方，不能專對。雖多，亦奚以爲？」須是未讀詩時未達於政，不能專對，既讀詩後便達於政，能專對四方，始是讀詩。「人而不爲周南、召南，其猶正牆面。」須是未讀詩時如面牆，既讀了後便不面牆[九]，方是有驗。大抵讀書只此便是法。如讀論語，舊時未讀是這個人，及讀了後來又只是這個人，便是不曾讀也。葉平巖曰：讀書之法，但反諸己，驗其實得，致其實用，變化氣質，必有日新之功。○价按：會讀書者，曉其文義，求其意，身體力行，真知實得，則讀詩後便達於政，能專對四方。讀周南、召南，便不面牆，讀論語便别是一個人，不會讀者反是。○朱子曰：讀了依舊是這個人，蓋因不曾得他裏面意思，書自是書，與自己身心無干。○如口裏讀「思無邪」，心裏卻胡思亂想，此便是不曾讀。又如書説「九德」、禮説「九容」處，皆是。

凡看文字，如「七年」、「必世」、「百年」之事〔一〇〕，皆當思其如何作爲，乃有益。价按：窮經將以致用。凡「七年」、「必世」、「百年」之事，皆當究其規模之略、施爲之方，考諸古人而不謬，推之當今而可行，則異日出而用世，必異於俗儒所爲，而不貽空疏之譏。

凡解經不同無害，但緊要處不可不同爾。外書。下同。○价按：凡解經，小節目處不同固無害，若大本大原緊要處，如心、性、理、氣之辨，決不可以不同。如邶風柏舟，集注以爲衛之仁人，集傳則以爲婦人之詩。「青衿」刺學校，白鹿洞賦亦沿其説，集傳則以爲淫奔之詩。一人之解，而彼此不同如是，固無害。荀子言性惡，揚子雲言性善惡混，陸、王之認心爲理，乾嘉諸儒解經攻擊程朱之説，不勝枚舉，皆緊要處有差，所以爲學術之大害。

焞初到，問爲學之方。先生曰：公要知爲學，須是讀書。書不必多看，要知其約，多看而不知其約，書肆耳。頤緣少時讀書貪多，如今多忘了。須是將聖人言語玩味，入心記著，然後力去行之，自有所得。价按：讀書須知其約，將聖人言語玩味入心，身體而力行之，自有所得。不知約則爲博雜之學，不力行則爲口耳之學，雖精如匡衡，博如馬融，只成爲記誦之俗儒，君子不貴也。○靈峰先生曰：今日人才之衰乏，風俗人心之淪亡，正由一二鉅公提倡乾嘉支離破碎無用之學，敗壞人才，蕩滅人心風俗所致。○學以身體力行爲急，不能身體力行則孔光不識「進退」字，張禹、匡衡不識「剛正」字，許敬宗不識「忠孝」字，戴聖、劉歆、揚雄、馬融不識「廉耻節義」字，讀破萬卷，何益之有！○葉平巖曰：以上總論讀書之法，以下乃分論讀書之法。

初學入德之門，無如大學，其他莫如語、孟。遺書。下同。○价按：大學三綱領、八條目，内聖外王一以貫之。言學術者，合乎此則爲聖學，否則爲異學、俗學；言治術者，合乎此則爲王道，否則爲霸術、夷術。學者由此入德，則庶乎其不差矣！論、孟爲言學、言治之權衡，前乎孔孟者，二帝三王之道，悉會歸於此，而義理大備；後乎孔孟者，諸子百家之言，悉折衷於此，而是非乃定。○朱子曰：某要人先讀大學以定其規模，次讀論語以立其根本，次讀孟子以觀其發越，次讀中庸以求古人之微妙處。大學有等級次第，總作一處易曉，宜先看。論語卻實，但言語散見，初看亦難。孟子有感激興發人心處。中庸亦難讀，看三書後方宜讀之。○大學規模雖大，然首尾該備而綱領可尋，節目分明而工夫有序，無非切於學者之日用。○不先乎大學，無以提綱挈領而盡語、孟之精微。不參乎語、孟，無以融會貫通而極中庸之歸趣。然不會其極於中庸，則又何以建立大本，經綸大經，而讀天下之書，論天下之事哉！○論語要冷看，孟子要熟讀。論語逐文逐章各是一義，故用仔細靜觀。孟子成大段，首尾通貫，熟讀文義自見，不可逐一句一字上理會也。

學者先須讀語、孟。窮得語、孟，自有要約處，以此觀他經甚省力。語、孟如丈尺權衡相似，以此去量度事物，自然見得長短輕重。价按：語、孟中有大義、有微言，皆要約處也。識其要約處，則六經之旨不外是矣，故觀他經甚省力。孔孟之言，萬世之常道，不易之定理，如丈尺權衡相似。合乎孔孟者，即斷其爲是；背乎孔孟者，即斷其爲非。長短輕重，不爽毫釐，而天下無難決之疑，無難處之事矣。○讀語、孟得要約處，則心通乎道矣。以此度量事物，自見得輕重長短，所謂能辨是非也。

讀論語者，但將諸弟子問處便作己問，將聖人答處便作今日耳聞，自然有得。若能於論、孟中深求玩味，將來涵養成甚生氣質！价按：吾人生數千載後，得讀聖人之書，即如親見聖人無異。但將問處便作己問，答處便作今日耳聞，則身心祗悚，意味親切，自然有得。讀書如服藥然，吾有何病，聖賢即有何藥以治之。以藥治病，病無不愈。若能於論、孟中深求其意理，玩味其旨趣，涵養既深，氣質自變，愚者可化爲明，柔者可化爲强，粗疏者可化爲縝密，暴慢者可化爲莊敬，故曰「涵養成甚生氣質」。甚生，猶言絶好也。○朱子曰：聖賢言語儘多了，前輩説得分曉了，只將己來聽命於他，切己去做，依古人説的行出來，便是我底。

凡看語、孟，且須熟玩味，將聖人之言語切己，不可只作一場話説。人只看得此二書切己，終身儘多也。价按：聖賢千言萬語，無非發明身心之理。將聖人言語，熟復玩味，切己體察，自有所得。記誦辭章之學，只作一場話説，無一語看得切己。書自書，我自我，終歲讀書，毫於身心無益。若能於論、孟二書，句句看得切己，思索體認，反躬實踐，則終身用之不盡矣。○朱子曰：且如「學而時習之」，切己看時，曾時習與否？句句如此求之，則有益矣。○如「克己復禮」與「出門如見大賓」等事，須就自家身上體看我實能克己與主敬行恕否。件件如此方有益。

論語有讀了後全無事者，有讀了後其中得一兩句喜者，有讀了後知好之者，有讀了後不知手之舞之、足之蹈之者。价按：看得聖人之言不切己，毫無所知，毫無所得，故讀了後全無事。看得聖人之言略切於己，略有所知，略有所得，故喜而好之。玩味聖人之言切己，真有所知，實有所得，故「不知手之舞之、足之蹈之」。○朱子曰：有得一二句喜者，這一二句喜處[一二]，便是入頭處。從此著實理會去，將久自解，倏然悟時，聖賢格言自是句句好。

學者當以論語、孟子爲本。論語、孟子既治，則六經可不治而明矣。朱子曰：語、孟工夫少，得效多；六經工夫多，得效少。○陳定宇曰：語、孟既治，學正識精，由是而治六經，根本正而易爲力矣，非謂真可不必治而自明也。讀書者當觀聖人所以作經之意，與聖人所以用心，與聖人所以至聖人，而吾之所以未至者，所以未得者。句句而求之，晝誦而味之，中夜而思之，平其心，易其氣，闕其疑，則聖人之意見矣。价按：讀書觀聖人作經立言之本意，與聖人所以用心，則知經之要約。講求微言大義，而不爲支離破碎無用之學，觀聖人所以至聖人，而吾所以未至，所以未得者，則切己體察，奮勉力行，以求造於聖人之域。「句句而求之，晝誦而味之，中夜而思之」，則周徧精密，意味深長，而不涉於疏忽。「平其心，易其氣，闕其疑」，則從容詳盡，心慮虛明，而不失之穿鑿。如此則聖人之意見矣。○朱子曰：此條程子說讀書，最爲親切。今人不會讀書是如何？只緣不曾求聖人之意，才拈得些小，便把己意放裹面胡亂説，故教他就聖人意上求。問：「易其氣」是如何？曰：只是放教寬慢。今人多要硬把捉住，如有個難理會處，便要刻畫百端討出來，只説得自家底，那裏見聖人之意？又舉「闕其疑」一句，以歎美之。○平其心只是放教虛平，易其氣只是放教寬慢，闕其疑只是莫去穿鑿。今人多要把捉教住〔一二〕，如何得？

讀論語、孟子而不知道，所謂「雖多亦奚以爲」。价按：讀書見聖人之意，則聖人之道不外是矣。論、孟，道之總會，讀語、孟而不知道，則聖賢之言乃爲用之糟粕耳〔一三〕，雖多何益！

論語、孟子只剩讀着，便自意足，學者須是玩味。若以語言解著，意便不足。某始作此二書文字，既而思之又似剩，只有些先儒錯會處，卻待與整理過。外書。下同。○吳敬庵曰：剩，餘也，猶言多也。虛心涵泳〔一四〕，多讀而玩味之，則覺得聖賢之言有盡而意無窮〔一五〕。若以語言解説〔一六〕，恐於聖賢言外之意不能包括無遺也。○价按：四書集注、章句，朱子用一生苦功，會萃群言，折衷至當，發揮聖賢之意，殆無餘蘊。但能熟復玩味，自有所得。乾嘉諸儒，必欲排而去之，而聖人之意乃沈霾千古矣。○朱子曰：書只貴讀，讀多自然曉。今只思量寫在紙上底不濟事，終非我有。只貴乎讀，這個不知如何？自然心與氣合，舒暢發越，自是記得牢。縱饒熟看過，心裏思量過，也不如讀。讀來讀去，少間曉不得底自然曉得，已曉得者越有滋味。若是讀不熟，都没這般滋味。而今未説讀得注，且只熟讀正經，行住坐卧，心常在此，自然曉得。

問：且將語、孟緊要處看，如何？伊川曰：固是好，然若有得，終不浹洽。蓋吾道非如釋氏，一見了便從空寂去。价按：聖賢之言，精粗畢貫，言事而理在其中，須逐一理會，使之浹洽貫通，自有所得。若以言事者爲粗，言理者爲精，揀擇讀之，則意思偏枯，易入空寂。朱子曰：「此程子答呂晉伯問，後來晉伯終身坐此病，說得孤單，入禪學去。」按，象山之學亦然，象山教人看孟子「牛山之木」以下諸章，正犯程子所戒者，故其學有見於心，無見於性，認心爲理，卒陷於禪而不自知也。○朱子曰：論語有緊要底，有泛說底，今要着力緊要底，便是揀別。若如此，則孟子中可刪者多矣。聖賢言語，粗說細說，皆著理會教透徹。蓋道體至廣大，故有說得易處，說得難處，說得大處，說得小處。若不盡見，必定有窒礙矣。○學者看書，不可只看緊要處，閒慢處亦要周匝，這道理不是只就一件事上理會見得便了。學時無所不學，理會時卻是逐件上理會去。今只就一綫上窺見天理，便說天理只恁地了，便要去通那萬事，如何得？

「興於詩」者，吟詠性情，涵暢道德之中而歆動之，有「吾與點」之氣象。本注：又曰：「興於詩」者，是興起人善意，汪洋浩大，皆是此意。○价按：古人之詩，皆被之絃歌，感人較易。古樂淪亡，徒存詩辭，感人較難。然興詩成樂，聖人已分爲二事，學者即詩辭反復玩誦，吟哦諷詠其性情，涵養條暢於道德，感發歆動，興起善意，汪洋浩大，悠然自得，有「吾與點也」之意，直不知手之舞之、足之蹈之。○朱子曰：善可爲法，惡可爲戒，他書皆然。古人獨以爲「興於詩」者，詩便有感發人底意思。今讀之無所感發者，正是被諸儒解殺了，興起人善意不得。今且先置小序及舊說，只將元詩虛心熟讀，徐徐玩味，仿佛見詩人本意，卻從此推尋將去，方有感發。○讀詩正在於吟詠諷誦，觀其委曲折旋之意，自足以感發善心。

謝顯道云：明道先生善言詩。他又渾不曾章解句釋，但優游玩味，吟哦上下，便使人有得處。「瞻彼日月，悠悠我思。道之云遠，曷云能來？」思之切矣。終曰：「百爾君子，不知德行。不忮不求，何用不臧？」歸於正也。又云：伯淳嘗談詩[一七]，並不下一字訓詁，有時只轉卻一兩字，點掇地各本均作「地」，惟施本作「他」。念過，便教人省悟。又曰：古人所以貴親炙之也。外書。下同。○价按：明道先生言詩，深得孔子家法。「高山仰止，景行行止」，孔子只曰「詩之好仁如此」。鴟鴞之詩、烝民之詩，孔子只贊以「爲此詩者，其知道乎」。初何嘗章解句釋？「故有物必有則，民之秉彝也，故好是懿德」，亦只轉卻一兩字，點掇念過，便教人省悟。朱子本孔子、程子之意，作爲集傳，定其章句，叶其音韻，分其比、興、賦，略加解釋，使人自悟。復還溫柔敦厚之旨，一洗拘牽穿鑿之陋。學詩者但依其說讀之，優游玩味，吟哦上下，則於詩人之旨，必有心領神會而自得之者，切勿惑於乾嘉諸儒主張小序之說，而輕置之也。○朱子曰：讀詩之法，只是熟讀涵泳，自然和氣從胸中流出，其妙處不可得而言。不待安排立說，只平讀著，意自足。○詩是恁地說話，一章說了，次章又從而詠歎之。雖別無義，而意味深長。不可於名物上尋義理，後人往往見其意只如此平淡，只管添上義理，卻窒塞了他。

明道先生曰：學者不可以不看詩，看詩便使人長一格價。价按：看詩可以涵養性情，通達事理，掃蕩胸中之邪穢，消融拘攣之意見，豈不長一格價？

「不以文害辭。」文，文字之文，舉一字則是文，成句是辭。詩爲解一字不行，卻遷就他說，如「有周不顯」，自是作文當如此。价按：此言學詩之法，不可以一字之文害一句之辭。詩言「有周不顯」，猶言「豈不顯乎」。若直謂之不顯，則是「以文害辭」。然中庸引「不顯」之德，借爲幽深玄遠之意，此則神而明之，無所不可，而不得謂之以文害辭矣。

看書須要見二帝三王之道。如二典，即求堯所以治民，舜所以事君。遺書。下同。○价按：道兼心法、治法而言。危微精一，執中建極，心法也。禮樂刑政，知人安民，治法也。蔡傳發揮此旨極爲明暢，窮經將以致用，本心法爲治法，而學乃有用。乾嘉諸儒，不講心法、治法，而斷斷焉惟今古文是争，必欲盡廢古文，排去蔡傳，學愈博而無用愈甚。而海外諸國，二百年來，竭智力講求天文地利、物産兵器，以謀富强。中國士大夫以無用當有用，焉得不敗？於是盡棄漢學而講西學。夫西法非無可採，而治法不本於心法，競權争利，廢經滅倫，而二帝三王之道掃地盡矣。嗚呼，痛哉！

中庸之書，是孔門傳授，成於子思、孟子。其書雖是雜記，更不分精粗，一滚説了。今人語道，多説高便遺卻卑，説本便遺卻末。价按：中庸一書，發明道要，無復餘藴。道本於性，性命於天。首章由天而推之人，末章由人而歸之天，教人以盡人合天之學。其要在於戒懼慎獨，擇善固執，誠明兩盡，尊道並重。由念慮之微，庸行之常，推之以參天地，贊化育，精粗畢具，本末兼賅。學者潛心是書，真知而自得之，何患不心通於道乎！

伊川先生易傳序曰：易，變易也，隨時變易以從道也。其爲書也，廣大悉備，將以順性命之理，通幽明之故，盡事物之情，而示開物成務之道也。聖人之憂患後世，可謂至矣。价按：「一陰一陽之謂道」，陰陽變易而道生焉，天道如是，人事亦如是。如乾卦當潛而潛，當見而見，當躍而躍，當飛而飛，隨時變易，乃合乎道之當然。若膠於一定，則非道矣。道原於性命之理，而極於萬事萬物之變，變易從道，則所以順性命之理，通幽明之故，盡事物之情，舉不外是矣。「開物」以知言，「成務」以行言。聖人作易，使人知吉知凶，以通天下之志，則物開而知之明；使人趨吉避凶，以定天下之業，則務成而行之就。去古雖遠，遺經尚存，然而前儒失意以傳言，後學誦言而忘味，自秦而下，蓋無傳矣。予生千載之後，悼斯文之湮晦，將俾後人沿流而遡源[一八]，此傳所以作也。

「易有聖人之道四焉：以言者尚其辭，以動者尚其變，以制器者尚其象，以卜筮者尚其占。」吉凶消長之理，進退存亡之道，備乎辭。推辭考卦，可以知變，象與占在其中矣。「君子居則觀其象而玩其辭，動則觀其變而玩其占。」得於辭不達其意者有矣，未有不得於辭而能通其意者也。羅整庵曰：「易之爲書，有辭、有變、有象、有占，變與象皆出於自然，其理即所謂性命之理也。聖人繫之辭，特因而順之，而深致其意於吉凶悔吝之占，凡以爲人道計爾。夫變之極，其象斯定，象既定而變復生，二者相爲循環，無有窮已。文言曰：『知進退存亡而不失其正者，其惟聖人乎！』夫消變於未形，聖人之能事也。自大賢以下，必資於學。繫辭曰：『君子居則觀其象而玩其辭，動則觀其變而玩其占，是以自天佑之，吉無不利。』此學易之功也。」价按：觀象玩辭，平居盡乎卦爻之理，則能適於裁制之宜。觀變玩占，臨事盡乎卦爻之用，則不迷於趨避之路。

至微者理也，至著者象也，體用一源，顯微無間。「觀會通以行其典禮」，則辭無所不備。故善學者求言必自近，易於近者，非知言者也。予所傳者辭也，由辭以得意，則存乎人焉。文集。下同。○朱子曰：自理而觀，則理爲體，象爲用，而理中有象，是一源也；自象而觀，則象爲顯，理爲微，而象中有理，是無間也。〇「體用一源」者，以至微之理言之，則沖漠無朕，而萬象昭然已具也。曰「顯微無間」者，以至著之象言之，則即事即物，而此理無乎不在也。言理則先體而後用，蓋舉體而用之理已具，是所以爲一源也；言事則先顯而後微，蓋即事而理之體可見，是所以爲無間也。〇會，以理之所聚而言。通，以事之所宜而言。其實一也。〇衆理會處，便有許多難易窒礙，必於其中得其通處，乃可行耳。典禮，典常之禮。〇問易傳序「以行典禮」。曰：堯、舜揖遜，湯、武征伐，皆是典禮處。典禮只是常事。〇「求言必自近」，乃程子喫緊爲人處。學者深味此意，就眼前切近處潛思默契，自有高深遠大而不可窮者矣。

伊川先生答張閎中書曰：易傳未傳，自量精力未衰，尚覬有少進爾。程子曰：易傳已成，但逐旋修補，期以七十，其書可出。來書云「易之義本起於數」，則非也。有理而後有象，有象而後有數。易因象以明理，由象以知數，得其意則象數在其中矣[一九]。本注：理無形也，故因象以明理。理既見乎辭矣，則可由辭以觀象。故曰「得其義則象數在其中矣」。〇張閎中，見程氏門人録。〇价按：理即太極也，推之則一本，散之則萬殊。理無形也，聖人特假象以明之，故「有理而後有象，有象而後有數」。〇未有象以前，則象在理中，有理而後有象；既有象以後，則理在象中，觀象乃能明理。朱子曰：「易得其理而象數在其中，固是如此。然泝流以觀，卻須先見象數的當下落，方説得理不走作。不然，事無實證，則虛理易差也。」必欲窮象之隱微，盡數之毫忽，乃尋流逐末，術家之所尚，非儒者之所務也。价按：窮象盡數而不明理，尋流逐末，術家所尚，如京房、郭璞之徒是也。〇漢儒泥於象，固失之鑿。王弼、程子不信象，亦失之疏。本義不推求象之所由來，但就象上觀理，不鑿不疏，學易之正規也。〇朱子曰：以前解易多只説象數，自程門以後人方都作道理説。○伊川説象，只似譬喻，看來須有個象如此，只是如今曉他不出。

知時審勢[二〇]，學易之大方也。易傳。下同。○夬九二象傳。○价按：易象以明理，而人所值之時勢不同，則處置之理亦異，必知時識勢，乃能變易從道，故爲學易之大方。○朱子曰：如乾卦雖云大通，然初九「潛龍勿用」，上九「亢龍有悔」，此等處最是易之大義。易大抵於盛滿時致戒，蓋陽氣正長，必有消退之漸，自是時勢如此。

大畜初、二，乾體剛健而不足以進，四、五陰柔而能止。時之盛衰，勢之强弱，學易者所宜深識也。价按：此承上「知時審勢」而言。大畜，時也。初、二、四、五，勢也。葉平巖曰：「乾下艮上爲大畜。初與二雖剛健而不足以進者，以畜之時不利於進，初、二俱位乎下，勢又不能進也。四與五雖陰柔而能止乎健者，以畜之時在於止，四、五位據乎上，勢又足以爲止也。」

諸卦二、五雖不當位，多以中爲美；三、四雖當位，或以不中爲過。中常重於正也。蓋中則不違於正，正不必中也。天下之理莫善於中，於九二、六五可見。震六五傳。○葉平巖曰：二，内卦之中；五，外卦之中，皆中也。三爲内卦之上，四爲外卦之下，皆不中也。六爻之位，初、三、五爲陽，二、四、上爲陰。以陽爻居陽位、陰爻居陰位爲當位，反此者爲不當位。當位者正也，不當位者非正也。坤六五非正也，而曰「黄裳元吉」；泰九二非正也，而曰「得尚於中行」。蓋以中爲美也。蠱之三、四皆正也，而三則「有悔」，四則「往吝」。既濟之三、四皆正也，而三則有三年之僿，四則有終日之戒。蓋以不中爲歉也。正者天下之定理，中者時措之宜也。正者有時而失其中，中則隨時而得其正者也。故中之義重於正。○价按：識時之盛衰，勢之强弱，所以處之者亦歸於中正而已。中常重於正者，隨時處中，則中無不正。若事得其正，而處之或過不及，則不得爲中也。伯夷之清，正矣，一於清而失之隘，則非中；柳下惠之和，正矣，一於和而失之不恭，則非中。孔子仕止久速，各當其可，當清而清，而非一於清；當和而和，而非一於和，所以爲時中也。九二、六五，皆不當位，而常吉者，中故也，故天下之理莫善於中。○順親，正也，而從親之令則非中；諫君，正也，而辭氣過激則非中。

問：胡先生解九四作太子，恐不是卦義。先生云：亦不妨，只看如何用。當儲貳則做儲貳。使九四近君，便作儲貳亦不害。但不要拘一，若執一事，則三百八十四爻只作得三百八十四件事便休了。遺書。下同。○胡瑗，字翼之，號安定先生。○价按：易之爲書，廣大悉備。六十四卦爲體，三百八十四爻爲用，萬事萬物之理靡不包括其中。變動不居，其用無窮，若拘於一事，則三百八十四爻只爲三百八十四事，而易之爲用狹矣。○朱子曰：六爻不必限定是説人君。如「潛龍勿用」[一二]，若是庶人得之，自當不用，人君得之，也當退避。「見龍在田」，若是衆人得之，亦可用事。易不是限定底物。○天下之理，若正言之，則止作一事用。惟以象言，則當卜筮時，隨他甚事都應得。

看易且要知時。凡六爻，人人有用，聖人自有聖人用，賢人自有賢人用，衆人自有衆人用，學者自有學者用，君有君用，臣有臣用，無所不通。因問：坤卦是臣之事，人君有用處否？先生曰：是何無用？如「厚德載物」，人君安可不用？朱子曰：易卦爻辭，本只是著本卦本爻之象，明吉凶之占當如此耳，非是就聖賢地位説道理也。故乾六爻自天子以至於庶人，自聖人以至於愚不肖，筮或得之，義皆有取。○伊川有一段云「君有君用，臣有臣用」，説得好。及到逐卦解釋，卻分作聖人之卦、賢人之卦，更分作守令之卦者，古何嘗有此？○天下之道，善惡而已，但所居之位不同，所處之時各異，而其幾甚微。只爲天下之人不能曉會，所以聖人因占筮之法以曉人。蓋即占筮之中，而所以處置是事之理便在裏了。故其法若粗淺，而隨人賢愚，皆得其用，雖有定象，有定辭，皆是虚説。此個地頭，合是如此處置，初不粘着物上，故一卦一爻足以包無窮之事，此所以見易之爲用，無所不該，無所不徧。但看人如何用之耳。如所謂「潛龍」，自是有個「潛龍」之象，自天子以至於庶人，看甚人來都使得，須知他是假託説，是包含説。假託，謂不惹着那事；包含，是説個影象在這裏，無所不包。○「太祖一日問王昭素曰：『乾九五「飛龍在天，利見大人」，常人何可占得此卦？』昭素曰：『何害？若臣等占得，則陛下是飛龍在天，臣等利見大人。』」此説得最好，此易之用所以不窮也。

易中只是言反復往來上下[二二]。价按：易以陰陽奇耦，交易變易，一進一退，一長一消，反復往來上下，而時之盛衰、勢之强弱，均在其中。學易者深識其理，乃可以變易從道。○朱子曰：易是互相轉易之義。觀先天圖，東邊一畫陰，便對西邊一畫陽。東本是陽，西本是陰，東邊陰畫皆是自西邊來，西邊陽畫皆是自東邊來。○茅氏曰：外卦曰上曰往，内卦曰下曰來。故泰曰「小往大來」，否曰「大往小來」，咸曰「柔上而剛下」，恒曰「剛上而柔下」，睽曰「火動而上，澤動而下」。又卦變亦有自某卦來之説，如朱子本義，泰自歸妹來，六往居四，九來居三；否自漸來，九往居四，六來居三；蠱自賁來者，初上二下，自井來者，五上上下之類。反復者，即往來上下之反復也。如乾下坤上，小往大來而爲泰；坤下乾上，大往小來而爲否之類是也。然則六十四卦無一卦無往來上下，即無一卦非往來上下之反復也。但其中如乾、坤、坎、離、大過、頤、中孚、小過八卦反復觀之，止成一卦。餘五十六卦反復觀之，遂成兩卦耳。朱子曰：「乾、坤、坎、離、大過、頤、中孚、小過八卦爲正對，其餘五十六卦皆反對。正對不變，故反復觀之，止成八卦；反對者皆變，故反復觀之，共二十八卦。」

作易，自天地幽明，至於昆蟲草木微物，無不合。价按：自天地幽明，至於昆蟲草木微物，無非一陰一陽之理。聖人作易以陰陽兩畫，交易變易，摸寫其理，而天地萬物莫能外焉，故無所不合。

今時人看易，皆不識得易是何物，只就上穿鑿。若念得不熟與，就上添一德亦不覺多，就上減一德亦不覺少。譬如不識此兀子，若減一隻脚亦不知是少，若添一隻亦不知是多，若識則自添減不得也。价按：讀經者每易失之穿鑿，而易學尤甚。易言虚理，故可以任意增減。學易者觀象玩辭，須於消息盈虚之時，貴賤上下之位，剛柔中正不中正之德，上下相對之應，各爻相連之比，逐卦逐爻，字字看得着實，確然而不可易，乃可以真知而自得也。

游定夫問伊川「陰陽不測之謂神」，伊川曰：賢是疑了問，是揀難底問？价按：窮經須熟讀精思，有疑而問，師友爲之剖析，乃可豁然以解。若漫不置思，率爾而問，雖與之詳言其理，彼亦不能領會。程子不答游定夫之問，所以抑而教之，使之深思而自得也。

伊川以易傳示門人，曰：只説得七分，後人更須自體究。价按：易道廣大，而義理無窮，故程子云然。○程傳專主義理，邵子專推象數，朱子本義、啓蒙兼宗兩家，融會貫通，而易學大明。然亦間有釋彖辭不合於彖傳，釋爻辭不合於象傳，須後人更自體究者。甚矣，義理之無窮也！

伊川先生春秋傳序曰：天之生民，必有出類之才起而君長之。治之而争奪息，導之而生養遂，教之而倫理明，然後人道立，天道成，地道平。价按：此序分三段看，前段言帝王順天應時，立人道以治天下；中段言夫子本聖人之道作春秋，以垂百王不易之法；後段言程子作傳以明聖人之道。○二帝三王，繼天立極，皆以君而兼師。治之導之，君道也。教之，師道也。人道莫大於倫理，倫理明然後人道立，人道立則盡人性、盡物性，可以參天地、贊化育，故天道成於上，地道平於下。三代下人君，但能作君，不能作師。治之而争奪息，導之而生養遂，則有之矣。教之而倫理明，則雖漢明帝之尊師重傳，臨雍拜老；唐太宗之大召名儒，增廣生員，均不足以語此也。華盛頓百戰立國，而不傳子孫，豈非振古人傑？然亦但能作君，不能作師，以平等自由之教治其國，倫理不明，人道不立，競權争利，驕奢淫佚，相習成風，其視二帝三王之治，殆不啻碔砆之於美玉，而中國士大夫顧艷而羡之，知富强而不知仁義，弊也久矣。二帝而上，聖賢世出，隨時有作，順乎風氣之宜，不先天以開人，各因時而立政。朱子曰：「先天」謂天時未至而妄以私意先之，如耕獲菑畲之類。與文言傳之言「先天」不同。暨乎三王迭興，三重既備，子丑寅之建正，忠質文之更尚，人道備矣，天運周矣。聖王既不復作，有天下者雖欲倣古之迹，亦私意妄爲而已。价按：古聖人以道德治天下，本於至公至誠之心。後世以刑法取天下，則私意妄爲而已。私則不公，妄則不誠，其於聖人之道，殆不啻南轅北轍。事之謬，秦至以建亥爲正；道之悖，漢專以智力持世。豈復知先王之道也？价按：亥月純陰無陽，焉可建爲歲首？治曆明時，聖王之大典，一事謬則百事俱謬矣。漢以智力得天下，亦以智力治之，僞游雲夢，殺戮功臣，分杯羹，寵戚姬，君臣父子夫婦之間，皆失其道。三綱不正，人道不立，又何知有先王之道哉？夫子當周之末，以聖人不復作也，順天應時之治不復有也，於是作春秋，爲百王不易之大法。所謂「考諸三王而不繆，建諸天地而不悖，質諸鬼神而無疑，百世以俟聖人而不惑」者也。先儒之傳曰：「游、夏不能贊一辭。」辭不待贊也，言不能與於斯耳。斯道也，惟顏子嘗聞之矣：「行夏之時，乘殷之輅，服周之冕，樂則韶舞。」此其準的也。後世以史視春秋，謂褒善貶惡而已，至於經世之大法則不知也。价按：孔子告顏子以四代禮樂，損益前王之法，斟酌文質之中，使得君師之位以行其政教，舉而措之，亦猶是耳。道不得行，作春秋以明王道，其所存典禮亦皆以四代禮樂爲準的，而不專從周之文，故可爲百王經世之大法，非僅褒善貶惡而已也。○吕氏曰：春秋固是褒善貶惡，然中如朝聘、郊禘、蒐狩、卒葬，包舉許多典章制度在，則所謂「經世之大法」也。

春秋大義數十，其義雖大，炳如日星，乃易見也。惟其微辭隱義，時措從宜者，爲難知也。或抑或縱，或與或奪，或進或退，或微或顯，而得乎義理之安，文質之中，寬猛之宜，是非之公，乃制事之權衡，揆道之模範也。

李延平曰：春秋一事各是發明一例。如觀山水，徙步而形勢不同，不可拘於一法，然所以難言者，蓋以常人之心推測聖人，未到聖人灑然處，豈能無失耶？○朱子曰：春秋大旨，其可見者，誅亂臣，討賊子，内中國，外夷狄，貴王賤伯而已，未必如先儒所云字字有義也[一二三]。想孔子當時只是要備二百餘年之事，故取史文寫在這裏，何嘗云某事用某法、某事用某例耶？且如書會盟侵伐，大意不過見諸侯擅興自肆耳。書郊禘，大意不過見魯僭禮耳。如三卜四卜，牛傷牛死，是失禮中又失禮也。如不郊

「猶三望」，是不必望而猶望也。如書仲遂卒「猶繹」，是不必繹而猶繹也。如此等義，卻是分明。○程子謂春秋大義[二四]，如「成宋亂」、「宋災故」之類，乃是聖人直著誅貶，自是分明。如胡氏謂書「晉侯」爲以常情待晉襄，書「秦人」爲以王事責秦穆處，卻恐未必如此。須是己之心果與聖人之心神交心契，始可斷他所書之旨，不然則未易言也。程子所謂「微辭隱義，時措從宜者，爲難知」耳。○問：孔子有取於五伯，豈非時措從宜？曰：是。又曰：觀其予五伯，其中便有一個奪底意思。

夫觀百物然後識化工之神，聚衆材然後知作室之用，於一事一義而欲窺聖人之用心，非上智不能也。

程端學曰：傳稱「屬辭比事」者，春秋之大法，此必孔門傳授之格言，而漢儒記之耳。夫屬辭比事，其大者合二百四十二年之事而比觀之，其小者合數十年之事而比觀之，又如魯桓見殺於齊，而莊公忘父之讎，主王姬婚，與齊人狩，文姜之喪未除，而如齊納幣，書子同生於前，至三十七年而始娶。又如公如齊逆女，先至而後夫人入，其終卒有姜氏弑閔孫邾之亂。又如書王人子突救衛，而衛侯朔入於衛，又書公至自伐衛，又書齊人來歸衛俘。又如書大無麥禾而築郿，告糴於齊而新延廄。凡春秋之事，無不皆然。

故學春秋者，必優游涵泳，默識心通，然後能造其微也。後王知春秋之義，則雖德非禹、湯，尚可以法三代之治。

朱子曰：此經固當以類例相通，然亦先須隨事觀理，反復涵泳，令胸次開闊，義理貫通，方有意味。若使一向如此排定説殺，正使在彼分上斷得十分的當，卻於自己分上都不見得個從容活絡受用，則亦何益於事耶！大抵不論看書與日用工夫，皆要放開心胸，令其平易廣闊，方可徐徐旋看道理，浸灌培養。切忌合下便立己意，把捉得太緊了，即氣象急迫，田地狹隘，無處着工夫也。

自秦而下，其學不傳。予悼夫聖人之志不明於後世也，故作傳以明之，俾後之人通其文而求其義，得其意而法其用，則三代可復也。是傳也，雖未能極聖人之藴奥，庶幾學者得其門而入矣。

文集。○胡敬齋曰：古今説春秋者，惟孟子、程子精切，深得聖人作經之意。蓋其學鄰於聖人，故能得聖人心事。古今作傳者，亦惟程子第一。胡傳雖祖程子，不及程子簡當，發明有力，故春秋當以程傳爲主，以胡傳及諸儒之説輔翼之，則聖人正大精微之意雖不中不遠矣。

詩、書載道之文，春秋聖人之用。詩、書如藥方，春秋如用藥治病。聖人之用，全在此書，所謂「不如載之行事深切著明」者也。有重疊言者，如征伐、盟會之類，蓋欲成書，勢須如此。不可事事各求異義，但一字有異，或上下文異，則其義須別[二五]。遺書。下同。○价按：「一字有異，或上下文異，則義須別」，此讀春秋之要旨也。然後儒依其説求之，亦多有失之鑿者。朱子曰：「春秋有書『天王』者，有書『王』者，此皆難曉。或以爲王不稱『天』，貶之。某謂若書『天王』，其罪自見。宰咺以爲冢宰，亦未敢信。其他如莒去疾、莒展輿、齊陽生，恐只據舊史。若謂添一個字，減一個字，便是褒貶，某不敢信。桓公四年不書秋冬，史闕文也，或謂貶天王之失刑，不成議論。魯桓之弑，天王不能討，罪惡自著，何待於去秋冬而後見乎？又如貶滕稱『子』，遂至於終春秋稱『子』，豈有此理？今朝廷立法，降官者猶經赦叙復，豈有因滕子之朝桓，遂並其子孫而降爵乎？」价按：桓不書秋冬，自是闕文。若元年、二年、十年、十八年，皆書「春王正月」，餘皆不書「王」，則聖人似非無意，而諸儒之説亦不爲無見也。

五經之有春秋，猶法律之有斷例也。律令惟言其法，至於斷例，則始見其法之用也。价按：詩、書空言其理，猶律令之立法以應事也。春秋據事直書，或褒或貶，或予或奪，猶斷例之因事以用法也。○胡文定曰：春秋之文，有事同而辭同者，後人因謂之例。有事同而辭異，則其例變矣。是故正例非聖人莫能立，變例非聖人莫能裁。正例，天地之常經；變例，古人之通誼。惟窮理精義，於例中見法、例外通類者，斯得之矣。○或論春秋多變例，所以書法不同。朱子曰：此烏可信？聖人作春秋，正欲褒善貶惡，示萬世不易之法。今乃忽用此説以誅人，未幾又用此説以賞人，使天下後世皆求之而莫識其意，是乃後世弄法舞文之吏之所爲，曾謂大中至正之道而如此乎？○价按：三傳義例紛歧，殊多難通，後儒所説「變例」尤爲可議，誠有如朱子所論者。然綱目於賈充、褚淵、馮道，皆具官書「卒」。狄仁傑書「唐司空」，不書「周内史」，書「卒」不書「死」，亦用變例，又何説乎？此非末學所敢輕置一辭矣。

學春秋亦善，一句是一事，是非便見於此。此亦窮理之要，然他經豈不可以窮理？但他經論其義，春秋因其行事，是非較著，故窮理爲要。价按：春秋謹嚴，是者斷其爲是，非者斷其爲非，絲毫不容假借。學春秋則是非明白，而不惑於疑似，故爲窮理之要。他經言其義，春秋因其行事，虚理易差而實事有據也。嘗語學者且先讀論語、孟子，更讀一經，然後看春秋。先識得個義理，方可看春秋。春秋以何爲準？無如中庸。欲知中庸，無如權。須是時而爲中，若以手足胼胝、閉户不出二者之間取中，便不是中。若當手足胼胝，則於此爲中；當閉户不出，則於此爲中。權之爲言，秤錘之義也。何物爲權？義也，時也。只是説到義[二六]，義以上更難説，在人自看如何。价按：權者隨時以處中也，禹、稷當平世，則以手足胼胝爲中；顔子當亂世，則以閉户不出爲中，時爲之也。曾子爲師，則以遠害爲中；子思爲臣，則以死難爲中，時爲之也。告而娶禮也，不告而娶權也，時爲之也。聖人作春秋，進退予奪，時措從宜，如權衡之稱物，低昂屢變，而輕重各適其宜，非聖人不能也。何爲權？義也，時也。義者，人所共由之路。凡事只説到義，若夫精義入神，隨時處中，則非體道者不能，固未可以輕言也。公羊乃以祭仲廢君爲行權，其説甚謬。廢君行權，伊、霍之事，祭仲迫於大國，逐君以自全其身，權詐之權，豈聖人所謂權哉？○問：何爲「權，義是也」？朱子曰：如人犯一罪，性剛者以爲可誅，性寛者以爲可恕，概之以義，皆是未合宜，此則全在權量之精審。須是他平日涵養本原，此心虚明純一，自然權量精密。

春秋，傳爲案，經爲斷。本注：程子又云：某年二十時看春秋，黄聱隅問某如何看。某答曰：「以傳考經之事迹，以經別傳之真僞。」○价按：「傳爲案，經爲斷」，此學春秋之準的也。朱子謂「看春秋，且須看一部左傳首尾意思貫通，方能略見聖人筆削，與當時事之大意」，此確論也。唐人謂「三傳束閣，獨抱遺經」，歐陽永叔、方望溪、孔巽軒皆有經不待傳而明之説，此過高之論，而不知其不可通也。經爲斷，以經別傳之真僞，如經書宋人執鄭祭仲，則知仲之逐君，由於迫脅，而公羊行權之説謬矣。經書納衛世子，則衛輒據國拒父之罪著，而公羊拒父爲義之説謬矣。經書趙鞅入于晉陽以叛，則公羊以地正國之説謬矣。黑肱不書邾，以庶其例之，其爲闕文無疑，公羊乃有叔術妻嫂爲賢之説，注疏亦從而和之，遂至傷教害義而不顧，此真經學之賊也。

凡讀史，不徒要記事迹，須要識其治亂安危、興廢存亡之理。且如讀高帝紀，便須識得漢家四百年終始治亂當如何。是亦學也。○价按：讀史徒記事迹，則爲博雜之學。識其治亂安危、興廢存亡之理，乃儒者格物致知之學。○葉平巖曰：觀高祖寛大長者，能用三傑，則知漢所以得天下。觀其入關除秦苛法，則知漢所以立四百年基業。觀僞遊雲夢，則知諸侯王以次而叛[二七]。觀繫蕭相國獄，則知漢之大臣多不保終。○或問看史。朱子曰：亦草率不得。須當看人物是如何，治體是如何，國勢是如何，皆當仔細。上蔡説：「明道看史，逐行看過，不蹉一字。」

先生每讀史到一半，便掩卷思量，料其成敗，然後卻看。有不合處，又更精思。其間多有幸而成，不幸而敗。今人只見成者便以爲是，敗者便以爲非，不知成者煞有不是，敗者煞有是底。价按：讀史掩卷思量，不合又更精思，先定其是非，以逆料其成敗，此儒者窮理之學也。有道之世，理勝勢，以理之是非爲成敗，故成敗可以定是非；無道之世，勢勝理，以勢之强弱爲成敗，故成敗不可以定是非。如必以成者爲是，敗者爲非，此計功謀利之私，非儒者正誼明道之學也。○朱子曰：讀史者亦易見作史者意思，後面成敗處，他都説得意在前面。如陳蕃殺宦官，但讀前面，許多疏脱處都可見也，甘露事亦然[二八]。○凡觀書史，只有個是與不是，觀其是，求其不是，觀其不是，求其是，然後便見得義理。○病中抽得通鑑一兩卷看，正值難處置處，不覺骨寒毛聳，心膽墜地，向來只作文字看過，卻全不自覺，真是枉讀了他古人書也。○价按：「寺」疑當作「事」，事見唐文宗太和八年。

讀史須見聖賢所存治亂之機，賢人君子出處進退，便是格物。价按：「聖賢所存治亂之機，賢人君子出處進退」，莫備於朱子綱目，是書繼春秋而有作，是非定，天理明，讀史者當以是爲準的。

元祐中，客有見伊川者，几案間無他書，惟印行唐鑑一部。先生曰：「近方見此書。三代以後，無此議論。」外書。○范祖禹，字淳夫。司馬温公編通鑑，范太史分得唐史，遂採其得失善惡，别爲唐鑑，盡用伊川先生平日之説，故程子稱之。○管向定曰：三代後無此議論者，論唐太宗脅父臣虜，悖理滅倫而有天下〔二九〕，王者不爲；論養民，斥後世不能制民之産，不務德而務聚斂；論教學，謂學以明倫，當復三代之制，教太子以禮樂，不宜使之聽訟裁決；論用人，謂君以知人爲明，臣以任職爲良；論禦夷，謂不以利誘，不以威脅，無怠無荒，四夷來王，而又取春秋之義，書帝在房州以黜武氏之類。○价按：中宗紀每歲書「帝在房州」，以合於春秋書「公在乾侯」之義，朱子綱目因之。感興詩所謂「侃侃范太史，受説伊川翁。春秋二三策，萬古開群蒙」，即謂此也。○後世史論多不愜人意，如綱目劉友益書法，尹起莘發明，於朱子之意似不盡得要領。王船山通鑑論、宋論，殊多偏僻，其詆李忠定、貶岳忠武、斥許魯齋，尤爲顛倒是非。

横渠先生曰：序卦不可謂非聖人之蘊。今欲安置一物，猶求審處，況聖人之於易，其間雖無極至精義，大概皆有意思。觀聖人之書，須遍布細密如是。大匠豈以一斧可知哉？横渠易説。

○朱子曰：序卦，韓康伯以爲非聖人之蘊。某以爲非聖人之精則可，謂非易之蘊不可。周子分「精」與「蘊」字甚分明，序卦卻正是易之蘊，事事夾雜都有在裏面。問：如何謂易之精？曰：「太極生兩儀」，自一個生出來以至無窮，便是精。○价按：周子謂聖人之蘊因卦以發。序卦借卦名以序相承之意，有相因者，有相反者，義理雖未極其精深，而天道之盈虛消長，人事之得失存亡，國家之興衰理亂，治道之因革損益，人心之動静真妄，賢人之進退出處，無不備具其中。朱子所謂「事事夾雜都有」是也，焉得謂非聖人之蘊哉？

天官之職，須襟懷洪大方看得。蓋其規模至大，若不得此心，欲事事上致曲窮究，湊合此心如是之大，必不能得也。釋氏錙銖天地，可謂至大，然不嘗爲大，則爲事不得。若畀之一錢，則必亂矣。又曰：太宰之職難看，蓋無許大心胸包羅，記得此，復忘彼。其混混天下之事，當如捕龍蛇，搏虎豹，用心力看方可。其他五官便易看，止一職也。語録。下同。○价按：天官之職，正中庸所謂「致廣大而盡精微」者，治典、教典、禮典、政典、刑典、事典，以一職兼五職，統百官，均四海，體國經野，馭民理財，下至嬪御、奄寺、飲食、酒漿、衣服、次舍、貨賄，無不備舉，規模極大，節目極詳，千條萬緒，周徧精密，皆從聖人廣大之心自然流出。後人不得聖人之心，而欲以偏私狹小之見，就事上一一窮究，零星湊合，必不能包羅無遺。故天官之職難看，必襟懷洪大方看得。釋氏錙銖天地，可謂至大，然以事爲妄，以理爲障，寄心於空寂無用之地，使之應事接物，無不顛倒錯亂，不能盡精微，則所謂大者亦空見而已，與吾儒之「致廣大」固不可同年而語也。

古人能知詩者惟孟子，爲其以意逆志也。夫詩人之志至平易，不必爲艱險求之。今以艱險求詩，則已喪其本心，何由見詩人之志？本注：詩人之性情温厚[三〇]，平易老成。本平地上道著言語，今須以崎嶇求之，先其心已狹隘了，則無由見得。詩人之情本樂易，只爲時事拂著他樂易之性，故以詩道其志。○价按：詩以言志，本人情，該物理，其言温柔敦厚，至爲平易。讀詩者虛心涵泳，以己意迎取作者之志，反復沈潛，優游吟哦，當可神會而自得之。若以艱險求詩，則失其自然之心，何由見詩人之志耶？○楚茨以下諸詩，何等明白坦易！而小序必以爲刺詩，正所謂以艱險崎嶇求之也。○朱子曰：「以意逆志」，此句最好。逆是前去追迎之意，是將自家意思去等候詩人之志來，等得來自然相合。此是教人讀書之法，自家虛心在這裏，看他道理如何來，自家便迎接將來。今人讀書都是去捉他，不是逆志。○輔慶源曰：温厚平易老成，説盡詩人情性。温厚謂和而不流，怨而不怒；平易謂所言皆眼前事；老成謂憂深思遠，達於人情事物之變。此等意思，惟平心易氣以迎之，則有可得。

尚書難看，蓋難得胸臆如此之大。只欲解義，則無難也。价按：二帝三王治天下之大經大法，備載於書。明德新民之綱，修齊治平之目，堯典已盡其要。「精一執中」開致知力行之端，「主善協一」示博文約禮之義。以義制事，以禮制心，明涵養省察之要。羲和之曆數，禹貢之山川，説命之學問，洪範之政治，周官之官職，無逸、立政之修己治人，宏綱大用，無不備舉。苟無極大胸臆，如何能看？若只欲解其文義，而不求聖人之意，則固無難也。〇朱子曰：須是於大原本看得透，自然心胸開闊，其理方易曉。

讀書少，則無由考校得義精。蓋書以維持此心，一時放下，則一時德性有懈。讀書則此心常存[三一]，不讀書則終看義理不見。价按：讀書多則博觀約取，斟酌至當，而精義之學出焉；讀書少，則見聞寡陋，道理孤單，無由考校得義精。書以維持此心，將聖人言語浸灌胸臆，則足以蕩滌邪穢，涵養德性。一時放下，則此心無所維持，而德性有懈。讀書以維持此心，考究義理，不讀書則心無所用，非放逸，即空寂，而義理亦無由而見。由張子之言觀之，則欲存心者，不可以不讀書；欲窮理者，不可以不讀書。陸王之學，但教人存心，而禁人讀書窮理，其説正與張子相反，所以卒爲異學也。〇朱子曰：聖賢之言，須常將來眼頭過，口頭轉，心頭運。〇人常讀書，庶幾可以管攝此心，使之常存。〇讀書固收心一助[三二]，然只讀書時收得心，不讀書時便爲事所動，是心之存時常少、放時常多也。學者當移此讀書工夫，向不讀處用力，使動静兩得，而此心庶幾無時不存矣。

書須成誦。精思多在夜中，或静坐得之。不記則思不起，但通貫得大原後，書亦易記。所以觀書者釋己之疑，明己之未達，每見每知新益，則學進矣。於不疑處有疑，方是進矣。价按：此言讀書考校義理在於精思，而精思必先以熟讀也。朱子曰：「荀子説誦數以貫之，見得古人誦書，亦記遍數，乃知横渠教人讀書必須成誦，真道學第一義。遍數已足，而未成誦，必須成誦；遍數不足，雖已成誦，必滿遍數。但百遍時自是强五十遍時，二百遍時自是强一百遍時。今所以記不得，説不去，心下若存若亡，皆是不精不熟之患。今人所以不如古人處，只争這些子。古人記得，故曉得。今人鹵莽記不得，故曉不得。緊要處、慢處皆須成誦，一一認得，如自己做出來底一般，方能玩味反復向上有通透處。若不如此，只是虚設議論，非爲己之學也。」○大抵觀書先須熟讀，使其言皆若出於吾之口。繼以精思，使其意皆若出於吾之心，然後可以有得。然熟讀精思，既曉得後，又須疑不止於此，庶幾有進。若以爲止於此矣，則終不復有進也。○讀書須反復研究，直待不思索時，常在心胸間[三三]，驅遣不去，方爲有功。○學者只是要熟，工夫純一而已，讀時熟，看時熟，玩味時熟。

六經須循環理會，義理儘無窮。待自家長得一格，則又見得别。朱子曰：須是專一精研，使一書通透爛熟，方可别换一書，乃爲有益。若但輪流通念，而覈之不精，則亦未免枉費工夫也。須是通透後，又卻如此温習，乃爲佳耳。

如中庸文字輩，直須句句理會過，使其言互相發明。价按：中庸發明性道教之旨，一理分爲萬事，萬事合爲一理，首尾貫通，脈絡分明，須句句理會過，使其言互相發明，則於孔門傳授心法庶乎有以得之矣。

春秋之書，在古無有，乃仲尼所自作，惟孟子能知之。非理明義精，殆未可學。先儒未及此而治之，故其説多鑿。价按：孟子三言春秋，「存王迹」、「懼亂賊」、「無義戰」，皆春秋要義。孟子之學，理明義精，心通乎道，故能辨是非，而有以識聖人之心。後儒理未明，義未精，而以常人之情强爲揣度，故其説多鑿。○近世講公羊學者，侈言大義，而以受命改制説春秋，則大義之乖實甚。於公羊所未言者，多方穿鑿附會，以誣傳而亂經。源於董、何，極於康、梁，離經畔道，倡爲非常可怪之論，而春秋遂爲獎進亂賊之書，大義乖而經學亡，賊民興而中國危矣。嗚呼，恫哉！○此節以「惟孟子能知之」遥應篇首，以「理明義精」收結通篇，以「殆未可學」起下卷「聖可學乎」之意。紹价按：自「伊川先生曰凡看文字」至此爲一段，言讀書之法須通其文，求其義，得其意，以窮其理，真知自得，然後能心通乎道而有以知言。

【校勘記】

［一］固守者勉强堅持　「持」，葉本作「執」。

［二］惻隱羞惡辭讓是非之情具於吾心　「情」原作「惰」，據文義改。

［三］然致思之初　「初」，葉本作「始」。

［四］過此以後　此句，葉本作「過了此一番後」，江本作「過此一番後」。

[五]知爲物昏　「知」，葉本、江本作「智」。

[六]理會道理到衆説紛紜處　「紜」，茅本作「然」。

[七]如一條平坦底道路　「坦」原作「垣」，據葉本、江本改。

[八]人須是就上面理會事君之道如何也　「是」字，葉本、江本無。

[九]既讀了後便不面牆　「既」，葉本、江本作「到」。

[一〇]如七年必世百年之事　「必」，葉本、江本、江永集注嘉慶本作「一」。

[一一]這一二句喜處　「這」上，江本有「到」字。

[一二]今人多要把捉教住　「把」，茅本作「硬」。

[一三]則聖賢之言乃爲用之糟粕耳　此句疑有脱誤。

[一四]虚心涵泳　「虚」原作「慮」，據葉本、茅本改。

[一五]則覺得聖賢之言有盡而意無窮　「之言有盡而意無窮」，茅本作「言語意味深長」。

[一六]若以語言解説　「若」下，茅本有「只」字。

[一七]伯淳嘗談詩　「嘗」，葉本、江本作「常」。

[一八]將俾後人沿流而遡源　「遡」，葉本、江本作「求」。

[一九]得其意則象數在其中矣　「意」，葉本、江本作「義」。

〔二〇〕知時審勢　「審」，葉本、江本作「識」。

〔二一〕如潛龍勿用　「勿」原作「無」，據江本、周易本文改。

〔二二〕易中只是言反復往來上下　「復」，葉本、茅本作「覆」。按，本條下引茅注中的「復」字茅本皆作「覆」。

〔二三〕未必如先儒所云字字有義也　「云」，葉本、江本作「言」。

〔二四〕程子謂春秋大義　「謂」上，朱子語類卷八十三春秋收此條有「所」字。

〔二五〕則其義須別　「其」字，葉本、江本無。

〔二六〕只是説到義　「説」下，葉本、江本有「得」字。

〔二七〕則知諸侯王以次而叛　「以次」，葉本作「次第」。

〔二八〕甘露事亦然　「事」原作「寺」，據朱子語類卷五讀書法下録此條改。

〔二九〕悖理滅倫而有天下　「悖」，原作「悻」，難通，據文義改。

〔三〇〕詩人之性情温厚　「性情」，葉本、江本作「情性」。

〔三一〕讀書則此心常存　「存」，葉本、江本作「在」。

〔三二〕讀書固收心一助　「心」下，茅本有「之」字。

〔三三〕常在心胸間　「常」上，茅本有「此意」二字；「胸」下，茅本有「之」字。

近思録解義卷之四 凡七十條

朱子曰：此卷「存養」。价按：此卷以學者寡欲、循理、立己、熟仁爲主，以存誠主敬、涵養吾一爲總旨，以静虚動直、知止有定、静安能慮、居處恭、執事敬、與人忠、持其志、無暴其氣、内外交養爲分意，體似立綱。首節爲綱，領起通篇，下分五段發明。

或問：「聖可學乎？」濂溪先生曰：「可。」「有要乎？」曰：「有。」請問焉。曰：「一爲要。一者無欲也，無欲則静虚動直。静虚則明，明則通；動直則公，公則溥。明通公溥，庶矣乎！」通書。○价按：此節以「聖可學乎」承上卷末節「殆未可學」，而以「一爲要，一者無欲也，無欲則静虚動直」領起通篇。程子、張子之説，其源多出於此。○吴敬庵曰：聖人至誠無息，與天合德，未嘗不可學也。學之之要，在一其誠而已。一者，純乎天理而無人欲以雜之也，有欲則二三矣。無欲則静時此心湛然，外物不能入而虚，動時惟理是循，外物不能撓而直。静虚則心無障蔽而明，明則於事物之理無不洞悉而通；動直則心無偏陂而公，公則於遠邇之間無不周徧而溥。人能明通公溥，其庶幾於聖人矣乎！但聖人自然無欲，學者必由寡欲以至於無。寡欲之方，莫要於主一之敬也，其必戒慎不睹，恐懼不聞，然後能静虚。慎獨審幾，而後能動直。未有不實用存養省察之功而可以至於聖人者也。周子所謂「一」即太極也。静虚，陰之體；動直，陽之用。明屬金，通屬水，公屬木，溥屬火，四時之象也。能學聖人，則天道亦不外於吾身矣。

伊川先生曰：陽始生甚微，安静而後能長。故復之象曰：「先王以至日閉關。」易傳。下同。

○价按：此言初學入手之功，在安静以養微陽也。一陽始生於下，其端甚微，安静培養，然後充長。「先王以至日閉關」，安静以養微陽也。在人則善端初復，亦當莊敬以持養之，然後盛大。不然，伐以斧斤，牧以牛羊，雖有萌蘖之生，亦終必亡而已矣。

動息節宣，以養生也；飲食衣服，以養形也；威儀行義，以養德也；推己及物，以養人也。

頤卦傳。○价按：此下二節，申言静養之功，養生、養形，皆學者所當有事，而養德尤要。威儀以肅其貌，行義以踐其實，所以養德也。能養德，則推己及物以養人，舉而措之裕如矣。○李青函曰：上二項於鄉黨可見，不宜輕看。

「慎言語」以養其德，「節飲食」以養其體。事之至近而所繫至大者，莫過於言語飲食也。

頤象傳。○价按：「慎言語」，則不以躁妄招尤，而有以養其德；「節飲食」，則不以醉飽傷生，而有以養其體。言語飲食，至近而所繫至大，不可不善所養也。○管向定曰：静養者非寂静之謂，乃安静無事之謂也，故繼以「動息節宣」、「慎言語」云云，以申明儒者静養之功，非釋氏之言語道斷、心思路絶也。

「震驚百里，不喪匕鬯。」臨大震懼，能安而不自失者，惟誠敬而已。此處震之道也。震象傳。

○葉氏曰：匕，以載鼎實。鬯，秬酒也。誠敬盡於祀事，則雖震而不爲驚也。○价按：存養之功，在於誠敬。「誠敬」二字，一篇之體要也。處常易，處變難，德養於平日，而見於臨時。臨大震懼，能安定而不失其常度，惟誠敬而已。然非取辦於臨時也，主敬存誠之功，養之有素，乃能處變而不失其常也。〇舜之琴，文之易，周公之舄，孔子之絃歌，大變當前，不以少動其心，誠敬之至也。〇伊川先生貶涪洲，渡漢江，中流舟幾覆，舟中人皆號哭，伊川獨正襟安坐如常。已而及岸，同舟有老父問之，伊川曰：「心存誠敬故耳。」老父曰：「存誠敬固善，然不若無心。」伊川欲與之言，而老父徑去。按，此老父非常人也，然其所謂「無心」，則釋、老之見耳。

人之所以不能安其止者，動於欲也。欲牽於前而求其止，不可得也。故艮之道，當「艮其背」，所見者在前，而背乃背之，是所不見也。止於所不見，則無欲以亂其心，而止乃安。「不獲其身」，不見其身也，謂忘我也。無我則止矣。不能無我，無可止之道。「行其庭不見其人」，庭除之間至近也，在背則雖至近不見，謂不交於物也。外物不接，內欲不萌，如是而止，乃得止之道，於止爲无咎也。艮象傳。〇价按：此承處震之道，申言靜養之義。處震能不自失，由於平日能安所止也。人之所以不能安其止者，動於欲也。欲牽於前，則此心逐物流轉，欲求其止，不可得也。艮，止也。人之一身，他體皆動，而背獨不動。他體皆與物接，而背獨不與物接。向定謂「背者所當止之地，取其向後而不見物之意」，是也。止於所不見，則無欲以亂其心，而止乃安。夫人心之欲，生於耳目口鼻，而動於聲色貨利。不見其身者，謂耳目口鼻之欲，禁之使不得肆也；不見其人者，謂聲色貨利之物，遠之而不與交也。外物不接，內欲不萌，然後無所牽動，而得其所止。主敬存誠之功，初學必由靜入，靜虛乃能動直，初不必以絕物爲嫌也。

明道先生曰：若不能存養，只是説話。遺書。下同。○价按：止於所不見，而不欲物接，非無所事事也，正欲於閒静之地做存養工夫耳。講學而不能存養，則所明之理無以有之於己，徒資口語，於德性毫無裨益，故曰「只是説話」。○朱子曰：讀書固不可廢，然亦須以居敬立志爲先，若平居泛然略無存養之功，而但欲曉解文義，説得分明，則雖盡通諸書，不錯一字，亦何所益。

聖賢千言萬語，只是欲人將已放之心，約之使反復入身來，自能尋向上去，「下學而上達」也。价按：存養之功，求其放心而已矣。人心飛揚跋扈，常放於軀殼之外。聖賢千言萬語，所謂「講學讀書」，所謂「致知力行」，所謂「習禮學樂」、「事親從兄」，無非欲人將已放之心約之使反復入身來，常在腔子裏，不使放逸於外，則志氣清明，義理昭著，自能尋向上去，下學上達，非只空守此心也。○孟子曰「仁人心也」，則所謂求放心者，義理之心，非靈覺之心也。雖義理之心即寓於靈覺，不能離而爲二，然但知求靈覺之心而不知求義理之心，未有不入於異學者也。○朱子曰：亦非謂只收放心便了，蓋收斂得個根基方可以做工夫。若但知收放心，不做工夫，則如今日江西所説，只是守那死物事。

李籲問：「每常遇事，即能知操存之意，無事時如何存養得熟？」曰：「古之人，耳之於樂，目之於禮，左右起居，盤盂几仗[一]，有銘有戒，動息皆有所養。今皆廢此，獨有理義之養心耳。但存此涵養意，久則自熟矣。『敬以直内』，是涵養意。」籲，字端伯，程子門人。○价按：所謂求放心者，非强把捉也，在以義理涵養之而已。古之人禮樂銘戒，耳目起居，動息皆有所養，今皆無之。所恃以養心者，惟義理耳，涵養既久，則心自熟，而不至放於外。「敬以直内，是涵養意」，敬貫動静，此答無事時存養，則静時之敬也。○朱子曰：學者未問真知與力行，且要收拾此心，令有頓放處。若收斂在義理上安頓，無許多胡思亂想，則久久自於物欲上輕、於義理上重。

吕與叔嘗言患思慮多，不能驅除。曰：「此正如破屋中禦寇，東面一人來未逐得，西面又一人至矣。左右前後，驅逐不暇。蓋其四面空疏，盗固易入，無緣作得主定。又如虚器入水，水自然入。若以一器實之以水，置之水中，水何能入來？蓋中有主則實，實則外患不能入，自然無事。」价按：人心思慮紛起，不能驅除，滅於東而生於西，仆於前而起於後，此賊方驅，彼賊復來。譬如破屋，四面空疏，盗固易入，無緣作得主定。又如虚器入水，水自然入。此學者之通患也。欲免乎此，其惟中有主乎！有主則實，實則義理充積於中，外患自不能入。閒思雜慮，不待驅除而自無矣。中有主，敬也，實則進於誠矣。

邢和叔言：吾曹常須愛養精力，精力稍不足則倦，所臨事皆勉强而無誠意。接賓客語言尚可見，況臨大事乎？邢恕，字和叔。○价按：前二節言無事時存養之敬，此節以臨事明存誠之意。吾人須有過人之精力，方可任天下之大事。精力稍不足，則倦怠而無誠意，故精力不可不愛養也。節嗜慾，慎起居，心勿過勞，思勿過苦，神無過耗，言勿過多，勿攬外事，勿觀雜書，即當爲之事、當讀之書，亦須知止有節，皆所以愛養精力也。○朱子曰：心於未遇事時須是静，及至臨事方用，便有氣力。如當静時不静，思慮散亂，及臨事時，已先倦了。伊川解静專處云「不專一則不能直遂，閒時須是收斂定，做得事方有精神」。蓋火之宿者用之壯，水之滀者流之長，其理然也。管向定曰：自「陽始生」至此爲一段，「愛養精力」上貫「静養」，下起「應事」，以爲動静交養之本。

明道先生曰：學者全體此心。學雖未盡，若事物之來，不可不應，但隨分限應之，雖不中不遠矣。价按：此承上「臨事」而言。學者平日用静養之功，全體此心，不爲私欲汩没，事物之來，隨分量力以應之，雖有不中於理亦不遠矣。「學」字指體用兼備之學，此爲初學言，故云「未盡」。未能存心，而遽欲應事，必不中節。然但知敬以存心，而不知敬以應事，則有喜静厭動之病，而或陷於異端。故無事存養，有主則實，愛養精力之後，繼以應事，以明儒者動静交養之功。○朱子曰：所謂「全體此心」，蓋謂涵養本原，以爲致知力行之地而已。未可説得太深，亦不是教人止於此而已。

「居處恭，執事敬，與人忠」，此是徹上徹下語。聖人元無二語。朱子曰：「恭主容，敬主事，恭見於外，敬主乎中。」价按：此三語，淺言之則下學求仁之功，論其極，則程子所謂「充之則睟面盎背，推而達之則篤恭而天下平」，故曰「此是徹上徹下語」。○管向定曰：「居處恭」，静時之敬也。「執事敬，與人忠」，動時之敬也。○价按：此三句提綱，下文乃詳言之。

伊川先生曰：學者須敬守此心，不可急迫，當栽培深厚，涵泳於其間，然後可以自得。但急迫求之，只是私己，終不足以達道。价按：敬守此心，必有事焉而勿忘也。急迫求之，正而助之長也，故不足以達道。○朱子曰：栽，只如種得一物在此，但涵養持守之功，繼繼不已，是謂「栽培深厚」。如此而優游涵泳於其間，則浹洽而有以自得矣。苟急迫求之，則此心已自躁迫紛亂，只是私己而已，終不能優游涵泳以達於道。○道理本自廣大，只是潛心積慮，緩緩養將去，自然透熟。若急迫求之，則是起意去趕趁他，只是私意而已，安足以入道？

明道先生曰：「思無邪」，「毋不敬」，只此二句循而行之，安得有差？有差者，皆由不敬不正也。价按：有邪思則差，有怠心則差。思無邪，則無一念之不正；毋不敬，則無一事之敢忽，夫安得有差？○朱子曰：「思無邪」是心正意誠，「毋不敬」是正心誠意。

今學者敬而不自得，又不安者，只是心生，亦是太以敬來做事得重，此「恭而無禮則勞」也。恭者，私爲恭之恭也。禮者，非體之禮，是自然底道理也。只恭而不爲自然底道理，故不自在也，須是「恭而安」。今容貌必端、言語必正者，非是道獨善其身，要人道如何，只是天理合如此，本無私意，只是個循理而已。价按：此下二節，承上「敬守此心，不可急迫」而言。○葉平巖曰：持敬而無自得之意，又爲之不安者，乃存心未熟之故，亦是作意太過，勉强以爲恭，而不知禮本自然，是以勞而不安也。私爲恭者，作意以爲恭也。非體之禮，謂非升降揖遜之儀、鋪筵設几之文，蓋自然安順之理也。私意，謂矯飾作爲之意。循理則凡容貌必端、言語必正，皆順乎自然[二]，而不待勉强矯拂於其間[三]，何不安之有？○朱子曰：着意把捉不得，須是先理會這個道理。○今人説得「戒謹恐懼」四字太重，便作臨事驚恐看了。如臨深淵，如履薄冰，曾子也只是順這道理，常常恁地把捉去。如動容貌便要遠暴慢，正顏色便要近信，出辭氣便要遠鄙倍，只這三者便是涵養地頭。

今志於義理而心不安樂者何也？此則正是剩一個「助之長」。雖則心操之則存，舍之則亡，然而持之太甚，便是必有事焉而正之也。亦須且恁去，如此者只是德孤。「德不孤，必有鄰」，到德盛後，自無窒礙，左右逢其原也。价按：義理，人心之所固有。循理而行，宜其安樂而反不安樂者，正由着力太重，作爲以助之長，操之太甚，有事焉而正之也。亦須且恁去者，助長固非自然，然亦當勿忘其所有事，且恁地把捉收斂，不可以操之太甚爲戒，遂舍而不操，一切放下也。葉氏曰：「孤，謂寡特而無輔也。涵養未充，義理單薄，故無自得之意。及德盛而不孤，則胸中無滯礙，左右逢其原，沛然有餘裕，又何不安樂之有？」○朱子曰：學者初要持敬，身心如何便得安，須先有些勉强始得。○答吕伯恭曰：承諭「整頓收斂，則入於着力；從容游泳，又墜於悠悠」，此正學者之通患。然程子嘗曰：「亦須且自此去，到德盛後，自然左右逢其原。」今亦當且就整頓收斂處着力，但不可用意安排等候，即恐成病耳。

敬而無失，便是「喜怒哀樂未發謂之中」。敬不可謂中，但敬而無失即所以中也。价按：此言静時之敬也。主敬之功，勿忘勿助，約之至静之中，其守不失，心體寂然不動，無少偏倚，便是未發之中。敬是工夫，中是本體，敬則心與理合，由工夫而得本體，故敬非中，但敬而無失即所以中也。

司馬子微嘗作坐忘論，是所謂「坐馳」也。司馬承貞，字子微，唐天寶中隱居天台之赤城，著論八篇，言清净無爲、坐忘遺照之道。○价按：此言勿忘也。敬而無失，即所以中；敬則心存，心存則理得也。坐忘者專務虚静，而不用主敬之功，則理無由而存，故「坐忘」即是「坐馳」。衆人之忘，馳心於物欲之私；異學之忘，馳心於妙明之域，其不能存理均也。

伯淳昔在長安倉中間坐，見長廊柱，以意數之，已尚不疑。再數之，不合，不免令人一一聲言數之，乃與初數者無差。則知越着心把捉，越不定。价按：此下二節，皆言勿助長之意。主敬之功，欲此心之定也。坐忘者以虚静爲定，是氣定，非理定。以坐忘爲戒，而着心把捉，正而助之長，愈求定而愈不定。程子所以有「以敬直内，便不直」之戒也。

人心作主不定，正如一個翻車，翻車，即今水車也。流轉動揺，無須臾停，所感萬端。若不做一個主，怎生奈何？張天祺昔嘗言自約數年，自上着牀便不得思量事。不思量事後，須强把他此心來制縛，亦須寄寓在一個形象，皆非自然。君實自謂吾得術矣，只管念個「中」字。此又爲中所繫縛，且中亦何形象？有人胸中常若有兩人焉，欲爲善，如有惡以爲之間，欲爲不善，又若有羞惡之心者。本無二人，此正交戰之驗也。持其志，使氣不能亂，此大可驗。要之，聖賢必不害心疾。張戩，字天祺，横渠先生之弟。司馬温公，字君實。○价按：此承上「着心把捉」而言。「做一個主」者，居敬以爲此心之主，即下文所謂「持志」是也。「怎生奈何」者，言無如此心何也。張天祺、司馬温公，皆欲治心而不能做一個主，奈何此心不下。天祺不思量事，把捉制縛，固非自然。温公念個「中」字，又爲中所繫縛。常人之心，作主不定，胸中理欲交戰，皆由不知以敬爲主也。居敬以持其志，則心有主而氣不能亂，不待把捉制縛，而心自定矣。聖賢持志工夫，正以涵養此心，非强爲制縛以致心勞氣耗者比，故必不害心疾。○自「學者敬守此心」以下至此凡八節，皆言「居處恭」之功也。

明道先生曰：某寫字時甚敬，非是要字好，只此是學。价按：此以寫字時之敬，明執事之敬也。持志則心有主，可以應事矣。寫字要好，乃計功謀利之心，非敬也。甚敬而非要好，只此便是存養之學。存養之學，無時無處不用其力，事雖小亦不可忽，作字時敬，則無往而不敬矣。○薛敬軒曰：事有大小，理無大小。若於事之小者稍有疏忽，則天理即有欠闕間斷，故寫字事雖小而必敬者，所以存天理也。

伊川先生曰：聖人不記事，所以常記得。今人忘事，以其記事。不能記事，處事不精，皆由於養之不完固[四]。价按：聖人緝熙敬止，其心至虚至明，渾然之中，萬理畢具，不着意記事，而自無不記。常人素無主敬之功，其心昏昧窒塞，着意記事，而反不能記。不能記事，處事不精，皆由涵養之功未至，未抵於虚明之域，故不免於昏忘差謬也。

明道先生在澶州日，修橋少一長梁，曾博求之民間。後因出入，見林木之佳者，必起計度之心。因語以戒學者：「心不可有一事。」价按：此申言不記事之意。心體湛然虚明，事物之來，隨感而應。事過之後，便須消化，若更留滯胸中，便失其鑑空衡平之體矣，故心不可有一事。○問：凡事須思而後通，安可謂「心不可有一事」？朱子曰：事如何不思？但事過則不留於心可也。明道肚裏有一條梁，不知今人有幾條梁在肚裏。○价按：明道此語須善會，所謂「事」者指外事而言，非指義理而言，外事不可留滯，義理則須存取。王陽明云：「心體上着不得一毫留滯，就如那眼中着不得些子塵沙，不但是私念，便好念頭亦着不得些子。如眼中放些金玉屑。」充其説，勢必將義理掃去，使胸中空空蕩蕩，方謂之無所留滯，幾何而不爲釋氏也？○問：昨日先生説佛氏但願空諸所有，固不是，然明道嘗説胸中不可有一事，如在試院推算康節數，明日問之，便已忘之，此意恐亦是「空諸所有」底意思。朱子曰：此出上蔡語録中，只是録得他自意，無這般條貫。顏子得一善則拳拳服膺而不失，孟子必有事焉而勿忘，何嘗要人如此？若是個道理，須著存取。

伊川先生曰：入道莫如敬，未有能致知而不在敬者。今人主心不定，視心如寇賊而不可制，不是事累心，乃是心累事。當知天下無一物是合少得者，不可惡也。价按：此申言不忘事之意也。道者，天理之本然，人事之當然。敬則戒慎恐懼，乃能存乎道之本然，合乎道之當然，故入道莫如敬。敬則思慮寧静，胸次虚明，然後可以窮事物之理，以致其知，故未有致知而不在敬者。今人做主敬工夫，不得其方，視心如寇賊，欲强制之，而卒不可制，此非事累心也。好静厭動，是内非外，惡物而有絶物之心，乃心累事耳。當知天下無性外之物，大而綱常名教，小而事物細微，皆性中所具之理，無一物是合少得者，不可惡也。心無一事，廓然而大公，静之虚也；心不惡物，物來而順應，動之直也，皆敬也。

人只有一個天理，卻不能存得，更做甚人也！价按：無一物合少得者，天理之本然也。天理散於萬事萬物，而具於吾心，人之所以爲人者，此也。不能敬以存之，則失其所以爲人矣。

人多思慮，不能自寧，只是做他心主不定。要作得心主定，惟是止於事，「爲人君止於仁」之類。如舜之誅四凶，四凶已作惡，舜從而誅之，舜何與焉？人不止於事，只是攬他事，不能使物各付物。物各付物，則是役物。爲物所役，則是役於物。有物必有則，須是止於事。以上並伊川語。○管向定曰：存天理者，非徒存其理於心，乃欲推其理而見於事也，故以「止於事」繼之。○价按：人多思慮不寧，作主不定，故志爲氣流，心爲欲誘，而天理之存焉者寡矣。止於事，「爲人君止於仁」之類。仁即天理也，止於仁，即所以存天理也。事各有當止之理，止所當止，爲所當爲，而存心不他，無慕乎其外之意，何思慮不寧之有？四凶作惡，從而誅之，天理之當然也。舜何與者，誅所當誅，不以私意參之，毫無所動於中也。攬他事者，以事擾心。物各付物者，隨事順理。役物者，我爲主，物爲役，彼動而我自静。役於物者，物爲主，我爲役，彼動而我亦隨之而動。有物有則，則即天理也。止於事而心不他適，順乎理之當然，而我無容心焉，則心主自定，思慮自寧，天理自存矣。○自「明道先生作字甚敬」至此凡六節，言「執事敬」之功。

不能動人，只是誠不至。於事厭倦，皆是無誠處。价按：止於事而心不他適，以真精神貫澈始終，而無一毫虚假之意參於其間，所謂誠也。誠至自能動物。不誠則私心生而物我有間，故不能動人；不誠則怠心起而意氣易衰，故於事厭倦。○价按：此節言「與人忠」之意。

静後見萬物自然皆有春意。价按：敬則静，誠則静，静則私欲浄盡，方寸之内，生意盎然，滿腔子皆春，故見萬物皆春，此貞下生元之理，所謂仁也。吾儒之静，所以異於釋氏也。○朱子曰：萬物皆有春意，此天命之流行也。静後此心光明瑩浄，與天無間，生生不已之機，觸目皆是。「樂意相關禽對語，生香不斷樹交花」，謂此也。○問：此還是指聖賢而言否？陳潛室曰：觀物會心，静者能之，固是聖賢如此。吾人胸次豈可不見此境界？静卻不分聖賢。○价按：此承上「誠敬」而言，以起下章「言仁」之意。

孔子言仁，只説「出門如見大賓，使民如承大祭」。看其氣象，便須心廣體胖，動容周旋自然中禮[五]。惟慎獨便是守之之法。聖人修己以敬，以安百姓，篤恭而天下平。惟上下一於恭敬，則天地自位，萬物自育，氣無不和，四靈何有不至？此體信達順之道，聰明睿知皆由此出，以此事天饗帝。价按：此極言敬之功效也。「仁」字承「萬物皆春」言。仲弓問仁，而夫子告之以敬。仁由敬得，未有不敬而可以言仁者。出門如賓，使民如祭，此賢者持敬之功。程子推其極致，至於心廣體胖、動容周旋中禮，則聖人之事也。然敬之氣象，見於出門使民，而敬之工夫，則須從隱微幽獨中，端莊嚴肅。敬守此心而不失，然後出門使民之時，乃有此氣象也。故曰「惟慎獨便是守之之法」。聖人修己以敬，天德也。百姓安，天下平，天地位，萬物育，王道也。有天德，便有王道。神聖功化之極，仁覆天下，亦不外一敬而已。體信，則體諸躬者無不實。達順，則推之四海而皆準。聰明睿知由此出，則静虛明通，精義入神。以此事天饗帝，則誠無不格。敬之極效，至此而無以復加矣。○朱子曰：惟上下一於恭敬，這卻是上之人有以感發興起之。「體信」是忠，「達順」是恕。「體信」是無一毫之僞，「達順」是發而皆中節，無一物不得其所。聰明睿知皆由此出，這是自誠而明。○問：聰明睿知如何皆由此出？曰：且看敬則如何不會聰明？人之所以不聰不明，只緣身心惰慢，便昏塞了。敬則虛静，自然通達。○价按：此節總結恭敬忠。价按：自「全體此心」至此爲一段，言主敬之功，動静無間，引「居處恭」三言以明之。「居處恭」承上段静養而言，「執事敬，與人忠」，則由静而推之動也。

存養熟後，泰然行將去，便有進。价按：上章極言敬之功效，此以下復承慎獨守之之法，而推論其致功之密也。存養不熟，則氣拘物蔽，有所阻礙，而不得進。存養既熟，則氣稟悉化，物欲不行，泰然行將去，進於天德不難矣。○薛敬軒曰：收斂檢束身心，到至細、至密、至定、至静之極，作事愈有力。

不愧屋漏，則心安而體舒。价按：屋漏，人所不見之地。人欲易肆，於此而不愧，則俯仰無怍，故心安而體舒。

心要在腔子裏。价按：心易放而難收，惟敬然後能在腔子裏，稍有不敬，則放而不存。此戒懼之功，所以存天理之本然者，不可稍懈也。○問：「心要在腔子裏」，若慮事應物時，心當如何？朱子曰：思慮應接不可廢，但身在此，則心合在此。事去則此心亦不管着。

只外面有些隙罅，便走了。价按：外面略有非禮之端，便是隙罅，心便隨之以去，馳騖於腔子之外。此省察之功，所以遏人欲於將萌者，不可稍疏也。

人心常要活，則周流無窮，而不滯於一隅。价按：敬有死活之分，「周流無窮」則活，「滯於一隅」則死。上二節以心之體言，此節以心之用言。常在不走則體立，周流不滯則用行，皆敬也，皆存養之所以熟也。○問：心如何是活？朱子曰：心無私便可推行。活者，不死之謂。○人心活則周流，無偏係即活。憂患好樂〔六〕，皆偏係也。○活是生活之活，對着死説。天理存則活，人欲用則死。周流無窮，活便能如此。

明道先生曰：「天地設位，而易行乎其中」，只是敬也。敬則無間斷。价按：此承上而言敬無間斷也。隙罅、有滯，皆間斷也。常在腔子，周流無窮，則無間斷。何以能無間斷？曰敬。敬只是有主宰之意：天地有主宰，故實理流行不息，無少間斷；人心有主宰，故實心流行不息，無少間斷。無間斷，誠也。敬則無間斷，能敬然後能誠也。○朱子曰：易是自然造化。聖人本意只説自然造化流行。程子是將來就人身上説，敬則這道理流行，不敬便間斷了。前輩引經文，多是借來説己意。○一念不存，也是間斷；一事有差，也是間斷。但才覺得間斷，便是相續處，只要常自提撕，分寸積累將去，久之自然接續，打成一片耳。

「毋不敬」，可以對越上帝。价按：「毋不敬」，則動静無違，内心交正，俯仰無所愧怍，故可以對越上帝。

敬勝百邪。价按：人心所以有間斷，私邪累之也。敬則私意無所容，邪僻不得而干，故曰「敬勝百邪」。○朱子曰：邪正本不並立，但恐自家胸中無個主，學者常提醒此心。如日之升，邪僻自息。○敬是個扶策人底物事，人當放肆怠惰時，才敬便扶策得此心起。常常會恁地，雖有些放僻邪侈底意思也退聽。伊川言「涵養須用敬，進學則在致知」，不言「克己」，蓋敬勝百邪，便自有克字在也。○管向定曰：「毋不敬」，就全體無間言；「勝百邪」，就發用之力言。

「敬以直内，義以方外」，仁也。若以敬直内，則便不直矣。「必有事焉，而勿正」，則直也。价按：此上三節，皆申言敬則無間斷之意。○仁者，當理而無私心之謂。敬以直内則心無私，義以方外則事當理，故曰「仁也」。若以敬直内，則强爲制縛，著心把捉，有意於直，而反爲不直。必有事焉，敬所當敬，而無期必計效之心，斯直矣。○朱子曰：着「戒慎恐懼」四字，已是壓得重了，只略綽提撕，令自省覺便是。

涵養吾一。价按：一，即誠也。以其真實無妄，則謂之誠。以其不二不雜，則謂之一。敬以直内，涵養乎此，則可進於純亦不已矣。

「子在川上曰：『逝者如斯夫！不舍晝夜。』」自漢以來儒者皆不識此義。此見聖人之心純亦不已也。純亦不已，天德也。有天德便可語王道，其要只在慎獨。价按：純亦不已，至誠無息也。維天之命，於穆不已，誠而已矣。聖人之心，純一不雜，亦如天之不已焉，亦誠而已矣。純亦不已，天德也，有天德便可語王道。能明德則能新民，能盡己之性則能盡人物之性，以參天地、贊化育也。若夫未能純亦不已，而欲其純亦不已，則必於隱微幽獨之中，慎之又慎，不使一毫人欲之私萌於其間，然後天理常存，而馴致於純亦不已無難矣。純亦不已，誠者也。慎獨以求進於不已，誠之者也。○朱子曰：聖人見川流之不息，歎逝者之如斯，原其所以然，乃天命流行不息之體。惟聖人之心默契乎此，故有感焉。於此可見聖人純亦不已之心。○川流不息，天運也。純亦不已，聖人之心也。謹獨所以爲不已，學者之事也。○「其要只在慎獨」者，言人欲體此道當如此也。蓋道無時而不然，惟慎獨則可以無間斷而不虧真體。若不慎獨，則有欲來參入裏面，便間斷了，如何卻會如川流底意？

「不有躬，无攸利。」不立己，後雖向好事，猶爲化物。不得以天下萬物撓己，己立後，自能了當得天下萬物。价按：此下四節，承上文「慎獨」，而教學者以立己主一之學也。「不有躬，无攸利」者，道義不有於躬，則動多窒礙，不能行之无不利也。學不立己，則心無所主，忠孝節廉之事，雖勉慕爲之，猶是逐物流轉，物至而人化物。君子之學，役物而不役於物，必敬以持躬，使此心有主，不爲事物摇奪，卓然有以自立，然後推行盡利，攸往咸宜，經世宰物，措之天下無難矣。○朱子曰：此程子解易二句，後二句又是復解此意，在乎以立己爲先，應事爲後。今人平日講究所以治國平天下之道，而自家身己全未曾理會得。若能理會自家身己，雖與外事若不相接，然明德在這裏了，新民只見成推將去。○答呂子約曰：程子説「不以天下事物撓己，己立後，自能了當得天下萬物」，今自家一個身心，不知安頓去處，而談王説伯，將經世事業別作一個伎倆，商量講究，豈不誤乎？

伊川先生曰：學者患心慮紛亂，不能寧静，此則天下公病。學者只要立個心，此上頭儘有商量。价按：立己者立心而已，居敬以持其志，使此心有存主處。然後窮理力行之功有所施，否則心慮不寧，雖日從事於學，而道義終無以有之於躬也。

閑邪則誠自存，不是外面捉一個誠將來存著。今人外面役役於不善，於不善中尋個善來存著，如此則豈有入善之理？只是閑邪則誠自存。故孟子言性善皆由内出，只爲誠便存。閑邪便著甚工夫[七]？但惟是動容貌，整思慮，則自然生敬。敬只是主一也。主一則既不之東，又不之西，如是則只是中；既不之此，又不之彼，如是則只是内。存此則自然天理明。學者須是將「敬以直内」涵養此意，直内是本。本注：尹彦明曰：敬有甚形影？只收斂身心，便是主一。且如人到神祠中致敬時，其心收斂，更着不得毫髪事，非主一而何[八]？○价按：立心之功，在於閑邪存誠。閑後起物欲之邪，則天理本然之誠自存，其功不外一敬，而「主一」二字，尤敬之秘鑰也。管向定曰：「誠者，實理自然之謂。外面捉誠存著者，不涵養以存放心，而遽欲强存其誠，則所存者非實理自然之誠也。役役不善者，謂心逐物於外也。於不善中尋善存着者，以奔放逐物之心而爲善，則神昏氣亂，私欲潛滋，而本然之天理不明，所以不能入善也。悚動容貌，整飭思慮，則自然生敬畏之心。自然生者，則非强探襲取於一時，而亦非即以動容整思爲敬也。一，謂此心截然存在，無一毫邪雜之念，所謂誠也。主者，主於此而不他適也。東西者，偏倚之謂。不之東西，則無偏倚之念，是未發之中也。彼此者，二三之謂，不之彼此，則無二三雜亂之念，是心存於内也。存此則自然天理明者，保守此一，久而不失，則操存無須臾之間，默識心通，天理自然明徹矣，此言主一也。主敬以直其内，涵養主一之意，則心不倚於偏而中，不放於外而内。此是本領工夫，本立則百善從此而出。蓋君子務本，必重存養，而欲存養者，必先動容整慮，以識此心之一，而後有所持循，以爲用力之地。不然而欲勉强矯拂，以遏其雜擾之心，非惟日力不足，終不能消其潛藏隱伏之私，而鬱屈不平之意、粗浮猛厲之氣，時往來於胸中，適以長傲而害其誠。縱能言行相顧，每事焚香告天，終是外面强存之誠，而非性善内出之誠。因其工夫，非由主一涵養，以明天理，故大學章句曰『但知誠意，而不能密察此心之存否，則又無以直内而修身也』。」張南軒曰：「伊川謂『主一之謂敬，無適之謂一』。所謂一者，豈有可玩而執者哉？無適乃一也。蓋不越乎此而已，嘗試於平居暇日，深體其所謂無適者，庶乎可識於言意之表矣！故儼若思雖非敬之道，而於此時可以體敬焉，即是而存之，由是而察之，則事事物物不得遁焉。涵泳不舍，思慮將日以清明，而其知不蔽矣，知不蔽則敬之意味無窮，而功用日新矣，其在此歟。」此乃程子論誠敬最切實者，南軒又發明循序漸進之功，曲盡其旨。讀者當知所用力，而不患天理之不明矣。○朱子曰：敬有甚物？只如畏字相似。不是塊然兀坐，只收斂身心，整齊純一，不恁地放縱，便是敬。○敬字只著一畏字形容亦得。故和靖只以收斂身心言之。○這心都不著一物，便收斂。他説入神祠云云，最親切。今人若能專一此心，便收斂緊密，無些子空罅。

閑邪則固一矣，然主一則不消言閑邪。有以一爲難見，不可下工夫，如何？一者無他，只是整齊嚴肅，則心便一。一則自無非辟之干[九]，此意但涵養久之，則天理自然明。管向定曰：有邪而閑之，使不得入。心固可一，然能主一以守其本體，則此心常存，自然無邪，不必言閑矣。有謂一無形而難見，不可下工夫者，不知主一無他法，只是整齊嚴肅，束其筋骸，則心便一。一則守其本心之正，自無邪僻之干，但務涵養持守之久，則内外本末，漸漸融釋，自然心與理一，而無不明徹矣。价按：自「存養熟後」至此爲一段。「存養」五節，言主敬工夫之密，以起敬無間斷之意。「天地設位」五節，言由敬入誠之功。無間斷，誠也。敬則無間斷，誠由敬入也。「涵養吾一」，結「明」一字，遥應首節濂溪「一爲要」之義。一者，誠也，純亦不已。聖人之至誠無息也，其要只在慎獨，學者求誠之功也。「不有躬」四節，言學者立心存誠之要，不外一敬，而敬尤莫要於主一也。一，誠也。主一，敬也。敬以直内，涵養久則天理自然明，能敬乃能誠也。

有言：「未感時，知何所寓？」曰：「操則存，舍則亡，出入無時，莫知其鄉。更怎生尋所寓？只是有操而已。操之之道，敬以直内也。」价按：此以下言内外交養之功。而前十節則專就未感時論操存内養工夫。○異學之説，有所謂注心虚空藏者，有所謂棲神於背者，有所謂端白調息者，有所謂觀白骨法者，皆主心不定，而欲別尋所寓，以寄頓此心也。然只就氣上用功，而不就理上用功，縱能降伏其心，亦只是氣定而非理定。儒者操之之道，敬以直内，主一以存天理之本然，理定則心自定，不可別尋所寓也。

敬則自虚静，不可把虚静喚做敬。价按：敬以直内，則無邪思妄念，故自然虚静。若認虚静爲敬，則必陷於異學之空寂，故程子戒之。周子所謂「主静」，定之以仁義中正，非異端之虚静也。程子恐人務虚静而陷於異學，故言「敬」不言「静」。

學者先務，固在心志，然有謂欲屏去聞見知思，則是絶聖棄智。有欲屏去思慮，患其紛亂，則須坐禪入定。如明鑑在此，萬物畢照，是鑑之常，難爲使之不照。人心不能不交感萬物，難爲使之不思慮。若欲免此，惟是心有主。如何爲主？敬而已矣。有主則虚，虚謂邪不能入；無主則實，實謂物來奪之。大凡人心不可二用，用於一事，則他事更不能入者，事爲之主也。事爲之主，尚無思慮紛擾之患，若主於敬，又焉有此患乎？所謂敬者，主一之謂敬；所謂一者，無適之謂一。且欲涵泳主一之義，不一則二三矣。至於不敢欺，不敢慢，尚不愧於屋漏，皆是敬之事也。价按：此承上文而言。以虛静爲敬者，恐事物足以累心，勢必屏見聞如老氏之絶聖棄智，去思慮如釋氏之坐禪入定。所謂「言語道斷，心思路絶」也，所謂「不思善，不思惡，認本來面目」也，所謂「不起纖毫修學心，無相光中常自在」也，是異學非聖學也。此申言「不可把虛静喚做敬」之義，心如明鑑，鑑不能使之不照物，心不能不感物而生思慮，思慮每患紛擾，若欲免此，其惟心有主乎！如何有主，敬而已矣。敬則心有主而虛，邪惡不能入我靈府。不敬則心無主而實，私欲滿腔，外物得以奪之。此治心之功所以以敬爲要也。心係於事，尚不走作，況敬以守其本體，焉有思慮紛擾之患？此申言「敬則自虛静」之義。無適者，心不馳騖走作之謂，二三則適矣。涵泳主一之義，深知其味，則不貳以二，不參以三，心無所適，自然虛静，何待屏聞見、去思慮而後虛静乎？○問：程子謂「有主則虛」，又謂「有主則實」？朱子曰：有主於中，外邪不能入，便是虛。有主於中，義理甚實，便是實。○「有主則實」，此實字指理而言。「無主則實」，此實字指私欲而言。以理爲主，則此心虛明，一毫私意着不得。○「主一」、「無適」，此等語須力行之，方知其味。

嚴威儼恪，非敬之道，但致敬須自此入。管向定曰：敬該内外，徒有嚴威之貌，非敬也。然非敬其外，無以直其内，故致敬必由嚴威儼恪而入。○朱子曰：平居須是儼若思，儼若思雖非敬之道，而於此時可以體敬焉，即是而存之，涵泳不舍，則敬之意味無窮，而功用日新矣。

「舜孳孳爲善」，若未接物，如何爲善？只是主於敬，便是爲善也。以此觀之，聖人之道，不是但嘿然無言[一〇]。价按：敬貫動静，接物時固當敬，未與物接，亦當存養此心，俾無走作。若於此放過，敬於動而不敬於静，則敬有間斷，而非所以存誠矣。聖人之心，無間於動静，不是但嘿然無言而無所事也。○朱子曰：主於敬，是存養此心在這裏，照管無差失。○於未接物之前，須是得這虛明之本體分曉，及至應事接物時，只以此處之，自然有個界限節制，湊著那天理恰好處。

問：人之燕居，形體怠惰，心不慢者，可否？曰：安有箕踞而心不慢者？昔呂與叔六月中來緱氏，閒居中某嘗窺之，必見其儼然危坐，可謂敦篤矣。學者須恭敬，但不可令拘迫，拘迫則難久。价按：敬兼内外，内固當直，外亦當肅。外貌斯須不莊不敬，則易慢之心入之，安有箕踞而心不慢者？此程子論敬必以「整齊嚴肅」爲言，而朱子敬齋箴亦先言「正其衣冠，尊其瞻視，足容必重，手容必恭」也。學者須恭敬，但不可過於拘迫，拘迫則身體勞乏，無從容閒適之意，不能持久。○此申上二節之意。燕居即未接物時，儼然危坐即嚴威儼恪而主於敬也。主敬者非失之緩，即失之急，故既言怠惰之不可，而又戒以勿拘迫，勿忘勿助也。○薛敬軒曰：古人衣冠偉博，皆所以莊其外而肅其内也。後人服一切簡便短窄之衣，起居動静惟務安適，所以流爲輕俳而不可救藥也。

思慮雖多，果出於正，亦無害否？曰：且如在宗廟則主敬，朝廷主莊，軍旅主嚴，此是也。如發不以時，紛然無度，雖正亦邪。管向定曰：以上言不正之病，以下言不中之病。○价按：思慮必止於事，主於一而後能中。宗廟則一於敬，朝廷則一於莊，軍旅則一於嚴，當事而存，靡他其適。發之必以其時，斯無不中矣，發不以時，雖正亦邪。中無不正，正未必中也。

蘇季明問：喜怒哀樂未發之前求中，可否？曰：不可。既思於喜怒哀樂未發之前求之，又卻是思也。既思即是已發，本注：思與喜怒哀樂一般。纔發便謂之和，不可謂之中也。蘇昞，字季明，張、程門人。○管向定曰：此言喜怒哀樂未發之前不可求中。蓋未發之中，寂然不動，故必無思，然後謂之未發。若有一毫觀念把捉之意，即是思也。思是已發，非未發也。○朱子曰：「才思便是已發」一句，能發明子思言外之意。蓋言不待喜怒哀樂之發，但有所思，即是已發。此意已極精微，説到未發界，至十分盡頭，不可以有加矣。又問：呂學士言當求於喜怒哀樂未發之前，如何？曰：若言存養於喜怒哀樂未發之前則可，若言求中於喜怒哀樂未發之前則不可。又問：學者於喜怒哀樂發時，固當勉强裁抑，於未發之前，當如何用功？曰：於喜怒哀樂未發之前，更怎生求？只平日涵養便是。涵養久，則喜怒哀樂發自中節。呂學士，與叔也。○管向定曰：此言未發可存養而不可求。○朱子曰：此條記得極好。涵養於喜怒哀樂未發之前，只是「戒慎乎其所不睹，恐懼乎其所不聞」。且未有一個動綻，大綱且約住，執持在這裏，到謹獨處便是發了。○問：未發時當以理義涵養？朱子曰：未發時著理義不得，才知有理義，便是已發，當此時有理義之原，未有理義條件，只一個主宰嚴肅，便是涵養工夫。○但操存得在時，少間喜怒哀樂，自有一個則在。曰：當中之時，耳無聞，目無見否？曰：雖耳無聞，目無見，然見聞之理在始得。賢且説静時如何。曰：謂之無物則不可，然自有知覺處。朱子曰：「無物」字，恐當作「有物」。

○按，粹言作「有物」。曰：既有知覺，卻是動也，怎生言静？人説「復其見天地之心」，皆以謂至静能見天地之心，非也。復之卦下面一畫便是動也，安得謂之静？管向定曰：此申言未發景象。「無聞」、「無見」，言無所聞所見也。有見聞之理，則非枯木死灰矣。「有知覺處」，言有所知所覺，即朱子所謂「知寒覺煖」是也。觀下文引復卦以駁之，可以知矣。復卦一陽始生，不可謂之静，即本文有所知覺不可謂未發之意也。夫視聽則已發，見聞不害爲未發；知寒覺煖爲已發，但有知覺，不害爲未發。朱子言之精矣。今以字義觀之，季明未嘗有失，而程子以知覺是動駁之，似失之過。竊嘗就季明此時學問程度按之，程子有言「未有不能體道而能無思者」，季明既曰「思慮不定」，則知其未能體道矣。不能體道，安能無思？不能無思，安能有未發之知覺聞見乎？以此推求其故，則其所謂聞見者乃指有所聞見也，所謂知覺者乃指有所知覺也，況彼自執求中之指以問，益見其不能無思，宜爲程子所駁，並見程子駁以知覺是動者未嘗失之過也。○朱子曰：當中時，雖耳無聞、目無見，然須是常有個主宰執持底在這裏始得。不是一向放倒，又不是一向空寂了。○問：未發之前，當戒謹恐懼，提撕警覺，則亦是知覺，而伊川謂「既有知覺卻是動」，何也？曰：未發之前，須常恁地醒，不是瞑然不省。若瞑然不省，則道理何在？成甚大本？或曰：莫是於動上求静否？曰：固是，然最難。釋氏多言定，聖人便言止。如「爲人君止於仁，爲人臣止於敬」之類是也。易之艮言止之義曰：「艮其止，止其所也。」人多不能止，蓋人萬物皆備，遇事時，各因其心之所重者更互而出。纔見得這事重，便有這事出。若能物各付物，便自不出來也。管向定曰：此教以止事，由虛而進於實也。「動上求静」者，應事而心不動，率性之道也。釋氏之定，乃死其心，絕其事，虛無寂滅之道也。聖人之止，隨事順理，定静安慮，止於至善之道也。萬物皆備，天命之性也。心之所重，氣質之性也。氣動而理爲所流，故必隨氣質之所偏重者出而應事，未有能中節者也。若能率性以應事，物各付物，自無更互而出之累矣。或曰：先生於喜怒哀樂未發之前，下動字，下靜字？曰：謂之靜則可，然靜中須有物始得。這裏便是難處。學者莫若且先理會得敬，能敬則知此矣。管向定曰：未發是寂然不動，故可謂靜不可謂動。有物謂有天理之原，非如釋氏之寂滅也。這裏便是難處者，雖謂之有物，然此無形無影，不可以尋求而得，不可以推測而知。纔涉尋求推測，便是思，便是已發，非未發，故曰難處。莫若先理會敬，能敬以直內，涵養主一之義，則自知未發之中矣。○問：靜中有物，莫是含喜怒哀樂之理否？朱子曰：喜怒哀樂乃是感物而有，猶鏡中之影，鏡未照物，安得有影？曰：然則靜中有物乃鏡中之光明？曰：此卻説得近似。所謂靜中有物者，只是知覺便是。伊川云才知覺便是動，此恐説得太過。若云知得寒，覺得煖，便是知覺一個物事，今未曾知覺甚事，但有知覺在，何妨其爲靜？不成靜坐便是瞌睡？○問：靜中有知覺？曰：此是坤中不能無陽，到動處卻是復。只將十二卦排便見。○問：伊川言「靜中有物始得」，此物云何？曰：只太極也。

或問[一二]：敬何以用功？曰：莫若主一。季明曰：昞常患思慮不定，或思一事未了，他事如麻又生，如何？曰：不可，此不誠之本也。須是習，習能專一時便好。不拘思慮與應事，皆要求一。价按：此章要旨，反復説來，總歸於「求一」，此程子喫緊爲人處。思慮應事能專一則心靜，心靜則未發氣象可得而識，而涵養之功始有所施也。○問：某作事時多不能主一。朱子曰：只是心不定。人須是定其心。問：非不欲主一，然竟不能。曰：這個須是習。程子也教人習。問：莫是氣質薄否？曰：然，亦須涵養本原，則自然別。○作事不能主一，只是心不定，這個亦只是認教熟，熟了便不如此。今日一念才生，有以制之，明日一念又生，又有以制之，久後便無此矣。○無事時固是敬，有事時敬便在事上。所以程子説到專一時方好。蓋專一則有事無事皆是如此。此程子答或人問，末梢這一句是緊要處。

人於夢寐間，亦可以卜自家所學之淺深。如夢寐顛倒，即是心志不定，操存不固。价按：此因論未發而推之夢寐，使以自考，所謂「夜卜諸夢寐」也，所謂「夜夢驗工夫」也。○朱子曰：魂與魄交而成寐，心在其間，依舊能思慮，所以做出夢來。若心神安定，夢寐亦不至顛倒。○胡氏說夢，亦有可取者。其言曰：「心爲萬物之至靈，人之所以有夢，夢之所以多變也。然聖人誠存，賢人存誠，則夢治。若夫思慮紛擾，精神不定，則所夢雜亂，或正或邪，亦與旦晝之所爲等耳。善學者既謹其言動，而又必驗諸夢寐之間。」

問：人心所繫著之事果善，夜夢見之，莫不害否？曰：雖是善事，心亦是動。凡事有朕兆入夢者卻無害，舍此皆是妄動。人心須要定，使他思時方思乃是。今人都由心。曰：心誰使之？曰：以心使心則可。人心自由，便放去也。价按：夢寐顛倒，其學淺者其病深。夢見善事，其病淺矣，然心亦是動，則操存之功猶未極其精密也。○管向定曰：朕兆入夢者，誠之感，非心之動也。以心使心者，有所主宰而定其心也。

「持其志，無暴其氣」，内外交相養也。价按：學之淺深，驗於夢寐，而工夫則在平日。内外交養，然後操持固而心志定。○朱子曰：持志，所以直其内也。無暴其氣，所以防於外也。兩者各致其功，而無所偏廢焉，則志正而氣自完，氣完而志益正，其於存養之功，且將無一息之不存矣。

問：「出辭氣」，莫是於言語上用工夫否？曰：須是養乎中，自然言語順理。若是慎言語不妄發，此卻可着力。价按：此以言語明内外交養之意。養乎中，即持志工夫。言語順理，養中之效也。慎言語，所以制其外也，多言不惟招尤，亦足傷氣。言不妄發，亦無暴其氣之一端。○朱子曰：心氣和，則言順理。然亦須就言上作工夫，伊川曰「發禁躁妄，内斯静專」是也。内外表裏照管，無少空闕，始得相應。

先生謂繹曰：「吾受氣甚薄，三十而浸盛，四十、五十而後完。今生七十二年矣，校其筋骨，於盛年無損也。」繹曰：「先生豈以受氣之薄，而厚爲保生耶？」夫子默然，曰：「吾以忘生徇欲爲深耻。」价按：此言養氣轉弱爲强之效。不徇欲，無暴其氣之事也。欲之溺人也甚於水，所以伐吾之性、戕吾之生者，皆是物也。不徇欲，則精不摇，神不擾，莊敬日强，氣得其養，無意於保生而生自可保。此氣之所以始而薄，繼而盛，終而完也。

大率把捉不定，皆是不仁。外書。下同。○价按：仁者無欲，心體定静，不待把捉而自不外馳。不仁則多欲，不能自作主宰，而外物得以亂之，雖欲强制其心而卒不可制。此把捉不定所以皆由於不仁也。

伊川先生曰：致知在所養，養知莫過於「寡欲」二字。价按：養心、致知，本屬二事，而交相爲用。心不存則昏昧紛亂，知何由致？故致知在所養。寡欲則無紛擾之患，心得其養，本然之天理日明，而在外事物之理亦可默識其當然與其所以然矣。○問：「養知莫過於寡欲」，是既知後便如此養否？朱子曰：此不分先後。未知之前若不養之，此知如何發得？既知之後若不養，則又差了。

心定者，其言重以舒；不定者，其言輕以疾。价按：此以言考其心也。言爲心聲，心定者其氣靜，故發於言者，必安重而舒遲；不定者其氣浮，故發於言者，必輕易而急迫。

明道先生曰：人有四百四病，皆不由自家，則是心須教由自家。价按：此承「心定」而言。佛家謂人身爲四大之合，各有百一病，共爲四百四病也。身之病非我所能自主，心之病則須自醫。教由自家者，自作主宰，不使物欲得以亂之，而後心可得而定也。

謝顯道從明道先生於扶溝，明道一日謂之曰[一二]：「爾輩在此相從，只是學顥言語，故其學心口不相應，盍若行之？」請問焉。曰：「且靜坐。」伊川每見人靜坐，便歎其善學。价按：學者從師講論，而無操存涵養之功，則學問義理雖能舉之於口，不能有之於心，故心口不相應。教以靜坐，使之收拾此心，正本澄源，則義理有之於己，然後心口相應，而非徒空言無實也。靜坐用戒慎恐懼工夫，足以收斂身心，凝定精神，銷沈物欲，涵養天理，故程子歎其善學。○朱子曰：明道云「無可行時，且去靜坐」，蓋靜坐便涵養得本原稍定，雖是不免逐物，及自覺而收斂歸來，也有個着落。若不曾涵養得本原[一三]，茫茫然逐物在外，便要收斂歸來，也無個着身處也。○明道教人靜坐，李先生亦教人靜坐。蓋精神不定，則道理無湊泊處。又云須是靜坐方能收斂。○問：伊川見人靜坐，如何便歎其善學？曰：這卻是一個總要處。以上三條均朱子六十以後說。○管向定曰：敬兼動靜，靜坐能得理一，而未能充乎分之殊，易流於禪。然惡偏靜爲近禪，避之若浼，不先得理一而遥求分殊，則所謂分殊者不免爲義襲於外，而非率性之道。故爲學之初，必當從事靜坐，敬以直內，涵養主一，由本而及於末，此順天理流行之漸，致曲求誠之道，不得不如此也。三代之教，禮陶樂淑，身心耳目皆有所養，不待區區靜坐而後心得其養。故四書、六經無「靜坐」之説。後世禮廢樂崩，小學功虧，心放已久，遽欲凝定其散亂之神，和平其粗厲之氣，勢必有所不能，故初學之士欲求收斂之法，未有善於靜坐者也。价按：自「有言未感時」至此爲一段，言主敬存誠，內外交養，引「持其志，勿暴其氣」以發明之。末節結歸「靜坐」，遥與濂溪「靜虚」、伊川「靜養」之説相應。靜坐涵養未發，功用最大，而流弊亦最多。學者收其益而勿蹈其弊，乃爲善學也。

横渠先生曰：始學之要，當知「三月不違」與「日月至焉」內外賓主之辨，使心意勉勉循循而不能已，過此幾非在我者。文集。○价按：「三月不違」者，心常存，常在內而爲主。「日月至焉」者，心存時少，亡時多，常在外而爲賓。學者常存此心，深知其意，勉勉循循，其進自有不能已者，過此則「三月不違」以上，大而化之之事，則須俟其自化，非我所能爲力，顔子所以欲從末由也。○管向定曰：涵養必至於此心常存，方爲實效。不然，雖有少進，亦不足恃，故論存心必以「三月不違」爲度。

心清時少，亂時常多。其清時視明聽聰，四體不待羈束而自然恭謹。其亂時反是。如此何也？蓋用心未熟，客慮多而常心少也，習俗之心未去，而實心未完也。价按：在內爲主者，心常清；在外爲賓者，心常亂。形氣統於一心，心清則以理宰氣，視明聽聰，雖處屋漏暗室之中，而坐必正，體必直，手容必恭，足容必重，不待羈束，自然恭謹。所謂「四體不言而喻」也，所謂「天君泰然，百體從令」也。亂則以氣汩理，故反是。客慮，浮泛之思慮也。

習俗之心，習染偏勝之心也。實心，義理之心也。義理之心未充，不足勝其客慮習心，任其纏繞糾結，則以氣動志，而心清時少，亂時常多矣。程子言「未有箕踞而心不慢者」，外正然後内直也。張子言「心清則四體恭謹者」，内直則外自正也。人又要得剛，太柔則入於不立。亦有人生無喜怒者，則又要得剛，剛則守得定不回，進道勇敢。載則比他人自是勇處多。語録。下同。○价按：欲存義理之實心，莫要於剛，剛則有以勝其人欲之私，卓然自立，不爲事物所搖奪，持守堅定，進道勇敢，實心日完而客慮習心自化矣。○朱子曰：看來這道理須是剛硬立得脚住，方能有所成。曾子、子思、孟子，都是如此剛果決烈，方能傳這道理。若慈善柔弱底，終不濟事。○柔弱不剛之質，少間都不會振奮，只困倒了。須是提撕此心，教他光明，則於事無不明，久之自然剛健有力。

戲謔不惟害事，志亦爲氣所流。不戲謔亦是持志之一端[一四]。价按：戲謔不惟納侮啓釁，招尤致悔，志爲氣流，亦大爲心術之害。戲謔，發於言而生於心，先有玩侮之意，而後有戲謔之言，故必敬以持志，使莊肅之心常勝其輕狎之心，然後能不戲謔，所謂「德勝不狎侮」也。不戲謔，所以制其外也。持志，所以直其内也。

正心之始，當以己心爲嚴師。凡所動作，則知所懼。如此一二年守得牢固，則自然心正矣。价按：持志而不戲謔，則心可得而正矣。奉心爲嚴師，常存敬畏，無敢少忽。凡有動作，如臨師保，不敢萌一毫邪念，日用之間，常使道心爲主，人心聽命，則守得牢固，自然心正矣。○朱子曰：古人言志帥心君，須心有主張始得。

定然後始有光明，若常移易不定，何求光明？易大抵以艮爲止，止乃光明。故大學「定」而至於「能慮」。人心多則無由光明。易說。下同。○价按：心正則無煩擾之患，而心自定矣。光明者，心體虛明，足以照察事物也。移易不定者，思慮忽彼忽此也。艮，止也。止，即定之意。定則氣澄神清，故足以燭理而光明。○朱子曰：凡人胸次煩擾，則愈見昏昧。中有定止，則自然光明。莊子所謂「泰宇定而天光發」也。○价按：佛氏由定生慧亦此意。然特持守之久，心之靈光發見，空明而已。投之以事，則必亂矣。與吾儒定而至於能慮、明物察倫者迥異。

「動靜不失其時，其道光明。」學者必時其動靜，則其道乃不蔽昧而明白。今人從學之久，不見長進〔一五〕，正以莫識動靜。見他人擾擾，非關己事，而所修亦廢。由聖學觀之，冥冥悠悠，以是終身，謂之光明可乎？艮彖傳。○价按：定非一於靜而不動也，不失其時而已。當靜而靜，而非以絕物；當動而動，而非以逐物。雖萬變紛紜而不足以撓吾心。其心安定而不擾，其道乃明白而不昧。學之所以不進者，由於動靜失時，不當動而動，見他人擾擾，以爲於己無害，隨俗浮沉，逐物流動，胸次煩擾，神識滑昏，而功修墮矣。冥冥，則昏昧而不明；悠悠，則惰慢而不進。因循終身，何光明之有？

敦篤虛靜者，仁之本。不輕妄，則是敦厚也；無所繫閡昏塞，則是虛靜也。此難以頓悟，苟知之，須久於道實體之，方知其味〔一六〕。夫仁亦在乎熟之而已。孟子說。○价按：仁者，人心之全德，天理之本然也。敦厚，則言動不輕妄而心常存；虛靜，則心體無所繫閡昏塞而理日明，故以爲仁之本。然儒者體仁之學，非如釋氏之説，單超直入，可以頓悟苟知之也。必操存之久，實體諸己，方能深知其味。夫仁亦在乎熟之而已，涵養省察之功，日新不已，然後心德可全，天理可復，馴致於「三月不違」之域，而仁始可庶幾也。价按：自「横渠先生」至此爲一段，「始學之要」三節言内外交正之功。「正心」節承上起下，「定然後」三節言動静交養之功，與中四段程子之言互相發明。末二節回顧篇首周子之説，而久道實體，仁在乎熟，又以起下卷「乾乾不息於誠」之意。

【校勘記】

〔一〕盤盂几仗　「仗」，葉本、江本作「杖」。

〔二〕循理則凡容貌必端言語必正皆順乎自然　「凡容貌必端言語必正皆」十字，葉本無。

〔三〕而不待勉强矯拂於其間　此句葉本無，而有「盡乎當然」句。

〔四〕皆由於養之不完固　「由」，葉本、江本作「出」。

〔五〕動容周旋自然中禮　「自然中禮」，葉本、江本作「中禮自然」。

〔六〕憂患好樂　「好樂」，江本作「樂好」。

〔七〕閑邪便著甚工夫　「便」，葉本、江本作「更」。

〔八〕非主一而何　「何」，原作「合」，據葉本、江本改。

〔九〕一則自無非辟之干　「自」下，葉本、江本有「是」字；「辟」，葉本、江本作「僻」。

〔一〇〕不是但嘿然無言　「無」原作「而」，據葉本、江本改。

〔一一〕或問　「問」，葉本、江本作「曰」。

〔一二〕明道一日謂之曰　「明道」二字原無，據葉本補。

〔一三〕若不曾涵養得本原　「涵養」，江本作「存養」。

〔一四〕不戲謔亦是持志之一端　「志」，葉本、江本作「氣」。

〔一五〕不見長進　「長進」，葉本、江本作「進長」。

〔一六〕方知其味　「知」原作「其」，據葉本、江本改。

近思録解義卷之五 凡四十一條

朱子曰：此卷「改過遷善，克己復禮」。价按：此卷以慎動養心爲主，以「誠之於思」、「守之於爲」、「順理則裕」、「從欲惟危」爲總旨，以「懲忿窒慾」、「遷善改過」、「寡欲」、「克己」爲分意，體似立綱。首三節一篇綱領，下分四段以發明之。

濂溪先生曰：君子乾乾不息於誠，然必懲忿窒慾，遷善改過而後至。乾之用，其善是。損、益之大，莫是過。聖人之旨深哉！「吉、凶、悔、吝生乎動。」噫，吉一而已，動可不慎乎！通書。○价按：此言君子思誠之功當慎之於動也。「不息於誠」，承上卷末節而言。「懲忿窒慾」、「遷善改過」，領起通篇之意。吴敬庵曰：「君子終日乾乾，健而又健，自强不息，以存其无妄之誠。然其用力之方非一端也。蓋人有難制之忿，易流之慾，未盡善而有過者，誠之所以虧也，必懲忿窒慾，損去其己私，遷善改過，資益其天理，而後可至於誠。是則乾乾之用莫善於懲窒遷改也。損所當損，益所當益，亦莫大於懲窒遷改也。聖人作易以教人思誠之方，其旨豈不深哉？且人之動也，忿慾與善過形焉，而吉凶悔吝所由以生。噫！四者之應，吉一而已，凶、悔、吝居其三，是福常少而禍常多也。凡有動作，可不慎乎！慎動則得損益之道，而善乾乾之用矣。」○朱子曰：乾乾不息者體也，去惡進善者用也。無體則用無以行，無用則體無所措，故以三卦合而言之。或曰「其」字亦是「莫」字。○問：上文所言，皆自修之事，此忽言動，何也？曰：所謂「懲忿窒慾」、「遷善改過」，皆動上有此等過失。須於方動之時慎之，則無凶悔吝。周子所以再言動也。

濂溪先生曰：孟子曰：「養心莫善於寡欲。」予謂養心不止於寡而存耳。蓋寡焉以至於無，無則誠立明通。誠立，賢也；明通，聖也。遺文。○价按：此言寡欲之功也。君子慎動，動於心而足爲心之累者，莫甚於欲，故孟子言「養心莫善於寡欲」。周子恐人以寡欲爲止境，故言不止於寡欲而已，必寡焉以至於無而後可，無欲則進於誠立之賢，明通之聖矣。「明」字作「實」字看。人心本明，有欲則窒，無欲則通。無欲非聖人不能，學者日用工夫則全在寡欲着力。○朱子曰：欲未便説到那邪僻不好底物事，只是眼前底事，纔多欲，便將本心俱紛雜了。孟子説寡欲，如今且要得寡，漸至於無。○誠立謂實體安固，明通則實用流行。立如三十而立之立。通則不惑、知命而鄉乎耳順矣。

伊川先生曰：顏淵問克己復禮之目，夫子曰：「非禮勿視，非禮勿聽，非禮勿言，非禮勿動。」四者身之用也，由乎中而應乎外，制於外所以養其中也。价按：此言克己之功也。己者身之私欲，凡非禮處皆是也。視、聽、言、動四者，身之用也，由乎中而應乎外，自然之勢也。非禮勿視、聽、言、動，所以制之於外，使外物不爲吾心之累，而有以養其中，克己之功也。四者皆兼明、健二意。灼然知其非禮，明之所以察幾也。知其非禮，即斷然勿視、勿聽、勿言、勿動，健之所以致決也。明、健並用，乃能勝私欲而復於禮。○問：明知其不當視而自接乎目，明知其不當聽而自接乎耳，這將如何？朱子曰：視與看不同，聽與聞不同。然這般處也難。古人亦有以禦之，如云「姦聲亂色，不留聰明；淫樂慝禮，不接心術」。顏淵「請事斯語」，所以進於聖人。後之學聖人者，宜服膺而勿失也。因箴以自警。

朱子曰：四箴精確縝密，無纖芥之可疑。視箴曰：「心兮本虛，應物無迹。操之有要，視爲之則。蔽交於前，其中則遷。制之於外，以安其內。克己復禮，久而誠矣。」价按：此言「非禮勿視」之要旨。心爲一身之主，其體至虛，本無一物，其用至靈，應物無迹，操心有要，以視爲之準則。苟有非禮之色交於吾前，則爲其所蔽，而心隨之而遷。克己者制之於外，使無非禮之視，則其心始安而禮可復。克己之功，久而不息，則存養熟，而可進於誠矣。○問：制外安內，卻與「克伐怨欲不行」底相似？朱子曰：克己工夫，其初如何便會自然？也須着禁制始得，到養熟後，使私意漸漸消磨去矣[一]。聽箴曰：「人有秉彝，本乎天性。知誘物化，遂亡其正。卓彼先覺，知止有定。閑邪存誠，非禮勿聽。」施虹玉曰[二]：此言「非禮勿聽」之要旨。人有秉執之常性，乃得於天之正理。人心之有知覺，則因形氣感物而動也，使此心無主而聽非禮，則知覺爲物所誘，與之俱化，而天理之正遂亡矣。惟彼卓然自立之先覺，知至善之所在，事事物物皆有定理，故能閑邪以存其誠，而非禮則勿聽也。○朱子曰：視是將這裏底引出去，故云「安其內」。聽是聽得外面底來，故云「閑邪存誠」。言箴曰：「人心之動，因言以宣。發禁躁妄，內斯靜專。矧是樞機，興戎出好。吉凶榮辱，惟其所召。傷易則誕，傷煩則支。己肆物忤，出悖來違。非法不道，欽哉訓辭。」施虹玉曰：此言「非禮勿言」之要旨。首四句是「克己復禮」正意，次四句兼就利害上説。次四句分應二項，而末以二句結「勿」字之意。言爲心聲，心感物而動，則言因之而發，發而禁其煩躁妄誕，則心得以安靜專一[三]，亦制外養中之意也。況人之禍福榮辱，皆由於言。如户之開闔由於樞，弩之張弛由於機，其可非禮而發言乎？且言之病又多端，傷於輕易則妄誕，傷於煩多則支蔓，己放肆則忤於人，出者逆則來者違，豈可不禁止之乎？惟「非禮勿言」與「非法不道」一語，同爲訓戒之辭，不可不敬佩之也。○輔慶源曰：躁屬氣，妄屬欲，不爲氣所動故靜，不爲欲所分故專。○沈誠庵曰：易煩之病在己，故支誕以損其德。肆悖之病及人，故違忤以反乎己。動箴曰：「哲人知幾，誠之於思。志士勵行，守之於爲。順理則裕，從欲惟危。造次克念，戰兢自持。習與性成，聖賢同歸。」文集。价按：此言「非禮勿動」之要旨。陳克庵曰：「思者動於心也，惟知幾之哲人能誠之；爲者動於身也，惟勵行之志士能守之。」二者雖不同，然皆順理則安裕，從欲則危險也。動於心，造次而能思慮；動於身，戰兢而能自持。內外交致其力也，習之久而與氣質之性俱成，則賢亦聖矣，故曰「同歸」，是工夫歸宿處也。○朱子曰：思是動之微，爲是動之著。這是該動之精粗。爲處動，思處亦動，思是動於內，爲是動於外。蓋思於內不可不誠，爲於外不可不守。然專誠於思而不守於爲，不可；專守於爲而不誠於思，亦不可。○李青函曰：曰「造次」則念之密，曰「戰兢」則持之嚴。念者察其理與欲也，持者順理而不從欲也。价按：自篇首至此爲一段，「濂溪」二節，揭明遷善改過、寡欲克己，以立一篇之綱，而「視箴」四節，則即視聽言動以發明克己之義。

復之初九曰：「不遠復，无祇悔，元吉。」傳曰：陽，君子之道，故復爲反善之義。初，復之最先者也，是不遠而復也。失而後有復，不失，何復之有[四]？惟失之不遠而復，則不至於悔，大善而吉也。顏子無形顯之過，夫子謂其庶幾，乃「無祇悔」也。過既未形而改，何悔之有？既未能不勉而中，所欲不踰矩，是有過也。然其明而剛，故一有不善，未嘗不知。既知，未嘗不遽改，故不至於悔，乃「不遠復」也。學問之道無他也，惟知其不善[五]，則速改以從善而已。易傳。下同。○价按：此所謂「哲人知幾，誠之於思」也。過而發於言，行於身，見於事，而後知而改之，故不免於悔。顏子無形顯之過，只在幾微上用力，故夫子謂其庶幾，乃「無祇悔」也。顏子幾於聖人，而未達一間，未能如聖人之不勉而中，所欲不踰矩，隱微間略有纖毫私意，便是有過。然能至明以察其幾，纔一萌動，即洞見纖微，故有不善未嘗不知。至剛以致其決，纔見纖微，即立與消釋，故既知未嘗不遽改，此所以不遠復而不至於悔也。學問之道，知不善則速改以復善而已。所以知者明之察也，所以速改者剛之決也。○朱子曰：今人只知「知之未嘗復行」爲難，殊不知「有不善未嘗不知」是難處。

晉之上九：「晉其角，維用伐邑，厲吉，无咎，貞吝。」傳曰：人之自治，剛極則守道愈固，進極則遷善愈速。如上九者，以之自治，則雖傷於厲而吉且无咎也。嚴厲非安和之道，而於自治則有功也。雖自治有功，然非中和之道[六]，故於貞正之道爲可吝也。价按：此所謂「志士勵行，守之於爲」也。明不足而剛有餘，以之自治，亦可有功。晉之上九，以陽居上，剛之極也。在晉之終，進之極也。剛極則堅確不移，故守道愈固。進極則奮發有爲，故遷善愈速。自治如此，雖傷於厲，而吉且无咎。然嚴厲非安和之道，雖自治有功，究非中和之德，故於貞正之道爲可吝。若更進以沈潛涵泳，能如顏子之剛明而中和矣，則善矣。价按：此二節爲一段，發明「遷善改過」之義。

損者，損過而就中，損浮末而就本實也。天下之害，無不由末之勝也。峻宇雕牆，本於宮室；酒池肉林，本於飲食；淫酷殘忍，本於刑罰；窮兵黷武，本於征討。凡人欲之過者，皆本於奉養，其流之遠，則爲害矣。先王制其本者，天理也；後人流於末者，人欲也。損之義，損人欲以復天理而已。損彖傳。○施虹玉曰：此言損過以就中，即損人欲以復天理也。中者天理之當然，過則流於人欲之私矣，故損之爲用，當損過以就中，損浮末而就本實也。蓋天下之事，如宫室、飲食、刑罰、征伐之類，先王制度一本於天理之當然，無過不及之差。及其末流，浮華盛而本實微，人欲之私勝於天理之公矣。故必損人欲以復天理，然後爲得其中也。○价按：近世漸染夷風，習爲奢華，滅天理而窮人欲，日新月盛，風俗大壞，而昧者猶詡爲文明，有王者作，則必在所損矣。

夫人心正意誠，乃能極中正之道，而充實光輝。若心有所比，以義之不可而決之，雖行於外不失其中正之義，可以无咎，然於中道未得爲光大也。蓋人心一有所欲，則離道矣。故夬之九五曰：「莧陸夬夬，中行无咎。」象曰：「中行无咎，中未光也。」夫子於此，示人之意深矣。价按：損人欲以復天理者，必心極其正，意極其誠，乃能極中正之道，充實光輝，表裏洞然。若心有所繫累，徒迫於義之不可，始勉强決而去之，則雖事得其正，可以无咎，然於中道則未爲光明正大也。蓋人一有所欲，則心有所係而不正，意有所欺而不誠，而離道遠矣。○莧陸，今馬齒莧，感陰多之物。○葉平巖曰：九五與上六比，心有所昵，未必能正。特以義不可而勉勉決去之，意亦未必誠也。

方説而止，節之義也。節彖傳。○价按：説者，人心有所欲也。止者，禁其欲使不得肆也。方説而能止，則有所防檢，而不敢侈然以自放，節之義。

節之九二，不正之節也。以剛中正爲節，如懲忿窒慾，損過抑有餘是也。不正之節，如嗇節於用，懦節於行是也。价按：節之義善矣，然有正有不正焉。「懲忿窒慾，損過抑有餘」，剛中正之節，學者所當勉也。若節於用而爲吝嗇，節於行而爲柔懦，則爲不正之節，學者所當戒也。

人而無克、伐、怨、欲，惟仁者能之。有之而能制其情不行焉[七]，斯亦難能也，謂之仁則未可也。此原憲之問，夫子答以知其爲難，而不知其爲仁。此聖人開示之深也。經說。○价按：曰「損」、曰「決」、曰「節」，皆寡欲之方，而未必能無欲也。無欲者其惟仁乎！克好勝，伐自矜，怨忿恨，欲貪欲。仁人之心，純乎天理，不待制之而自無四者之累。若心中有此四者，但强制之使不得行，治其末而未能正其本，塞其流而未能清其源，謂之「難」則可，謂之「仁」則未也。○朱子曰：克己者從根源斬截，更不復萌。不行者但制其末[八]，不行於外耳，若其本則著於心而未能去也。○饒雙峰曰：拔去病根，其道有二：平時莊敬涵養，此積漸消磨法也；臨時省察克治，此猛勇決去法也。价按：自「損者」至此爲一段，皆發明寡欲之義，而此一節則寡之以至於無之意也。

明道先生曰：義理與客氣常相勝，只看消長分數多少，爲君子小人之別。義理所得漸多，則自然知得客氣消散得漸少，消盡者是大賢。遺書。下同。○价按：此下詳言克己之功。己私有三：氣質之偏，一也；人我忌克之私，二也；耳目口鼻之欲，三也。以下皆就此三項發明克己之義。○義理原於天命之性，客氣起於形氣之私，客氣勝則爲小人，義理勝則爲君子。客氣消盡則義理充積於中，發見於外，不伐善，不施勞，慮以下人，犯而不校，無矜己陵人之失，有睟面盎背之樂，是以謂之大賢。

或謂人莫不知和柔寬緩，然臨事則反至於暴厲。曰：只是志不勝氣，氣反動其心也。价按：消散客氣之功，全在持志。能持其志，則以志勝氣，暴厲可變爲和柔寬緩。不能持志，則志不勝氣，氣反動心。平日雖知和柔寬緩之爲美，而暴厲之氣不能不發於臨時倉猝之頃，此變化氣質之難，而欲勝其氣者不可不持其志也。

人不能祛思慮，只是吝。吝故無浩然之氣。价按：暴厲發於外，思慮藏於中，思慮亦氣之所爲也。氣質偏駁者，思慮亦多浮雜，糾結纏繞，不能割捨。只是心有所係吝，吝則蔽於私意，欿然而餒，故無浩然正大之氣。

治怒爲難，治懼亦難。克己可以治怒，明理可以治懼。价按：怒與懼皆出於氣，怒氣盛則不能自遏，懼氣怯則不能自立，故治之皆難。克己則心平而氣自降，故可以治怒；明理則志定而氣自充，故可以治懼。

堯夫解「他山之石，可以攻玉」：玉者温潤之物，若將兩塊玉來相磨，必磨不成，須是得他個麤礪底物，方磨得出。譬如君子與小人處，爲小人侵陵，則修省畏避，動心忍性，增益豫防，如此便道理出來。邵康節先生名雍，字堯夫。○价按：麤礪之石，可以攻温潤之玉，相反者適相成也。君子小人亦然。人爲小人侵陵，每懼其中傷，而不知無可懼也，且當善用其懼也。若能修省畏避，動心忍性，增益豫防，操心危，慮患深，德慧術知自此而生，則小人者正君子進德之資也。「他山之石，可以攻玉」，信矣！夫何懼！

目畏尖物，此事不得放過，便與克下。室中率置尖物，須以理勝他，尖必不刺人也，何畏之有？价按：「目畏尖物」者，心有疑病，不明於理，而妄生畏懼者也。程子教以室中率置尖物，明於尖不刺人之理，則有以勝之，而無所用其畏懼矣。此二節申明理治懼之義。○自「義理與客氣」至此凡六節，即變化氣質，以明克己之功也。人之輕怒易懼，皆由於氣質之偏，治怒、治懼皆所以化其偏也。

明道先生曰：責上責下，而中自恕己，豈可任職分？价按：居其職必任其責，任其責始克盡其職。責上責下，諉其責於人，而寬其責於己，豈可任職分哉！

「舍己從人」，最爲難事。己者我之所有，雖痛舍之，猶懼守己者固，而從人者輕也。价按：聖人之心，至虚至公，己未善則舍以從人，自然而非勉强。學者但見己長，謂人莫己若，欲其舍己從人，豈非最難之事？己者我之所有，必痛舍之，大段用力克治，而後可庶幾也。張子見二程而徹皋比，非大勇不能，學者所當取法也。○此二節言物我之間，當盡克己之功也。

「九德」最好。皋陶謨「九德」：寬而栗，柔而立，愿而恭，亂而敬，擾而毅，直而温，簡而廉，剛而塞，强而義。○葉氏曰：寬弘而莊栗，則寬不至於弛。和柔而卓立，則柔不至於懦。愿而恭，則樸愿而不徒尚乎質。亂，治也，亂而敬，則整治而不徒恃乎文，蓋恭著於外、敬守於中也。馴擾而毅，則擾不至於隨。勁直而温，則直不至於訐。簡易者或規矩之不立，今有廉隅，則簡不至於疏。剛果者或傷於刻薄，今塞實而篤厚，則剛不至於虐。强力者或徇血氣之勇，今有勇而義，則强不至於暴。學問之道，在唐虞時論者已若是之密矣。○价按：此言克己之功在於變化氣質也。人之稟賦，不偏於剛，即偏於柔。自「寬而栗」以下，或以剛濟柔，或以柔濟剛，皆以學問之功化其氣質之偏也。

饑食渴飲，冬裘夏葛，若著些私吝心在，便是廢天職。价按：「饑食渴飲，冬裘夏葛」，天之所以命我者，各有正理，故謂之「天職」。若着些私吝心，則動於欲，而失其正理，便是廢天職。此耳目口體之欲所以宜力加克治也。

獵，自謂今無此好。周茂叔曰：「何言之易也？但此心潛隱未發，一日萌動，復如前矣。」後十二年因見，果知未也。本注云：明道先生年十六七時好田獵，十二年暮歸，在田野間見田獵者，不覺有喜心。○价按：此因程子見獵心喜，以見學者省察克治之功當無時無處而不用其力也。○虞氏集曰：自顔子而降，若程子之高明而敦厚，純粹而精微，一人而已。十數年間，豈無所用其功哉？而是好也深藏密伏於纖微之際，不能不發見於造次之間。非周子致察之精，固不足以知其必動於十數年之前；非程子致察之密，亦何足以自覺其動於十數年之後。而後人乃欲以鹵莽苟且之功，庶幾近似其萬一，可乎？

伊川先生曰：大抵人有身，便有自私之理，宜其與道難一。价按：人有身，便從形體上起見，故不免於自私。私兼私意、私欲而言。以私意自蔽，則無由造於廣大。以私欲自累，則無由進於高明。故與道難一。○朱子曰：往往是才有個軀殼子，便自私了。佛氏所謂「流注想」，流注者，便是不知不覺流射到那裏去，但其端甚微，直是要省察。○不待接物時方流入於私欲，只那未接物時，此心已自流了。上蔡解「爲人謀而不忠」云，忠非特臨事而謀，至於平居静慮，思所以處人者，一有不盡，則非忠矣。此雖於本文説得來太過，然卻如此。今人未到爲人謀時方不忠，只平居思念時，便自懷一個利便於己將不好處推與人之心矣。須是於此等處常照管教他分明，少間接事，便不至於流。

罪己責躬不可無，然亦不當長留在心胸爲悔。价按：罪己責躬，亦克己之事，勝於自私者多矣。然長留在胸中爲悔，則亦足以累心，而爲進道之障礙。蓋有過而痛自改悔可也，有過而徒爲懊喪不可也。

所欲不必沈溺。只有所向，便是欲。价按：耳目口體之欲，不必沈溺始爲失其正理。只有所向，便是欲，便足爲吾心之病，即當力加克治，不可放過。此知幾之哲人所以貴誠之於思也。

明道先生曰：子路亦百世之師。本注：人告之以有過則喜。○葉平巖曰：聞過而喜，則好善也誠，改過也速。子路以兼人之勇而用之於遷善改過，其進德庸可量乎[九]？是足爲百世之師矣。○价按：世之喜諛惡規，拒諫飾非，怙過不悛著，當常以此自省。

人言語緊急[一〇]，莫是氣不定否？曰：此亦當習。習到自然緩時，便是氣質變也，學至氣質變，方是有功。价按：言語緊急，氣質之偏也。須刻刻留心，每於發言時，以從容詳審出之，習到自然緩時，則克治功深而氣質變矣。○吕東萊曰：爲學必須於平日氣稟資質上驗之，如滯固者疏通，顧慮者坦蕩，智巧者易直，苟未如此轉變，要是未得力耳。

問：「不遷怒，不貳過」，何也？語録有怒甲不遷乙之説，是否？伊川先生曰：是。曰：若此則甚易，何待顔子而後能？曰：只被説得粗了，諸君便道易。此莫是最難，須是理會得因何不遷怒。葉平巖曰：怒甲而不遷其怒於乙，概而觀之，則稟性和平者，若皆可能。然以身驗其實，而求其所以不遷怒之由，則非此心至虛至明，喜怒各因乎物，舉無一毫之私意者，殆未易勉强而能也。朱子曰：顔子見得道理透，故怒於甲者雖欲遷於乙，亦不可得而遷也。如舜之誅四凶，怒在四凶，舜何與焉？蓋因是人有可怒之事而怒之，聖人之心本無怒也。譬如明鏡，好物來時便見是好，惡物來時便見是惡，鏡何嘗有好惡也？葉平巖曰：聖人之心，因事有當怒者而怒之，是怒因物而生，不自我而作也，又豈有之於己耶？譬明鏡照物，妍媸在物，鏡未嘗自有妍媸也。世之人固有怒於室而色於市，且如怒一人，對那人説話能無怒色否？有能怒一人而不怒别人者，能忍得如此，已是煞知義理。若聖人因物而未嘗有怒，此莫是甚難。君子役物，小人役於物。今見可喜可怒之事，自家着一分陪奉他，此亦勞矣。聖人之心如止水。葉平巖曰：役物者，我常定，役於物者，逐物而往。聖人之心如止水，無一毫作好作惡[一一]。○价按：此論顔子之不遷怒，以明克己之功。前云「克己可以治怒」，即明道所謂「於怒時遽忘其怒，而觀理之是非」，乃初學臨時治怒之法。顏子平日克己功深，其心純乎理而無私，虚如明鏡，静如止水，幾於聖人之無我，故能因人之可怒而怒之，而自不遷於他人。○朱子曰：内有私意而至於遷者，志動氣也；有爲怒氣所動而遷者，氣動志也。若專守虚静，此釋、老之謬學，將來和怒也無了，此成甚道理？聖賢當怒自怒，但不遷耳。此是顏子之好學符驗如此，無他，只是看得道理分明，如當怒而怒，到不當怒處，要遷便不得，不是處便見得，自不會貳。○問：「不遷怒」，伊川説得太高，渾淪是個無怒了。曰：喜怒哀樂發皆中節，天下之達道，那有無怒底聖人？只是聖人分上，着「不遷」字不得。顏子不遷怒，便尚在夾界處。○程子又嘗曰：喜怒在事，則理之當喜怒也，不在血氣則不遷。又曰：動於血氣者，其怒必遷。若鑑之照物，妍媸在彼，隨物以應之，怒不在此，何遷之有！○秦別隱曰：程子之論「不遷」者，詳且切矣。朱子分出志氣兩端，而歸本於見道分明，更極精要。蓋非講學致知，持志養氣，工夫做到純熟處，未易言不遷不貳也。

人之視最先，非禮而視，則所謂開目便錯了。次聽次言次動，有先後之序。人能克己，則心廣體胖，仰不愧，俯不怍，其樂可知。有息則餒矣。外書。下同。○价按：此以非禮勿視、聽、言、動明克己之功，而又極言其效也。四勿工夫，四箴已詳，此特略舉之耳。人能克己，則心無私欲之累，廣大寬平，而體常舒泰，仰不愧天，俯不怍人，其樂可知。少有間斷，則不慊於心而餒矣。顏子所樂何事？即此可以想見。吾人欲學顏子之樂，須從克己上痛着工夫。

聖人責己感也處多，責人應也處少。价按：有感必應，常理也。而聖人則厚於責己，薄於責人。「萬方有罪，罪在朕躬」、「一夫不獲，時予之辜」，行有不得者，皆反求諸己，責己感處常多也。若夫求諸人，非諸人，雖不能不責人之應，然亦少矣。〇此下四節，復即人我之間詳言克己之功。

謝子與伊川先生别一年，往見之，伊川曰：「相别一年，做得甚工夫？」謝曰：「也只去個『矜』字。」曰：「何故？」曰：「子細檢點得來，病痛盡在這裏。若按伏得這個罪過，方有向進處。」伊川點頭，因語在坐同志者曰：「此人爲學，切問近思者也。」价按：人己相與之間，「矜」字病痛甚大，必克而去之，學方有進。上蔡之所以能去矜，全在子細檢點，知病痛之所在，然後克己之功始有所施。故伊川稱爲「切問近思」。吾人病痛甚於上蔡者多矣，而不知克而去之者，總由不子細檢點耳。〇朱子曰：謝氏謂去得「矜」字，後來矜依舊在，說道理愛揚揚地。〇江慎修曰：顏子「願無伐善，無施勞」，亦去「矜」字之病也。謝子語胡文定公，以飲食夸耀人之類爲矜，而說理之好張大處猶有未及覺者。學者當隨時省察。

思叔詬詈僕夫，伊川曰：「何不動心忍性？」思叔慚謝。价按：詬詈僕夫，暴怒所發。動心忍性，教以克己之功也。

見賢便思齊，有爲者亦若是。見不賢而内自省，蓋莫不在己。价按：「見賢思齊，見不賢而内自省」，如此存心，固無忌克之私，而所以變化氣質之偏，克治耳目口體之欲，亦無不在於是焉。价按：自「明道先生曰義理與客氣」至此爲一段，皆以發明克己之義，而懲忿窒慾、遷善改過之方亦均在其中矣。

横渠先生曰：湛一，氣之本；攻取，氣之欲。口腹於飲食，鼻舌於臭味，皆攻取之性也。知德者屬厭而已，不以嗜欲累其心，不以小害大、末喪本焉爾。正蒙。下同。○价按：此發明寡欲之義。○朱子曰：湛一，是未感物時，湛然純一，此是氣之本。攻取，如目之於色，耳之於聲[一二]，便是氣之欲。問：「攻取」是攻取那物否？曰：然。○施虹玉曰：「攻取」而曰性者，氣質之性也。若任此爲性，而義理之性反爲所累。惟知德者，於飲食臭味但取屬厭而已。屬，足也。厭，飽也。適可而止，無貪心也。不肯以嗜欲累其心。蓋心，大也、本也。嗜欲，小也、末也。不以小害大、末喪本，故如是耳。此知德者乃可以言盡性也。

纖惡必除，善斯成性矣；察惡未盡，雖善必粗矣。价按：上節「性」字以氣質言，此節「性」字以義理言。天命之性，粹然至善，一落形氣，便有物欲。省察克治之功，密之又密，纖細之惡必除，則純乎善而本然之性成矣。若僅去大段之惡，而纖惡之伏於隱微者察之有未盡，則除之必不力。雖云爲善，必夾雜而粗矣。

惡不仁，是不善未嘗不知。徒好仁而不惡不仁，則習不察、行不著。是故徒善未必盡義，徒是未必盡仁。好仁而惡不仁，然後盡仁義之道。价按：好仁，仁也。惡不仁，義也。仁義似相反而實相成，未有不合於義而可以言仁者也。顔子克己復禮，以義成仁也，非禮勿視、聽、言、動，有不善未嘗不知。惡不仁，正所以爲仁也。若徒好仁而不惡不仁，所習或未之察，所行或未之明，含糊苟且，無適無莫，而不能義之與比，是故徒善未必盡義，徒是未必盡仁。惟好仁而惡不仁，察惡必盡，纖惡必除，絶去不仁之事，不使少有及於其身。惟其義之盡，乃爲仁之至。好仁惡不仁，論語是言兩種人，張子自爲一説，以一人言之。○此二節發明遷善改過之義。

責己者當知無天下國家皆非之理，故學至於不尤人，學之至也。价按：此言人己之間當盡克己之功。常人之情，寬以責己，刻以責人，一若己獨是而人皆非，而不知其無是理也。君子正己而不求人，故學至於不尤人，學之至也。遯世無悶，不見是而無悶，惟「潛龍」之德能之。顔子犯而不校，亦庶幾焉。遇横逆三自反，抑亦其次也。

有潛心於道，忽忽爲他慮引去者，此氣也。舊習纏繞，未能脱灑，畢竟無益，但樂於舊習耳。价按：此下二節，言變化氣質之功。潛心於道而爲他慮引去，舊習纏繞者，不能持志，志不勝氣，而氣反動其志也。○胡敬齋曰：心在重處發，熟處難忘，那邊熟，心只從放那邊，是戀着舊習也。若非勇猛奮發，擇善固執，改革舊習，雖勉强操持，心未易收。古人欲得朋友與琴瑟簡編，常使心在於此。惟聖人知朋友之取益爲多，故樂得朋友之來。横渠論語説。○价按：朋友講習，相觀而善，琴瑟以調適性情，簡編以涵泳義理，優游漸漬，常使心在於此，則他慮不能引，而舊習可化矣。三者之益，朋友最多，有朋友講習，則意味浹洽，志氣感發，生機暢茂條達，有不知其何以然者。若獨學無友，則雖刻苦用功，終覺意思枯燥，此朋來之所以可樂也。

矯輕警惰。語録。下同。○价按：輕與惰皆出於氣。氣之輕者浮躁，矯之以厚重，而學始固。氣之惰者弛靡，警之以奮勉，而學乃進。○朱子曰：知有此病，必去其病，便是療之之藥。如覺言語多，便用簡默，意思疏闊，便加細密，覺得輕浮淺易，便須深沈厚重，所謂「矯輕警惰」也。

「仁之難成久矣！人人失其所好。」蓋人人有利欲之心，與學正相背馳，故學者要寡欲。价按：仁者，人心固有之德。所以難成者，失其秉彝之好，好所不當好。人人有利欲之心也，理欲互爲消長，利欲長一分，則天理消一分，與學正相背馳，仁何由成？學者要寡欲，欲寡則心存，心存則理得，而仁庶幾可成也。

君子不必避他人之言，以爲太柔太弱。至於瞻視亦有節，視有上下，視高則氣高，視下則心柔。故視國君者，不離紳帶之中。學者先須去其客氣。其爲人剛行，終不肯進。「堂堂乎張也，難與並爲仁矣。」价按：爲人剛行，則務外自高，務外則不能實心體道，自高則不能虛心求益，故不可輔而爲仁，亦不能有以輔人之仁也。蓋目者人之所常用，且心常託之，視之上下，且試之。己之敬傲，必見於視。所以欲下其視者，欲柔其心也。柔其心，則聽言敬且信。价按：傲即客氣，最爲惡德，象之惡，丹朱之不肖，亦只一「傲」字而已，學者所當深戒也。人之有朋友，不爲燕安，所以輔佐其仁。今之朋友，擇其善柔以相與，拍肩執袂以爲氣合，一言不合，怒氣相加。朋友之際，欲其相下不倦，故於朋友之間主其敬者，日相親與，得效最速。价按：朋友取其輔仁，非取其善柔。高傲者矜己陵人，喜諛惡規，規其過則曰是誣我，勸以善則曰爾何知，怒氣相加，反脣相稽，如讎敵然，何以輔仁？何以獲益？朋友之間，主其敬者以相與，然後可獲觀摩之益。仲尼嘗曰：「吾見其居於位也，與先生並行也，非求益者，欲速成者。」則學者先須温柔，温柔則可以進學。詩曰：「温温恭人，維德之基[一三]。」蓋其所益之多。价按：此節言克己之功，當戒高傲，學温柔。温柔則卑以自牧，虚以受人，乃可以進學，而爲修德之基。

世學不講，男女從幼便驕惰壞了[一四]，到長益凶狠。只爲未嘗爲子弟之事，則於其親，已有物我，不肯屈下。病根常在，又隨所居而長，至死只依舊。爲子弟則不能安灑掃應對，在朋友則不能下朋友，有官長則不能下官長，爲宰相則不能下天下之賢，甚則至於徇私意，義理都喪，也只爲病根不去，隨所居所接而長。人須一事事消了病，則義理常勝。价按：世學不講，家庭無善教育，庠序安得有賢子弟？爲父母者，溺愛子女，養成驕惰凶狠之性，於其親已有物我，不肯屈下，何有於他人？病根不去，隨在而長，爲子弟，接朋友，事官長，爲宰相，一以驕惰凶狠行之，徇私滅義，無所不至。學者須深察病根，力加克治，使義理勝其氣質，變凶狠爲温柔，然後可以進學而修德也。〇此節以「義理常勝」回應首章「乾乾不息於誠」，而「爲子弟之事」又以起下卷之意。

价按：自「横渠先生」至此爲一段，皆以發明「遷善改過」、「寡欲」、「克己」之義。

【校勘記】

［一］使私意漸漸消磨去矣　「使」，江本作「便」。

［二］施虹玉曰　「施」原作「旋」，據施本改。下文偶有此情形，不再出校。

［三］發而禁其煩躁妄誕則心得以安静專一　此句，施本作「發而煩躁妄誕則心不得安静專一矣」。

［四］不失何復之有　「何」上，葉本、江本有「則」字。

［五］惟知其不善　「知其」，葉本、江本作「其知」。

［六］然非中和之道　「道」，葉本、江本作「德」。

［七］有之而能制其情不行焉　「焉」原作「爲」，據葉本、江本改。

［八］不行者但制其末　「制其末」，茅本作「禁制之」。

［九］其進德庸可量乎　「量」，葉本作「既」。

［一〇］人言語緊急　「言語」，葉本、江本作「語言」。

［一一］無一毫作好作惡　「無」下，葉本有「有」字。

［一二］如目之於色耳之於聲　上下兩「於」字，江本皆作「欲」。

［一三］維德之基　「維」，葉本、江本作「惟」。

［一四］男女從幼便驕惰壞了　「便」原作「更」，據葉本、江本改。

近思録解義卷之六 凡二十二條

朱子曰：此卷「齊家之道」。价按：此卷以弟子之職、家人之道爲主，以「正倫理」、「篤恩誼」、「先嚴其身」爲總旨，以「順父母」、「友兄弟」、「謹夫婦」、「慈卑幼」、「御婢僕」爲分意，體似立綱。首節引起，下分四段發明。

伊川先生曰：弟子之職，力有餘則學文。不修其職而學文，非爲己之學也。經解。○价按：「弟子之職」承上卷末節之意，並以領起通篇。聖功基於蒙養，爲子弟者，宜力行孝弟、謹信、愛衆、親仁以盡其職，而後學詩、書、六藝之文，乃爲爲己之學。不修其職而學文，務外爲人，適以長其浮華而已，何以爲作聖之基乎！

孟子曰：「事親若曾子可也」，未嘗以曾子之孝爲有餘也。蓋子之身所能爲者，皆所當爲也。易傳。下同。○師九二傳。○价按：可者，僅可而有所未盡之辭。曾子事親，主於養志，其孝可謂至矣，而孟子止曰「可也」。蓋子之身，父母之身也，欲報之德，昊天罔極，身所能爲者，皆所當爲，縱十分盡力，猶恐未滿乎孝之量，無所謂有餘也。

「幹母之蠱，不可貞。」子之於母，當以柔巽輔導之，使得於義。不順而致敗蠱，則子之罪也。從容將順，豈無道乎？若伸己剛陽之道，遽然矯拂則傷恩，所害大矣，亦安能入乎？在乎屈己下意，巽順相承，使之身正事治而已。剛陽之臣事柔弱之君，義亦相近。蠱九二傳。○朱子曰：子幹母蠱，以剛承柔，而治其壞，當巽以入之也。○葉平巖曰：幹，治也。蠱，事之弊也。人子事親，皆當以承順爲主，使事得於理而已。然婦人柔暗，有難以遽曉，尤當以柔順行之[二]，比之事父有間矣。但爲矯拂而反害其所治之事，則子之過也。剛陽之臣事柔弱之君，若孟子於齊宣王，諸葛孔明於蜀後主是也。

蠱之九三，以陽處剛而不中，剛之過也，故小有悔。然在巽體，不爲無順。順，事親之本也。又居得正，故無大咎。然有小悔，已非善事親也。施虹玉曰：「此言幹父之蠱，不可過剛，亦當以承順爲主也，蓋承順事親之本也。九三過剛不中，未免有拂戾之嫌。然巽體得正，巽則可以制其過剛，正則可以救其不中。」故可以无大咎。然事親以順爲本，過剛而有小悔，則於事親之道未爲盡善也。

正倫理，篤恩義，家人之道也。家人彖傳。○价按：此二句一篇之大旨。「正倫理」即大學之「讓」，「篤恩義」即大學之「仁」，二者不可偏廢。篤恩義而不正倫理，則名分紊亂，而或至尊卑相陵；正倫理而不篤恩義，則情意乖離，而或至父子相夷。二者交盡，乃得家人之道。○問：今欲正倫理，則有傷恩義，欲篤恩義，又有乖於倫理，如何？朱子曰：須是於正倫理處篤恩義，篤恩義而不失倫理方可。

人之處家，在骨肉父子之間，大率以情勝禮，以恩奪義。惟剛立之人，則能不以私愛失其正理，故家人卦大要以剛爲善。家人六二傳。○价按：剛之爲道，事父母則不順，待妻子則得正。人於妻子，不患恩義之不篤，而患其姑息縱弛，以情勝禮，以恩奪義。惟剛立之人，則能不牽於私愛以失其正理。故家人卦以剛爲善，剛然後能整躬率物，而倫理可得而正也。

家人上九爻辭，謂治家當有威嚴，而夫子又復戒云，當先嚴其身也。威嚴不先行於己，則人怨而不服。价按：剛則治家有威嚴，所謂「威如之吉」也。然家之本在身，必先嚴以治身，言有物，行有恒，以爲一家之表率，然後家人有所嚴憚而不敢爲非，有所效法而勉於爲善。若不嚴於治身而但嚴於治家，則人怨而不服。所謂「身不修不可以齊其家」也。○先嚴其身，即大學「藏身之恕」，亦一篇之大旨也。

歸妹九二，守其幽貞，未失夫婦常正之道。世人以媟狎爲常，故以貞静爲變常，不知乃常久之道也。价按：嚴於治身，莫先於夫婦。夫婦居室，以貞静相處，乃爲可久之道。傳所謂「相敬如賓」，匡衡所謂「情欲之感，無介乎儀容；宴私之意，不形於動静」是也。若以媟狎爲常，則玩侮乖離，由此而生，非可常久之道也。夫婦人倫之始，貞静媟狎，而倫理之正與不正判焉矣。○朱子曰：男女居室，人事之至近，而道行乎其間。幽闇之中，衽席之上，人或褻而慢之，則天命有所不行矣。然非知幾慎獨之君子，其孰能體之？知言曰「道存乎飲食男女之事，而溺其流者不知其精」，又曰「接而知有禮焉，交而知有道焉。惟敬者能守而不失耳」，亦此意也。

世人多慎於擇壻，而忽於擇婦。其實壻易見，婦難知。所繫甚重，豈可忽哉？遺書。下同。○价按：男子在外，故性行易見。女子伏處閨中，故性行難知。奉舅姑，睦姊姒，相夫子，教子女，皆將責之於婦，故所繫甚重。關雎寤寐於淑女，傾城痛恨於哲婦，婦賢則家必興，不賢則家必敗，惡可忽而不慎擇之哉！○施虹玉曰：男女訂婚，大約十歲上下，便須留意。選擇當始自舊親，以及通家故舊，與里中名德故舊之門，切不可有所貪慕，攀附非偶。必擇孝弟之家世世有行仁義者，則婦之性行亦大略可知矣。价按：自「孟子曰事親」至此爲一段，言順以事親，嚴以治家，貞静以處夫婦之道。「正倫理」、「篤恩義」、「先嚴其身」，三句一篇之大旨，通篇皆發明此意。

人無父母，生日當倍悲痛，更安忍置酒張樂以爲樂？若具慶者可矣。价按：人無父母，生日悲痛，此人之至情也。「哀哀父母，生我劬勞」，而忍忘之耶。置酒張樂以爲樂，則隨俗習非，而忍於忘親矣。具慶謂父母俱存，則藉此以娱親可矣。

問：行狀云：伊川所作明道行狀。「盡性至命，必本於孝弟。」不識孝弟何以能盡性至命也？曰：後人便將性命别作一般事説了。性命、孝弟，只是一統底事，就孝弟中便可盡性至命。价按：此言盡孝弟之道便可盡性至命也。後人將性命、孝弟歧而爲二，以孝弟爲粗迹，以性命爲精微，此不知道之言也。性命、孝弟，是一統事。孟子曰：「仁之實事親是也，義之實從兄是也。」仁義即性命也，而其實即在事親從兄之間，存之於心爲性命，見之於事爲孝弟。由孝弟便可盡性至命，本末精粗，一以貫之。朱子所謂「如舜之孝，王季之友」是也。如灑掃應對與盡性至命，亦是一統底事，無有本末，無有精粗，价按：灑掃應對與盡性至命，似有本末精粗之分，然亦是一統事。灑掃應對之事，程子所謂「其然」，形下之器也，末也，粗也。其理則程子所謂「所以然」，形上之道也，本也，精也。道外無器，器外無道，形上之道即寓於形下之器，初無本末精粗之可言也。卻被後來人言性命者，別作一般高遠說。故舉孝弟，是於人切近者言之。然今時非無孝弟之人，而不能盡性至命者，由之而不知也。价按：後人以性命爲高遠，別爲玄妙之說，而不知求諸人倫日用之實，故舉最切近之孝第言之。然今時非無孝弟之人，而行不著，習不察，由之而不知其道，故不能推而極之，盡性以至於命也。

問：第五倫視其子之疾與兄子之疾不同，自謂之私，如何[二]？曰：不待安寢與不安寢，只不起與十起，便是私也。父子之愛本是公，才著些心做，便是私也。本注：後漢第五倫傳：或問倫曰：「公有私乎？」對曰：「吾兄子嘗病，一夜十起，退而安寢。吾子有疾，雖不省視，而竟夕不眠。若是者豈可謂無私乎？」○价按：此言慈幼之道。兄弟之子與己子，當視之如一，出於至公，而不可參以私也。○葉平巖曰：事物各有自然之理，不容安排。父子之愛天性，今子疾不視，而十起於兄子，豈人情哉？著意安排，即是私矣。又問：視己子與兄子有間否？曰：聖人立法，曰「兄弟之子猶子也」，是欲視之猶子也。江慎修曰：喪服，兄弟之子與己之衆子皆期服。又問：天性自有輕重，疑若有間然？曰：只爲今人以私心看了。孔子曰：「父子之道，天性也。」此只就孝上說，故言父子天性。若君臣、兄弟、賓主、朋友之類，亦豈不是天性？只爲今人小看卻，不推其本所由來故爾。己之子與兄之子，所争幾何？是同出於父者也。只爲兄弟異形，故以兄弟爲手足。人多以異形故，親己之子異於兄弟之子，甚不是也。价按：問者所謂天性，從形骸上起見，乃人欲之私，非天理之本然也。故程子斥之。又問：孔子以公冶長不及南容，故以兄之子妻南容，以己之子妻公冶長。何也？曰：此亦以己之私心看聖人也。凡人避嫌者，皆内不足也。聖人自至公，何更避嫌？凡嫁女，各量其才而求配，或兄之子不甚美，必擇其相稱者爲之配，己之子美，必擇其才美者爲之配，豈更避嫌耶？若孔子事，或是年不相若，或時有先後，皆不可知。以孔子爲避嫌，則大不是。如避嫌事，賢者且不爲，況聖人乎？朱子曰：聖人正大，道理合做處便做，何用避嫌？○問程子避嫌之説。曰：合當委曲，便是道理當如此，且如避嫌亦不能無。如做通判與太守是親戚，也合當避嫌。第五倫之事，非不見得如此，自是常有這心在，克不去。今人這樣甚多，只是徇情恁地去，少間將這個做正道理了，大是害事。所以古人於正心誠意上更著工夫[三]，正怕到這處。程子所謂「凡人避嫌者，皆由内不足」，實是如此。

問：孀婦於理似不可取，如何？曰：然。凡取以配身也。若取失節者以配身，是己失節也。又問：或有孤孀貧窮無託者，可再嫁否？曰：只是後世怕寒餓死，故有是説。然餓死事極小，失節事極大。价按：此申言夫婦之義。取失節者，即是己失節，自愛者所不爲也。世俗中年喪耦必再娶，老年喪耦必覓媼自侍。或爲子者覓媼以奉其父，則人争譽之爲孝。甚矣，惡俗之難挽也！易著「從一」，詩録柏舟，春秋書叔姬歸酅，聖人之重節義如是。程子言「餓死事小，失節事大」，以羞惡之本心，決生死之取舍，至理名言，有功名教。章炳麟氏乃訾爲一言以爲不知，奇衺之士從而和之，斥三從爲妖説，謂女子必廣交遊，夫死不嫁爲悖中道。蕩滅婦女之廉耻，驅而納諸禽獸之域，誠不知其何心也！

病卧於牀，委之庸醫，比之不慈不孝。事親者亦不可不知醫。外書。下同。○价按：病卧於牀，生死存亡所關，延醫診治，宜如何詳審鄭重！若漫不經心，委之庸醫，必至誤用藥而傷人，於祖爲不慈，於親爲不孝，故事親者不可以不知醫。○程子嘗云「必須識醫藥之道理，病是何如，藥當如何，然後可任醫者」，又曰「未能盡醫者之術，如自己曾學，令醫者説道理，便自見得。或己有所見，亦要與他商量」，正謂此也。

程子葬父，使周恭叔主客。客欲酒，恭叔以告。先生曰：「勿陷人於惡。」周行己，字恭叔。○价按：喪事用酒肉款賓，最爲相沿惡習，滔滔流俗，恬不爲怪。守禮之君子，所宜亟思變革也。○朱子曰：喪葬之時，只當以素食待客。祭饌葷食只分與僕從，或曰與無服之親，可也。

買乳婢，多不得已。或不能自乳，必使人。然食己子而殺人之子，非道。必不得已，用二子乳食三子，足備他虞。或乳母病且死，則不爲害，又不爲己子殺人之子，但有所費。若不幸致誤其子，害孰大焉？葉平巖曰：幼吾幼以及人之幼，其慮之周如此。○价按：此慈幼之心所推，仁者以其所愛及其所不愛，故不敢惜小費，以致誤殺人之子。推是心也，即以保四海、育萬物可也。又按，有子而使人乳之，擇人甚難。苟不得人，不惟有損於子之性行，並有害於子之身體，種種危險，未易殫述。苟非萬不得已，雖富厚之家，總以有子自乳爲宜。价按：自「人無父母」至此爲一段，申言孝、弟、慈之理。孀婦理不可取，夫死不宜再嫁，推言夫婦之道。

先公太中諱珦，字伯温。前後五得任子，以均諸父子孫。嫁遺孤女，必盡其力。所得俸錢，分贍親戚之貧者。伯母劉氏寡居，公奉養甚至。其女之夫死，公迎從女兄以歸，教養其子，均於子姪。既而女兄之女又寡，公懼女兄之悲思，又取甥女以歸，嫁之。問：取甥女歸嫁一段，與前孤孀不可再嫁相反，何也？朱子曰：大綱恁地，但人亦有不能盡者。時小官禄薄，克己爲義，人以爲難。公慈恕而剛斷，平居與幼賤處，惟恐有傷其意，至於犯義理則不假也。左右使令之人，無日不察其饑飽寒煗。价按：此述太中公之事，以爲齊家之法。克己爲義，先嚴於身也。於奉伯母見其孝；於均任子、迎從女兄，見其友；於遺孤女、嫁甥女，見其慈。慈恕故能篤恩義，剛斷故能正倫理。犯義理不假，則無不正之倫理。左右使令，日察其饑飽寒煖，則無不篤之恩義。娶侯氏。侯夫人事舅姑以孝謹稱，與先公相待如賓客。先公賴其內助，禮敬尤至。而夫人謙順自牧，雖小事未嘗專，必禀而後行。仁恕寬厚，撫愛諸庶，不異己出。從叔幼孤，夫人存視，常均己子。治家有法，不嚴而整。不喜笞扑奴婢，視小臧獲如兒女。男僕曰臧，女僕曰獲。諸子或加呵責，必戒之曰：「貴賤雖殊，人則一也。汝如是大時，能爲此事否？」先公凡有所怒，必爲之寬解，唯諸兒有過，則不掩也。常曰：「子之所以不肖者，由母蔽其過而父不知也。」夫人男子六人，所存惟二，其慈愛可謂至矣，然於教之之道，不少假也。纔數歲，行而或踣，家人走前扶抱，恐其驚啼。夫人未嘗不呵責曰：「汝若安徐，寧至踣乎！」飲食常置之坐側。嘗食絮羹，皆叱止之，曰：「幼求稱欲，長當何如？」江慎修曰：絮羹，嫌味薄，復以厚味調和也。絮，摛慮切。嘗食與絮羹，二事，皆求詳於味。他本作「嘗食絮羹[四]，即叱止之」者非。雖使令輩，不得以惡言罵之。故頤兄弟平生於飲食衣服無所擇，不能惡言罵人，非性然也，教之使然也。與人爭忿，雖直不右，曰：「患其不能屈，不患其不能伸。」及稍長，常使從善師友遊，雖居貧，或欲延客，則喜而爲之具。夫人七八歲時，誦古詩曰：「女子不夜出，夜出秉明燭。」自是日暮則不復出房閤。既長，好文，而不爲辭章，見世之婦女以文章筆札傳於人者，則深以爲非。文集。○价按：此述侯夫人之事，以爲治家之法。事舅姑以孝謹，相夫子以謙順。仁恕寬厚，恩義之所以篤也。不嚴而整，倫理之所以正也。「不喜笞扑奴婢」以下，御下以恩也。「諸兒有過」以下，教子以義也。日暮不出，不爲辭章，先嚴於身也。价按：此節自爲一段，引太中公、侯夫人之事，以徵孝弟慈之實。

橫渠先生嘗曰：事親奉祭，豈可使人爲之？行狀。○价按：事親而使人代爲，則無以盡孺慕之忱，何以得父母之歡心？奉祭而使人代爲，則無以盡如在之誠，何以致鬼神之來享？

舜之事親有不悦者，爲父頑母嚚，不近人情。若中人之性，其愛惡略無害理，必姑順之[五]。親之故舊所喜者，須極力招致，以悦其心[六]。凡於父母賓客之奉，必極力營辦，亦不計家之有無。然爲養又須使不知其勉强勞苦，苟使見其爲而不易，則亦不安矣。横渠記説。○价按：此言事親以順爲主，亦前章程子之意也。孔子曰：「父母其順矣乎？」子思子曰：「順乎親有道。」孟子曰：「惟順於父母可以解憂。」聖賢論事親，皆以順爲主。然順親亦有淺深，順乎親之心猶易，使親順乎理則難。朱子解「得親」、「順親」曰：「得者，曲爲承順以得其親之悦而已。順則有以諭之於道，心與之一而未始有違，尤人所難也。」舜之所以爲大孝者，父頑母嚚，而卒能底豫允若，順親而非僅得親。程、張所言，猶是得親之事，未及乎舜之順親也。然苟能如是，則亦足以養父母之志，而可謂之孝矣。

斯干詩言：「兄及弟矣，式相好矣，無相猶矣。」言兄弟宜相好，不要相學。猶，似也。人情大抵患在施之不見報則輟，故恩不能終。不要相學，己施之而已。詩説。下同。○价按：兄弟之道，宜相好不宜相學。兄友弟恭，天性也。吾但盡吾之天性，以施之於彼而已。至彼之報與否，則不必問也。兄勿以弟之不恭而弛其友，弟勿以兄之不友而弛其恭，則天性可全，而恩義日篤矣。象日以殺舜爲事，而舜之友愛愈篤，象憂亦憂，象喜亦喜，聖人所以爲人倫之至也。人能以舜爲法，又安有不和之兄弟哉？

「人不爲周南、召南，其猶正牆面而立。」常深思此言，誠是。不從此行，甚隔著事，向前推不去。蓋至親至近，莫甚於此，故須從此始。价按：此言夫婦之道。周南、召南所言修身齊家之事，皆造端於夫婦。

夫婦，人倫之始，萬化之原，至親至近，莫甚於此。主敬存誠之功，先從夫婦居室着力，隱微幽獨之地，不弛其戒慎恐懼，則狎侮無自而生，乖違無自而起。夫婦之倫既正，則父子兄弟之倫亦易正矣。若不從此着力，則夫婦之道乖，身不修，家不齊，譬猶正牆面而立，一物無所見，一步不可行矣。

婢僕始至者，本懷勉勉敬心，若到所提掇更謹，則加謹，慢則棄其本心，便習以性成[七]。故仕者入治朝則德日進，入亂朝則德日退，只觀在上者有可學無可學爾。語録。○价按：此言馭婢僕之法。婢僕就役於人，始至之時，本懷敬勉之心。爲主人者，若能慈以畜之，而不涉於姑息，莊以涖之，而不啓其輕侮，時時就其本心提掇而警覺之，則彼必益加恭謹，而不敢怠於所事。若惰慢縱弛，則彼且棄其本心，而不可使令矣。仕者入治朝，則上有可學，而德日進；入亂朝，則上無可學，而德日退，其理亦猶是也。待婢僕者，亦惟先自正其身，御之有道，使彼有可學，斯善矣。○此節以「學」字回應篇首，以「仕者入治朝」起下卷「出處進退」之意。价按：自「横渠先生」至此爲一段，言順父母、友兄弟、謹夫婦、待婢僕之道。

【校勘記】

[一] 尤當以柔順行之 「順」，葉本作「巽」。

[二] 如何 「何」原作「可」，據葉本、江本改。

[三] 所以古人於正心誠意上更著工夫 「著」，江本作「做」。

〔四〕他本作嘗食絮羹　「嘗」，江本作「常」。

〔五〕必姑順之　「必姑」，葉本、江本作「姑必」。

〔六〕以悦其心　「心」，葉本作「親」。

〔七〕便習以性成　「性成」，葉本作「成性」。

近思録解義卷之七

凡三十九條

朱子曰：此卷「出處進退辭受之義」。价按：此卷以賢者之進退當待而不當求爲主，以守正志、見實理爲總旨，以道義命利爲分意。體似段落，共分五段。

伊川先生曰：賢者在下，豈可自進以求於君？苟自求之，必無能信用之理。古人之所以必待人君致敬盡禮而後往者，非欲自爲尊大，蓋其尊德樂道之心不如是，不足與有爲也。易傳。下同。○蒙彖傳。○价按：此節以賢者之進承上卷末節「仕者入治朝」之意，以不求而待領起通篇。賢者德修於己，可以用世，其進也將以行道也。干進自求，必無能信用之理，枉己者未有能直人者也。子貢言求賈，夫子言待賈，出處之際，但當待而不當求。古人所以必待人君致敬盡禮而後往者，初非高其聲價，自爲尊大。蓋人君必有尊德樂道之誠心，乃能行吾之道，否則不足與有爲。伊尹必待成湯三聘，而後相以伐夏；武侯必待昭烈三顧，而後許以馳驅，正爲此也。

君子之需時也，安靜自守，志雖有須，而恬然若將終身焉，乃能用常也。雖不進而志動者，不能安其常也。需初九傳。○价按：此承上節「待」字而言。施虹玉曰：「賢者既不自進以求於君，則藏器於身，待時而動，此其常也。孔子對哀公曰：『儒有席上之珍以待聘，夙夜强學以待問，懷忠信以待舉，力行以待取。其自立有如此者。』儒行十六，而自立爲首，則其需時也。定静自守，而後可以言自立，可以言用常。若不進而志動，則不能安其常矣，烏能自立哉？」孫氏曰：「人惟中無常主，或爲才能所使，或爲意氣所動，或爲事勢所激，雖犯險難而亦進，所以不失常爲難。」

比：「吉，原筮，元永貞，无咎。」傳曰：人相親比，必有其道，苟非其道，則有悔咎。故必推原占決其可比者而比之，所比得元永貞，則无咎。元謂有君長之道，永謂可以長久[二]，貞謂得正道。上之比下，必有此三者，下之從上，必求此三者，則无咎也。价按：君子安静需時，時之既至，可相親比，而必有其道焉。比非其道，則有悔咎，必推原而思之愼，占決而辨之明，擇其有元善、永常、貞正合於道者而比之。元謂體仁足以長人，有人君之道。永謂可以長久，不至凶終隙末。貞謂得其正道，非同邪媚苟合。上下相比，皆必有此三者，乃可无咎。

履之初九曰：「素履，往无咎。」傳曰：夫人不能自安於貧賤之素，則其進也，乃貪躁而動，求去乎貧賤耳，非欲有爲也。既得其進，驕溢必矣，故往則有咎。賢者則安履其素，其處也樂，其進也將有爲也，故得其進則有爲而無不善。若欲貴之心與行道之心交戰於中，豈能安履其素乎？价按：親比以道，又必率其素履，乃能有爲而行其道也。人不能安於貧賤之素，躁動求進，以求去乎貧賤，未得進而牢騷，既得進而驕溢，安能有爲？故往則有咎。夫居仁由義，賢者素所履也，率其素履以往而不變塞焉。其處也樂，既不以貧賤而移，其進也有爲，亦不以富貴而淫。有爲而無不善，所謂「達不離道」也。若欲貴之心與行道之心交戰於中，中先自亂，安能不變其素履乎？

大人於否之時，守其正節，不雜亂於小人之群類，身雖否而道之亨也。故曰：「大人否亨。」不以道而身亨，乃道否也。否六二傳。○价按：欲行道而道不得行，否之時也。大人當此，直道而行，守其正節，不亂於小人之群，身雖否而道自亨。若枉道從人，與小人爲群，以苟一日之禄，則名節掃地，身雖亨而道則否矣。○葉平巖曰：身之否亨由於時，道之否亨由乎我。大人者，身有否而道無否也。○朱子答趙昌甫曰：吾人當此時節，只有「固窮」兩字是着力處，如其不然，則墜坑落塹，無有是處矣。尤是文士巧於語言，爲人所悦，易入邪徑，如近世陳無己之不見章雷州，吕居仁之不答梁師成，蓋絶無而僅有之，爲可貴也。蓋固窮者，大人之否亨也，小人窮斯濫，身雖亨而道否矣。

人之所隨，得正則遠邪，從非則失是，無兩從之理。隨之六二，苟係初則失五矣，故象曰「弗兼與也」，所以戒人從正當專一也。价按：不亂小人之群，從正而不從邪也。邪正是非，不容並立，無兩從之理。六二陰柔，見理不明，持守不固，係初九之小子，失九五之丈夫。象曰「弗兼與」，戒人從正當專一，不可以不慎擇也。○高氏曰：里克之中立，鄧析之兩可，壞名喪節，多由於此，可不戒哉？

君子所貴，世俗所羞；世俗所貴，君子所賤。故曰：「賁其趾，舍車而徒。」賁初九傳。○价按：人之苟於隨者，欲貴之心勝，而忘在己之良貴耳。君子所貴，與世俗異，不以勢位爲貴，而以道義爲貴，賤世俗之所貴，而貴世俗之所賤，以此自責於下，寧舍非道之車，而安於合道之徒步也。

蠱之上九曰：「不事王侯，高尚其事。」象曰：「不事王侯，志可則也。」傳曰：士之自高尚，亦非一道。有懷抱道德，不偶於時而高潔自守者；有知止足之道，退而自保者；有量能度分，安於不求知者；有清介自守，不屑天下之事，獨潔其身者。所處雖有得失小大之殊，皆自高尚其事者也。象所謂「志可則」者，進退合道者也。价按：「舍車而徒」，則不事王侯而高尚其事矣。士之自高尚，亦非一道。葉平巖曰：「懷抱道德，伊尹、太公是也。知止足之道，張良、疏廣是也。量能度分，徐穉、申屠蟠是也。清介自守，嚴光、周黨是也。象謂『志可則』者，蓋指懷抱道德、進退合義者言也。」

遯者，陰之始長，君子知微，固當深戒。而聖人之意，未便遽已也，故有「與時行」、「小利貞」之教。聖賢之於天下，雖知道之將廢，豈肯坐視其亂而不救？必區區致力於未極之間，强此之衰，艱彼之進[二]，圖其暫安。苟得爲之，孔、孟之所屑爲也，王允、謝安之於漢、晉是也。价按：進退合道，道不得行則當遯。遯卦二陰始長，君子知微，不可以不遯。而聖人之意，猶未欲使之遽遯也。聖人有周萬物之智，尤有濟天下之仁，道之不行，已知之矣，而天下滔滔，豈肯坐視？不可而猶爲，莫知而不已。竭誠盡智，致力於未極之間，强此之衰，以扶君子，艱彼之進，以抑小人。苟得爲之，孔、孟所屑爲也。王允、謝安值漢、晉之衰亂，而欲扶持之，亦略得聖賢之意者也。

明夷初九，事未顯而處甚艱，非見幾之明不能也。如是則世俗孰不疑怪？然君子不以世俗之見怪而遲疑其行也。若俟衆人盡識，則傷已及而不能去已。价按：當遯而猶不遽遯，固貴有救亂之心。當遯而決於必遯，尤貴有見幾之哲。葉平巖曰：「初九傷猶未顯，而曰『君子于行，三日不食』，蓋知幾而去之速，處人之所難而不疑也。楚王戊不設醴酒，而穆生去之，曰：『不去，楚人將鉗我於市。』當時雖申公之賢，猶以爲過。其後申公受胥靡之辱，至是欲去而不得矣。」价按：自首至此爲一段，言賢者在下，當待而不當求。守其正志，進退以道，身進則道在必行，道屈則身在必退。

晉之初六，在下而始進，豈遽能深見信於上？苟上未見信，則當安中自守，雍容寬裕，無急於求上之信也。苟欲信之心切，非汲汲以失其守，則悻悻以傷於義矣。故曰：「晉如摧如，貞吉。罔孚，裕，无咎。」然聖人又恐後之人不達寬裕之義，居位者廢職失守以爲裕，故特云初六裕則无咎者，始進未受命當職任故也。若有官守，不信於上而失其職，一日不可居也。然事非一概，久速惟時，亦容有爲之兆者。价按：在下始進，交隔勢疏，豈遽能見信於上？當安於義命，自守其正，雍容寬裕，無急於求上之信，則吉而无咎。若欲信之心切，汲汲以失其守，如寇萊公之以天書再進，悻悻以傷於義，如賈生出爲長沙太傅，而鬱鬱自傷，皆咎也。聖人恐人以寬裕廢職，故言六之「裕无咎」者，乃未受命當職任之故，非有官守者所當然也。○江氏慎修曰：裕者不急進，亦不遽退。孟子所謂「無官守言責，則吾進退綽綽然有餘裕」者也。兆，事之端。爲之兆，謂若孔子之不去魯，示以道有可行之端也。

不正而合，未有久而不離者也。合以正道，自無終睽之理。故賢者順理而安行，智者知幾而固守。睽六三傳。○价按：安裕自守，不急求合也。不正而合，合以利，不合以義，未有久而不離者。合以正道，以義相與，自無終睽之理。賢者順事理之宜，安而行之，無心求合。智者知事幾之微，固守己志，不苟求合。皆所謂裕也，皆義之當然也。

君子當困窮之時，既盡其防慮之道而不得免，則命也。當推致其命，以遂其志。知命之當然也，則窮塞禍患不以動其心，行吾義而已。苟不知命，則恐懼於險難，隕穫於窮戹，所守亡矣，安能遂其爲善之志乎？困象傳。○价按：固守由於見幾，則識尚矣。君子當困窮之時，亦安於命而已。然當推致其命，始可以遂其志。程傳解作「推致」，以識言。本義解作「委致」，以守言。識定然後守定。知命之當然，識之定也。窮塞禍患不以動其心，行吾義而已，守之定也。不知命則無識，遇險難則恐懼，處窮戹則墜落，而所守亡矣。安能遂其爲善之志乎？隕穫，謂爲窮戹所壓，而顛墜消落。

寒士之妻，弱國之臣，各安其正而已。苟擇勢而從，則惡之大者，不容於世矣。价按：忠臣不事二主，烈女不更二夫。寒士之妻，弱國之臣，皆有命焉。知命之當然，亦各安於義之正而已。苟擇勢而從，則不如貧家之犬，尚知戀主，惡之大者也。朱買臣之妻，下堂求去，貽羞千古。韓非欲覆其宗，卒殺其身，千古有明鑒矣。

井之九三，渫治而不見食，乃人有才智而不見用，以不得行爲憂惻也。蓋剛而不中，故切於施爲，異乎「用之則行，舍之則藏」者矣。价按：人宜各安其正，非特擇勢而從爲不可，即求用太急亦不可。人有才智而不見用，每以不得行爲憂惻。蓋剛而不中，才有餘而德不足，汲汲求進，切於施爲，以思自展其才，義之當否有不暇計，若賈生之痛哭流涕是也。聖人用行舍藏，進以禮，退以義，非才智之士所及知也。

革之六二，中正則無偏蔽，文明則盡事理，應上則得權勢，體順則無違悖。時可矣，位得矣，才足矣，處革之至善者也。必待上下之信，故「巳日乃革之」也。如二之才德，當進行其道，則吉而无咎也。不進則失可爲之時，爲有咎也。价按：人欲有所施爲，必有其時、有其位、有其才，而後可進而有爲。革之六二，中正而無偏蔽，文明而盡事理，則有其才；應上而得權勢，則有其位；體順而無違悖，則有其時。時可、位得、才足，處革之至善者也。夫未信而諫，則上以爲謗。未信而勞，則下以爲厲。必待上下盡信而後革，故「巳日乃革之」，謹之至也。如是而進行其道，則吉而无咎，不進則失時而有咎矣。

鼎之「有實」，乃人之有才業也。當慎所趨向，不慎所往，則亦陷於非義。故曰：「鼎有實，慎所之也。」鼎九二傳。○价按：人之有才業者，未值可爲之時而急於有爲，往往不慎所趨向，陷於非義，身敗名裂，貽譏千古。若班固之於竇憲，蔡邕之於董卓，荀彧之於曹操，皆是也。

士之處高位，則有拯而無隨。在下位，則有當拯，有當隨，有拯之不得而後隨。艮六二傳。○价按：此言士之居位，或拯或隨，皆酌於義而已。葉平巖曰：「在上位者，當以正君定國爲己任，故有拯而無隨。在下位者，職守所在，是當拯也。職所不及，是當隨也。又有拯之不得而後隨者，如孔子嘗從大夫之列，故請討陳恒，然不在其位，則亦隨之而已。」

「君子思不出其位」，位者所處之分也。萬事各有其所，得其所則止而安。若當行而止，當速而久，或過或不及，皆出其位也，況踰分非據乎？艮象傳。○价按：或拯或隨，各視其位，位之所在即義之所在。「君子思不出其位」，位者所處之分也。大而綱常名教，小而事物細微，各有義理當然之極，爲人所當止之位。人能止所當止，隨遇而安，自無出位之譏。若當行而止，當速而久，或過或不及，皆爲出位。況踰越常分，據非所據，又爲出位之尤者乎！

人之止，難於久終，故節或移於晚，守或失於終，事或廢於久，人之所同患也。艮之上九，敦厚於終，止道之至善也。故曰：「敦艮吉。」价按：人之安於所止，暫易而久難，始易而終難。艮之上九，有陽剛之德，敦厚於終，安於義理之當然，歷久不變，物莫能奪，止道之至善者也。

中孚之初九曰：「虞吉。」象曰：「志未變也。」傳曰：當信之始，志未有所從，而虞度所信，則得其正，是以吉也。志有所從，則是變動，虞之不得其正矣。价按：人之所止，當要其終。人之相信，貴慎其始。虞，度也。中孚之初，志未有他，虚静無私，當酌之於義。度其可信者而信之，則因不失親，得正而吉。若有他志，則中有私係，變動而失其正矣。价按：自「晉之初六」至此爲一段，言君子出處進退皆決之於義。安其正命，篤志固守，而不可少變也。

賢者惟知義而已，命在其中。中人以下，乃以命處義。如言「求之有道，得之有命，是求無益於得」，知命之不可求，故自處以不求。若賢者則求之以道，得之以義，不必言命。遺書。下同。

○价按：賢者惟知義之當然，而無計較利害之私。義之所在，即命之所在，故曰「命在其中」。中人不知義之當然，但能知命之有定而不敢妄求，則亦可不大悖於義，故曰「以命處義」。葉平巖曰：「命雖定於事物之先，實顯於事物之後。義雖因事物而有，實著於應酬之時。如去就辭受要決於義[三]，而後命從之以顯。苟欲以命決之[四]，可乎？故君子求之道義而已，命不必言也。」

人之於患難，只有一個處置，盡人謀之後，卻須泰然處之。有人遇一事，則心心念念不肯捨，畢竟何益？若不會處置了放下，便是無義無命也。葉平巖曰：人遇患難，但當慎所以處之之道[五]，所謂義也。若夫處置之後在己無闕，則亦安之而已，成敗利鈍亦無如之何，所謂命也。或遇事而不能處，是無義也。或處置了不能放下，是無命也。

門人有居太學而欲歸應鄉舉者。問其故，曰：「蔡人尠習戴記，決科之利也。」先生曰：「汝之是心，已不可入於堯舜之道矣。夫子貢之高識，曷嘗規規於貨利哉？特於豐約之間不能無留情耳。且貧富有命，彼乃留情於其間，多見其不信道也。故聖人謂之『不受命』。有志於道者，要當去此心而後可與語也。」价按：人之不能安於義命者，動於利也。得失有命，居太學則應舉於京可矣，乃因蔡人尠習戴記，而欲歸應鄉舉，以求決科之利。「不知命無以爲君子」，有計利之心，即不可入於堯舜之道矣。子貢貨殖，留情豐約之間，信道不篤，故聖人謂之「不受命」。有志於道者，必盡去其計利之心，而後能以義命自安，可與語道也。

人苟有「朝聞道，夕死可矣」之志，則不肯一日安於所不安也。何止一日，須臾不能。如曾子易簀，須要如此乃安。价按：人之不信道者，由於實理之未見。道者事物當然之理，實見其理，而無毫髮之疑，始可謂之聞道。不聞道雖久生何益，聞道雖夕死無憾。人苟有「朝聞道，夕死可矣」之志，則必不使不仁者加乎其身，安肯一日安於所不安？如曾子臨歿，生死呼吸之際，而不肯安於大夫之簀，必易之而後安也。○朱子曰：程子引易簀之事，蓋以道之重於生明正之安於死。言有夫子所言之志，而後能有曾子所處之事耳。非以聞道便爲得正，亦非以聞道而得正者便無餘事而可以死也。人不能若此者，只爲不見實理。實理者，實見得是，實見得非。价按：人之安於所不安者，只爲未見實理，理無不實，而人之見有未實。實見，即程子所謂「真知」也。實見得是，真知善之當爲，必爲之而後安。實見得非，真知惡之當去，必去之而後安，又焉肯一日安於所不安哉？凡實理得之於心自別，若耳聞口道者，心實不見。若見得，必不肯安於所不安。人之一身，儘有所不肯爲，及至他事又不然。若士者，雖殺之，使爲穿窬必不爲，其他事未必然。至如執卷者，莫不知説禮義，又如王公大人，皆能言軒冕外物，及其臨利害，則不知就義理，卻就富貴。如此者只是説得，不實見。及其蹈水火，則人皆避之，是實見得。須是有「見不善如探湯」之心，則自然别。昔曾經傷於虎者，他人語虎，則雖三尺童子，皆知虎之可畏，終不似曾經傷者神色懾懼，至誠畏之，是實見得也。价按：實理得之於心，知之真斯行之力，安於所當安，必不肯安於所不安。耳聞口道者，道聽塗説，並無真見實得，故平日亦知説禮義，及臨利害，則不知就義理而就富貴。人之見理，必如曾經傷於虎者神色懾懼，至誠畏之，然後乃爲實見也。○朱子曰：致知便要窮究徹底，真見得決定如此。程子虎傷之譬甚好。得之於心，是謂有德，不待勉强。然學者則須勉强。价按：實理得之於心，真知而篤好之，如惡惡臭，如好好色，何待勉强？在初學則須勉强，然後可望有實得也。○朱子曰：這「不待勉强」，不是不勉而中，從容中道，只是見得通透，做得順便，如所謂「樂循理」意思。古人有捐軀隕命者，若不實見得，則烏能如此？須是實見得生不重於義，生不安於死也。故有殺身成仁，只是成就一個是而已。价按：死生亦大矣，人之捐軀殞命者，實見得義重於生，死安於生，生則一日不能安，必死而後安，乃能如是耳。殺身成仁、舍生取義、心安理得，只成就一個是而已。○葉平巖曰：此章反覆推明實見之理，最爲親切。學者要亦察理之明，立志之剛，知行並進，豁然有悟，然後所見爲實見。充其所見，死生利害均不足以移之矣。

孟子辨舜、跖之分，只在義利之間。言間者，謂相去不甚遠，所爭毫末爾。義與利，只是個公與私也。纔出義，便以利言也。只那計較，便是爲有利害。若無利害，何用計較？利害者，天下之常情也。人皆知趨利而避害，聖人則更不論利害，惟看義當爲不當爲，便是命在其中也。价

按：義利之間，相去只爭毫末，必實理有得於心，乃能辨其公與私也。張南軒曰：「無所爲而爲之者義也，有所爲而爲之者利也。」葉平巖曰：「義之與利，始於毫釐之差，實則霄壤之判。有心於計較利害者，即是人欲之私，有所爲而爲者也。不論利害，惟義所在者，即是天理之公，無所爲而爲者也。聖人惟義之從，固不論利害，況義如是則命亦當如是，又何趨避之有？」

大凡儒者，未敢望深造於道，且只得所存正，分別善惡，識廉耻。如此等人多，亦須漸好。价

按：見得實理，惟義之從，深造於道者也，未易遽望之學者也。但只心術趨向所存者正，分別善惡而有識見，識廉耻而有操守，此等人多，亦須漸好。

趙景平問：「子罕言利」，所謂利者何利？曰：不獨財利之利，凡有利心便不可。如作一事，須尋自家穩便處，皆利心也。聖人以義爲利，義安處便爲利。如釋氏之學，皆本於利，故便不是。朱子曰：程子謂「作一事須尋自家穩便處，皆利心」，如此則善利之間相去毫髮，苟辨之不明，其不反以利爲善者鮮矣。〇問：「義安處便爲利」，只是當然而然便安否？曰：是也。只萬物各得其分便是利。君得其爲君，臣得其爲臣，父得其爲父，子得其爲子，何利如之！此利字即易所謂「利者義之和」，利便是義之和處。義截然不可犯似不和，分別後萬物各得其所

便是和。不和生於不義，義則和而無不利矣。○葉氏曰：釋氏惡死，則欲無生，惡物欲亂心，則滅絶人倫。推其本心，惟欲利己而已，是賊義之大者。

問：邢七久從先生，想都無知識，後來極狼狽。先生曰：謂之全無知則不可，只是義理不能勝利欲之心，便至如此。邢七，邢恕也。附章惇爲惡，見宋史奸臣傳及語録。○价按：聰明才智之士，從師受學之初，非必全無知識，惟一入仕途，富貴念重，操守不定，義理之心日微，利欲之心日熾，遂至附炎趨勢，無惡不作。君子之學所以貴於有識，尤必貴有守也。

謝湜自蜀之京師，過洛而見程子。子曰：「爾將何之？」曰：「將試教官。」子弗答。湜曰：「何如？」子曰：「吾嘗買婢，欲試之，其母怒而弗許，曰：『吾女非可試者也。』今爾求爲人師而試之，必爲此媪笑也。」湜遂不行。价按：教官一職，所關綦重，士之有道有德者，朝廷命以此官，然後可爲人師。若教官而以考試得之，是急於利禄，而不計義之可否，何以爲人師哉？昔之訓導、教諭，出自捐納，今之校長、教員，出自運動，卑汙苟賤，廉耻掃地，使程子見之，又將以爲何如也？

先生在講筵，不曾請俸。諸公遂牒户部，問不支俸錢。户部索前任歴子，先生云：「某起自草萊，無前任歷子。」本注：舊例，初入京官時，用下狀，出給料錢歷。先生不請，其意謂朝廷起我，便當「廩人繼粟，庖人繼肉」也。○按，先生元祐初，以大臣薦，除校書郎，三辭不聽。除崇政殿説書，未幾除侍講。遂令户部自爲出券歷。又不爲妻求封，范純甫問其故，純甫，即淳夫，名祖禹。先生曰：「某當時起自草萊，三辭然後受命，豈有今日乃爲妻求封之理？」問：「今人陳乞恩例，義當然否？人皆以爲本分，不爲害。」先生曰：「只爲而今士大夫道得個乞字慣，卻動不動又是乞也。」因問：「陳乞封父祖如何？」先生曰：「此事體又別。」再三請益，但云：「其説甚長，待別時説。」价按：此言請俸求封與陳乞恩例之非也。「而今士大夫道得個乞字慣，卻動不動又是乞也」，二語説盡仕路通病。昔人云「逢人即有求，所以百事非」，動輒言求，總是利心所使。充是心也，其勢不爲墦間之乞人不止，君子所當深戒也。○問：封父母，此自朝廷合行之禮，當令有司檢舉行下，亦不必俟陳乞也。朱子曰：如此名義卻正。○問：若是應舉得官，便只當以常調自處，雖陳乞封蔭亦可？曰：本以應舉得官，則當只以常調自處。此自今常人言之，如此可也。然朝廷待士卻不當如此。伊川先生所以難言之也，但云「其説甚長」，則是其意以爲要當從科舉法都改變了，乃爲正耳。价按：自「賢者知有義」至此爲一段，反復言義利之辨。賢者求之以道，得之以義，言義而命在其中。聖人以義爲利，小人義不勝利。必實見此理，得之於心，然後能知義而不計利，安於命而無所求也。

漢策賢良，猶是人舉之。如公孫弘者，猶强起之乃就對。至於後世賢良[六]，乃自求舉耳。若果有曰「我心只望廷對，欲直言天下事」，則亦可尚已。若志富貴，則得志便驕縱，失志則便放曠與悲愁而已。价按：「欲直言天下事」，志在功名，猶可言也。若志在富貴，則不仁之人，失其本心，得志便驕縱，不可以處樂，失志便放曠悲愁，不可以處約。○朱子曰：論語「富與貴」兩節，必先教人取舍之際界限分明，然後可以做工夫，立脚不住，安能有進？

伊川先生曰：人多説某不教人習舉業，某何嘗不教人習舉業也。人若不習舉業而望及第，卻是責天理而不修人事。但舉業既可以及第即已，若更去上面盡力求必得之道，是惑也。价按：不習舉業而望及第，猶不耕而望穫。責天理而不修人事，固非義之所許。但舉業既可及第，則當聽之於命，置得失於度外。若更揣摩時好，盡力以求必得，則是志在富貴，而不知命之有定，惑之甚者也。

問：家貧親老，應舉求仕，不免有得失之累，何修可以免此？伊川先生曰：此只是志不勝氣，若志勝，自無此累。家貧親老須用禄仕，然得之不得爲有命。曰：在己固可，爲親奈何？曰：爲己爲親，也只是一事。若不得，其如命何？孔子曰：「不知命，無以爲君子。」人苟不知命，見患難必避，遇得喪必動，見利必趨，其何以爲君子？价按：應舉有得失之累，只是志不勝氣。若義理之志勝，則盡其在人，聽其在天，不汲汲於得，不戚戚於失，何累之有？家貧親老，須爲禄仕，此自昔爲士者所借口。然爲己爲親，只是一事，得之不得爲有命。「若不得其如命何」，人生各有定命，勤力供職，菽水承歡，以善養，何必以禄養？此義不明，併心壹志，求科名之榮，期於以禄養親，是不知命也。不知命則見害必避，見利必趨，遇得喪必動，何以爲君子？○朱子曰：以科舉爲爲親[七]，而不爲爲己之學，只是無志。大抵今日後生輩，以科舉爲急，不暇聽人説好話，此是大病，須先與説破，令其安心俟命，然後可告以收拾身心，討議義理，次第當有進耳。○死生有定命，若合死於水火，死於刀兵，看如何逃不得。此説雖甚麤，然所謂知命者不過如此。若這裏信不及，才見利必趨，見害必避，如何得成君子？

或謂科舉事業奪人之功，是不然。且一月之中，十日爲舉業，餘日足可爲學。然人不志於此，必志於彼。故科舉之事，不患妨功，惟患奪志。外書。○朱子曰：舉業亦不害爲學，前輩何嘗不應舉？只緣今人把心不定，所以有害。才以得失爲心，理會文字，意思都別了。○非是科舉累人，自是人累科舉。若是高見遠識之士，讀聖賢之書，把格式檃括自家道理，而爲文以應之，都無那追逐時好、回避忌諱底意思，雖日日應舉，亦不累也。居今之世，使孔子復生，也不免應舉，然豈能累孔子耶？价按：自「漢策賢良」至此爲一段，論科舉之學，當安於命，不可以得失累心，使之奪志。

横渠先生曰：世禄之榮，王者所以録有功，尊有德，愛之厚之，示恩遇之不窮也。爲人後者，所宜樂職勸功，以服勤事任，長廉遠利，以似述世風。而近代公卿子孫，方且下比布衣，工聲病，售有司。不知求仕非義，而反羞循理爲無能；不知蔭襲爲榮，而反以虚名爲善繼。誠何心哉！文集。○价按：此言世家子弟不求實學，而務虚名之失也。世禄之職，先王所以録有功而尊有德。爲人後者，正宜樂職勸功，長廉遠利，上以報君恩，下以光先德，乃爲善繼善述。夫進士詩賦之學，求工詩律，有「四聲八病」之説，此布衣之士之所爲，公卿子孫乃亦下比布衣，工聲病，以求售於有司，不知求仕非義，而反羞循理爲無能，輕蔭襲之實榮，重科第之虚名，蔑君恩而掩前徽，誠不知其何心也！○朱子曰：先德遺風，具在方策，有能誦其言，行其行，不替其志節，則所以世其家者孰大於是？而區區之蔭又不足道矣。

不資其力而利其有，則能忘人之勢。孟子説。○葉平巖曰：人之歆動乎勢位者，皆有待於彼也。惟不藉其力而利其所有，則己自重而彼自輕。○真西山曰：游定夫嘗問謝上蔡：「公於外物，一切放得下否？」曰：「實在上面做工夫，人要富貴，要他做甚？必須有用處，尋討用處病根，將來斬斷便没事。」平生未嘗干人，或勸之，曰：「他安能陶鑄我，自有命在。」

人多言安於貧賤，其實只是計窮力屈才短，不能營畫耳。若稍動得，恐未肯安之。須是誠知義理之樂於利欲也，乃能。語録。下同。○价按：此言真知義理之可樂，然後能安於貧賤也。○朱子曰：人須是讀書洞見此理，知得不求富貴，只是本分，求著便是罪過。不惟不可有求之之迹，亦並不可萌求之之心。○今人亦解説「一飲一啄，自是前定」，及遇小小利害，便生趨避計較之心。古人刀鋸在前，鼎鑊在後，視之如無物者，蓋緣只見這道義，不見那刀鋸鼎鑊。

天下事，大患只是畏人非笑。不養車馬，食麤衣惡，居貧賤，皆恐人非笑。不知當生則生，當死則死，今日萬鍾，明日棄之，今日富貴，明日飢餓，亦不恤，惟義所在。价按：此言人之行事當視乎義，不可畏人之非笑也。不養車馬，食麤衣惡，恐人非笑，此最爲鄙俗識見，君子亦自行其是已耳。當生則生，當死則死，棄萬鍾如敝蹝，輕富貴如浮雲，義之所在，雖饑餓而死，亦所不恤，何暇畏人非笑哉？此節以「惟義所在」收結通篇，回應起處。「天下事」三字，略以起下卷之意。○朱子曰：學者常以志士不忘在溝壑爲念則道義重，而計較死生之念輕矣。况衣食至微末事，不得未必死，亦何用犯義犯分，役心役志，營營以求之耶？某觀今人因不能咬菜根而至於違其本心者多矣，可不戒哉！价按：自「横渠先生」至此爲一段，申言義利之辨。

【校勘記】

［一］謂可以長久　「長」，葉本、江本作「常」。

［二］艱彼之進　「艱」，葉本作「難」。

［三］如去就辭受要決於義　「受」下，葉本有「之間」二字。

［四］苟欲以命決之　「苟」下，葉本有「應事之時」四字。

［五］但當慎所以處之之道　「慎」，葉本作「審」。

［六］至於後世賢良　「於」，葉本、江本作「如」。

［七］以科舉爲爲親　下一「爲」字，據江本補。

近思録解義卷之八 凡二十五條

朱子曰：此卷「治國平天下之道」。价按：此卷以端本立志爲主，以誠心爲總旨，以治天下之道法爲分意。體似立綱，首三節爲一篇之綱，下分三段以發明之。

濂溪先生曰：治天下有本，身之謂也；治天下有則，家之謂也。朱子曰：則謂物之可視以爲法者，猶俗言「則例」、「則樣」也。本必端，端本，誠心而已矣；則必善，善則，和親而已矣。朱子曰：心不誠則身不可正，親不和則家不可齊。家難而天下易，家親而天下疏也。朱子曰：親者難處，疏者易裁。然不先其難，亦未有能其易者。家人離，必起於婦人，故睽次家人，以二女同居而其志不同行也[一]。朱子曰：睽次家人，易卦之序。「二女」以下，睽象傳文。二女，謂睽卦兑下離上，兑少女，離中女也。陰柔之性，外和悦而内猜忌，故同居而異志。堯所以釐降二女于嬀汭，舜可禪乎，吾茲試矣。朱子曰：釐，理也。降，下也。嬀，水名。汭，水北。舜所居也。堯理治下嫁二女于舜，將以試舜而授之天下也。是治天下觀於家，治家觀身而已矣。身端，心誠之謂也。誠心，復其不善之動而已矣。朱子曰：不善之動息於外，則善心之生於内者無不實矣。不善之動，妄也。妄復則无妄矣，无妄則誠矣。程子曰：无妄之謂誠。故无妄次復，而曰「先王以茂對時育萬物」，深哉！

通書。○朱子曰：无妄次復，亦卦之序。「先王」以下，引无妄卦大象，以明對時育物惟至誠者能之，而贊其旨之深也。○价按：此節以「治天下有本」承上卷末節之意，以「端本誠心」領起通篇。吳敬庵曰：「天下雖大，而治之有要，以身爲之根本，以家爲之準則也[二]。本必端，端本之道，在誠其心，而身可正矣。則必欲其善，善則之道，在和其親，而家可齊矣。夫治天下必以正家爲先，何也？蓋家難齊而天下易治。以家親而私恩掩義，天下疏則公道易行故也。家人以女貞爲利，其情義乖離，必起於婦人之嫌隙。故睽卦次於家人之後，其象離兑皆陰卦，離火炎上，而兑澤潤下。以人事而言，是二女同居而異志也。蓋女子陰柔之質，多私善疑，故其志不同行也。堯所以治裝下嫁二女於嬀水之北，將以大位禪舜，未知可否，而以此試之也。觀其能刑於二女[三]，則家之難治者已齊，而天下之治易易矣。是治天下必先觀於家也，然家之本在身，故治家又觀於身。心者又身之主也，身之所以端，由其心之誠也。誠心之方，在復其不善之動以爲善而已。不善之動乃私爲之妄也[四]。妄既復於善，則无妄矣。无妄則實理不虧，而心誠矣。故无妄次復，而曰『先王以茂對時育萬物』，蓋惟先王至誠无妄，故能盛大其對時育物之功[五]，則天下無不治矣。」大象之旨豈不深哉！

明道先生嘗言於神宗曰：得天理之正，極人倫之至者，堯舜之道也。用其私心，依仁義之偏者，霸者之事也。王道如砥，本乎人情，出乎禮義，若履大路而行，無復回曲。霸者崎嶇反側於曲徑之中，而卒不可與入堯舜之道。故誠心而王，則王矣；假之而霸，則霸矣。二者其道不同，在審其初而已。易所謂「差若毫釐，繆以千里」者，其初不可不審也。惟陛下稽先聖之言，察人事之理，知堯舜之道備於己，反身而誠之，推之以及四海，則萬世幸甚。文集。下同。○价按：此言治天下者當行王道，黜霸功，在於審其初以誠其心也。王、霸之分，公私而已。王者之心公，故存天理，本人情，蕩平正直，若履大路而行。霸者之心私，依託仁義之偏，崎嶇反側，卒不可與入堯舜之道。始不過毫釐之差，終乃至千里之繆，此其初不可不審也。審其初而稽之先聖，察之人事。道備於己，反身而誠，天德也。推之以及四海，王道也。有天德乃可語王道，此治天下者所以必端本於誠心也。○堯、舜、禹、湯、文、武之治，王道也。桓、文、漢、唐、歐、美之法，霸術也。不法堯舜而法歐美，悖天理，滅人倫，棄仁義，謀功利，求富而得貧，求强而得弱，而國之亡無日矣。○朱子曰：宣帝雜王霸，元不識王霸［六］，只是以寬慈喚做王，嚴酷喚做霸。自古論王霸，至明道先生此劄無餘藴矣。

伊川先生曰：當世之務，所尤先者有三：一曰立志，二曰責任，三曰求賢。今雖納嘉謀，陳善算，非君志先立，其能聽而用之乎？君欲用之，非責任宰輔，其孰承而行之乎？君相協心，非賢者任職，其能施於天下乎？此三者本也，制於事者用也。三者之中，復以立志爲本。所謂立志者，至誠一心，以道自任，以聖人之訓爲可必信，先王之治爲可必行，不狃滯於近規［七］，不遷惑於衆口，必期致天下如三代之世也。价按：此言治天下者在於人君立志，至誠一心，以道自任也。○靈峰先生曰：君道必以立志爲先，志不立則異學、霸學得以亂之，必不能用力於格致誠正修齊治平，以求臻乎治道之極。立志者，立必爲聖人、必法唐虞三代之志，篤信力行，不囿於流俗，不惑於邪説。价按：自首至此爲一段，言治天下者端本誠心，行王道，黜霸功，在於人君之立志，一篇之綱領也。

比之九五曰：「顯比，王用三驅，失前禽。」傳曰：人君比天下之道，當顯明其比道而已。如誠意以待物，恕己以及人，發政施仁，使天下蒙其惠澤，是人君親比天下之道也。如是，天下孰不親比於上？若乃暴其小仁，違道干譽，欲以求天下之比，其道亦已狹矣，其能得天下之比乎？王者顯明其比道，天下自然來比。來者撫之，固不煦煦然求比於物。若田之三驅，禽之去者從而不追，來者則取之也。此王道之大，所以其民皞皞而莫知爲之者也。朱子曰：田獵之禮，置旃以爲門，刈草以爲長圍，田獵者自門驅而入，禽獸向我而出者皆免，惟被驅而入者皆獲。故以前禽比去者不追，獲者譬來則取之。江慎修曰：「樹旃以表其門，御者驅而過之，轂擊則不得入。此未田之前，習過君表之御法也。逐禽別設驅逆之車〔八〕，非以驅車入門爲驅獸。記録有小差，讀者得其大意可也。」○价按：此言王者比天下之道，當廓然大公，顯明其比。如積誠實之意以待物，而天下無不達之情；推愛己之心以愛人，而天下無不推之恩。誠求絜矩，發政施仁，而不以私恩小惠違道干譽，天下蒙其惠澤，群心自然親附。光明正大，而無偏黨之私，如王者田獵，開一面之網，用三驅之禮，向我者取之，背我者不追，初不期於必得。此王道之所以爲大也。　非惟人君比天下之道如此，大率人之相比莫不然。以臣於君言之，竭其忠誠，致其才力，乃顯其比君之道也。用之與否，在君而已，不可阿諛逢迎，求其比己也。在朋友亦然，修身誠意以待之，親己與否，在人而已，不可巧言令色，曲從苟合，以求人之比己也。於鄉黨親戚，於衆人，莫不皆然，「三驅，失前禽」之義也。易傳。下同。

古之時，公卿大夫而下，位各稱其德，終身居之，得其分也。位未稱德，則君舉而進之。士修其學，學至而君求之。皆非有預於己也。農工商賈，勤其事而所享有限。故皆有定志，而天下之心可一。後世自庶士至於公卿，日志於尊榮；農工商賈，日志於富侈。億兆之心，交鶩於利，天下紛然，如之何其可一也？欲其不亂，難矣！履象傳。〇价按：此言治天下之道在於定民志也。葉平巖曰：「履象曰：『君子以辨上下，定民志。』上之人，不度其德而制爵位，則爲士者日志於尊榮[九]；不明其分而立品節，則爲民者日志於富侈[一〇]。貴賤競趨，而心欲無窮，此亂之所由生也。」〇价按：上下亡等，民志不定，泯泯棼棼，天下囂然。今日之禍，開闢未有，舉四百兆人民之命，胥殄絶於「自由平等」四字，甚於洪水猛獸，慘於夷狄兵戎，則不得不太息痛恨於提倡西學始作俑者之某某也。

泰之九二曰：「包荒，用馮河。」傳曰：人情安肆，則政舒緩，而法度廢弛，庶事無節。治之之道，必有包含荒穢之量，則其施爲寬裕詳密，弊革事理，而人安之。若無含弘之度，有忿疾之心，則無深遠之慮，有暴擾之患，深弊未去，而近患已生矣，故在包荒也。自古泰治之世，必漸至於衰替，蓋由狃習安逸，因循而然。自非剛斷之君，英烈之輔，不能挺特奮發以革其弊也，故曰「用馮河」。或疑上云「包荒」，則是包含寬容，此云「用馮河」，則是奮發改革，似相反也。不知以含容之量，施剛果之用，乃聖賢之爲也。价按：此言治天下之道貴有含容之量，尤貴有剛果之用也。葉平巖曰：有含容之量，則剛果不至於躁迫；有剛果之用，則含容不至於委靡。二者相資，而治泰之道可成也。

觀：「盥而不薦，有孚顒若。」傳曰：君子居上，爲天下之表儀，必極其莊敬，如始盥之初，勿使誠意少散，如既薦之後，則天下莫不盡其孚誠，顒然瞻仰之矣。价按：此言君子在上當極其莊敬嚴肅，常如祭祀始盥之初，勿使誠意少散，如既薦之後，則天下莫不信而仰之，所謂篤恭而天下平也。盥，將祭而潔手也。薦，奉酒食以進也。盥將以薦，無盥而不薦之理。此特假設言之，欲人常存誠敬，如盥而未薦時耳。

凡天下至於一國一家，至於萬事，所以不和合者，皆由有間也，無間則合矣。以至天地之生，萬物之成，皆合而後能遂，凡未合者，皆爲有間也。若君臣、父子、親戚、朋友之間，有離貳怨隙者，蓋讒邪間於其間也。去其間隔而合之，則無不合且洽矣[一二]。噬嗑者，治天下之大用也。噬嗑傳。○朱子曰：噬，齧也。嗑，合也。物有間者，齧而合之也。○价按：此言治天下之道在於去間。有間則彼此相疑，誠意無由交孚。君臣、父子、親戚、朋友所以離貳怨隙，恩義日睽者，皆由讒邪以爲之間，去其間而後可合。卦體上離下震，離明則有以燭奸，震威則有以除惡。明威並用，而後間可得而去，故噬嗑者，治天下之大用也。○葉平巖曰：天地有間，則氣不通，而生化莫遂；人倫有間，則情不通，而恩義日睽。○秦別隱曰：親戚朋友，邪讒間之，即是自家先有物欲之昏，讒人乃得乘間而離異之，所謂木先腐而後蟲生也。然則噬嗑之用，必先去其私欲之間於內，然後有以辨姦去讒，而絕其間於外。

大畜之六五曰：「豶豕之牙，吉。」傳曰：物有總攝，事有機會。聖人操得其要，則視億兆之心猶一心。道之斯行，止之則戢，故不勞而治，其用若「豶豕之牙」也。豕，剛躁之物，若强制其牙，則用力勞而不能止，若豶去其勢，則牙雖存而剛躁自止。君子法豶豕之義，知天下之惡不可以力制也，則察其機，持其要，塞絶其本原，故不假刑法嚴峻，而惡自止也。且如止盗，民有欲心，見利則動，苟不知教，而迫於飢寒，雖刑殺日施，其能勝億兆利欲之心乎？聖人則知所以止之之道，不尚威刑而修政教，使之有農桑之業，知廉耻之道，雖賞之不竊矣。价按：此言治天下之道在於操得其要也。物有總攝，事有機會，所謂要也。聖人操得其要，以簡御煩，以静制動，勸善而道之斯行，懲惡而止之斯戢，不勞而天下治矣。如豶豕然，豕之剛躁在牙，而剛躁之本則在勢，機也，要也。豶去其勢，則性自調伏，牙雖存而無能爲。去惡之道，亦猶是也。嚴刑峻法，以力制天下之惡，而惡卒不可制。察其機，持其要，絶其本原，則人自服，惡自止，何待力制哉！○程子又曰：教人之術，如童牛之牿，當其未能觸時，己先制之，善之大者。其次則豶豕之牙也。○陳氏沆曰：人君止天下之惡固當如此，即學者止一心之惡，亦當及其未發，塞絶本原，周子所謂「幾」、張子所謂「豫」者，此也。

解：「利西南。无所往，其來復，吉。有攸往，夙吉。」傳曰：西南坤方，坤之體廣大平易。當天下之難方解，人始離艱苦，不可復以煩苛嚴急治之，當濟以寛大簡易，乃其宜也。既解其難而安平無事矣，是「无所往」也。則當修復治道，正紀綱，明法度，進復先代明王之治，是「來復」

也，謂反正理也。自古聖王救難定亂，其始未暇遽爲也，既安定，則爲可久可繼之治。自漢以下，亂既除，則不復有爲，姑隨時維持而已，故不能成善治，蓋不知「來復」之義也。价按：此言治天下者難解之後所以處之之道也。大難初平，人離艱苦，當濟以寬大簡易，所謂「撫民以寬也」，所謂「刑新國用輕典也」，然非因循苟且遂可以爲治也。安平無事之時，正宜整飭紀綱，修明法度，進復三代明王之治，乃爲長治久安之策。自漢以下，亂既除，則不復有爲。遠如文帝謙讓未遑，用黃老之術，清静無爲，而三代之治遂不可復。近如同治中興，金陵克復，諸臣歌詠太平，而無復勵精圖治之思，及外患日迫，則又但知效西法，而不知復古法，以開今日用夷變夏之患，皆昧於「來復」之義也。○朱子曰：禍亂既平，正宜修明治道[二]，求復三代之規模，卻只便休了。兩漢以來，人主還有理會正心誠意否？須得人主如陋巷之士，治心修身，講明義理，以應天下之務，用天下之才，方見次第。「有攸往，夙吉」，謂尚有當解之事，則早爲之乃吉也。當解而未盡者，不早去，則將復盛；事之復生者，不早爲，則將漸大。故夙則吉也。价按：「當解而未盡者，不早去，則將復盛」，如張柬之不殺武三思，而武氏再亂唐室，諸人亦卒不保其身是也。「事之復生者，不早爲，則將漸大」，如安史之亂初平，以降將薛嵩、田承嗣、李懷仙爲河北諸鎮節度使，而唐失河北，實自此始是也。

夫有物必有則，父止於慈，子止於孝，君止於仁，臣止於敬。萬物庶事，莫不各有其所。得其所則安，失其所則悖。聖人所以能使天下順治，非能爲物作則也，惟止之各於其所而已。艮彖傳。○价按：此言聖人之治天下，使人各止於其所。父慈子孝，君仁臣敬，各止其所，各守其定分，而無不安其位之意，此天下所以順治也。今之言治者吾惑焉，廢三綱，滅五倫，棄五千年之文明，而用彝翟平等自由之教，競權争利，人心囂然不靖，而大亂起矣。

兑，説而能貞，是以上順天理，下應人心，説道之至正至善者也。若夫違道以干百姓之譽者，苟説之道。違道不順天，干譽非應人，苟取一時之説耳，非君子之正道。君子之道，其説於民，如天地之施，感之於心而説服無斁。价按：此言治天下之道不可以妄説於民也。説出於正，揆之天理而順，即之人心而安。説出於苟，私恩小惠，要結人心。「違道以干百姓之譽」，道原於天，違道則不順天，譽出於人，干譽則非應人，取説一時，非君子之正道也。

天下之事，不進則退，無一定之理。濟之終，不進而止矣，無常止也，衰亂至矣，蓋其道已窮極也。聖人至此奈何？曰：唯聖人爲能通其變於未窮，不使至於極，堯舜是也，故有終而無亂。既濟傳。○价按：此言治道當善其終也。天下之事，不進則退，亂極則治，治極則亂。既濟之終，人情安於無事，則止心生，止則怠而不復進，衰亂自此起矣。日中則昃，月盈則食，道已窮極。治之終，即亂之始，天運也，亦人事也。聖人以人事挽回天運，兢兢業業，持盈保泰，於未窮之時，而預有以通其變，不使至於極。終止則亂，不止則不亂。聖人有終而無止，故有終而無亂也。○朱子曰：察微於未形，御變於將來，非知道者孰能之？看世間不定疊底事，才到堯舜便都妥帖平安了。○葉平巖曰：盛止必衰者，天下之常勢。有盛無衰者，聖人之常道。聖人通變於未窮，故有終而無亂。易曰「通其變[一三]，使民不倦」是也。价按：自「比之九五」至此爲一段，言人君當推誠心，以道治天下。

爲民立君，所以養之也。養民之道，在愛其力。民力足則生養遂，生養遂則教化行而風俗美，故爲政以民力爲重也。春秋凡用民力必書，其所興作，不時害義，固爲罪也，雖時且義必書，見勞民爲重事也。後之人君知此義，則知慎重於用民力矣。然有用民力之大而不書者，爲教之意深矣。僖公修泮宮、復閟宮，非不用民力也，然而不書。二者，復古興廢之大事，爲國之先務，如是而用民力，乃所當用也。人君知此義，知爲政之先後輕重矣。經説。下同。○价按：天生民而立之君，使司牧之，所以養之也。人情莫不欲逸，先王節其力而不傷，民力足而後生養遂，教化可行，風俗可美，春秋所以重用民力也。○葉平巖曰：書「不時」者，如隱七年「夏，城中丘」之類。書「時」者，如桓十六年「冬，城向」之類。書「不義」者，如莊二十三年「丹桓宮楹」之類[一四]。書「義」者，如莊元年「築王姬之館」之類。泮宮所以教育賢才，閟宮者所以尊事祖先，二者皆爲國之先務，以是而用民力，故無譏焉。

治身齊家以至平天下者，治之道也。建立治綱，分正百職，順天時以制事，至於創制立度，盡天下之事者，治之法也。聖人治天下之道，惟此二端而已。朱子曰：聖人治天下之道，固不外此二端。然必人主之心術公平正大，無偏黨反側之私，而後治之法可得而行。必親賢遠佞，講明義理之歸，閉塞私邪之路，而後治之道可得而盡，又不可以不知也。

明道先生曰：先王之世以道治天下，後世只是以法把持天下。遺書。下同。○靈峰先生曰：先王之法，皆本於道。離道而言法，漢、唐、歐、美之法，非先王之法也。天下必無一法可出於道之外，習慣、宗教、輿情、學説、外國法，凡法之不本於道者，非法之法，皆不可以爲法也。先王之法，道法合一，萬世無蔽，有王者起，修訂法律，必自黜絶耶教平等之義、西學權利之説始矣。

爲政須要有紀綱文章，先有司、鄉官、讀法、平價、謹權量，皆不可闕也。人各親其親，然後能不獨親其親。仲弓曰：「焉知賢才而舉之？」子曰：「舉爾所知。爾所不知，人其舍諸？」便見仲弓與聖人用心之大小。推此義，則一心可以喪邦，一心可以興邦，只在公私之間耳。○价按：徒善不足以爲政，故紀綱文章諸事皆不可闕。徒法不能以自行，故又推本於心，心之公私，而邦之興喪分焉，可無慎乎？○朱子曰：程子之意，固非謂仲弓有固權市恩之意而至於喪邦，但一蔽於小，則其害有時而至此，亦不爲難矣。故極言之，以警學者用心之私也。○仲弓之問，未見其爲私意。然其心淺狹，欠闕處多，其流弊便有喪邦之理。凡事微有過差，才有安頓不着處，便是惡。○學者見程子説興邦喪邦，説得甚險，多疑於此。然程子亦曰推其義耳。

治道亦有從本而言，亦有從事而言。從本而言，惟是格君心之非，正心以正朝廷，正朝廷以正百官。若從事而言，不救則已，若須救之，必須變，大變則大益，小變則小益。朱子封事曰：天下之事，千變萬化，其端無窮，而無一不本於人主之心。大舜有「惟一惟精」之戒，孔子有「克己復禮」之云，皆所以正吾之心，而爲天下萬事之本也。此心一正，朝廷百官、六軍萬民無敢不出於正，而治道畢矣。○靈峰先生曰：程子所謂變者，變漢、唐功利苟且之法，以復三代之法，非教人用彝變夏，并三綱五常而變之也。用彝變夏，大變則大亂，小變則小亂，不舉二帝三王冠帶禮義之天下一朝而亡之，必不止矣。

唐有天下，雖號治平，然亦有夷狄之風。三綱不正，無君臣父子夫婦，其原始於太宗也。故其後世子弟皆不可使，君不君，臣不臣。故藩鎮不賓，權臣跋扈，陵夷有五代之亂。葉平巖曰：太宗以智力劫持取天下，其於君臣父子之義有虧，閨門之内又有慚德，三綱皆已不正。是以後世子孫氣習相傳，綱常陵蔑而不可止[一五]。明皇使肅宗至靈武，則自立[一六]；使永王璘使江南，則反。君臣之道不正，遂使藩鎮割據於外[一七]，閹豎擅權於内，致五季之極亂也[一八]。漢之治過於唐。漢大綱正，唐萬目舉，本朝大綱正，萬目亦未盡舉。朱子曰：北周宇文泰、蘇綽有意復古，制度頗詳盡，唐因之，故萬目舉。○葉平巖曰：大綱謂綱常。唐之治目，若世業，若府兵，若租庸調，若省府。其區畫法制，略倣先王之遺意，故亦足以維持天下。

教人者養其善心而惡自消，治民者導之敬讓而爭自息[一九]。外書。下同。○葉平巖曰：道之以德，齊之以禮。○陳氏沆曰：敬讓，禮意也。争之所在，惟禮可以止之。

明道先生曰：必有關雎、麟趾之意，然後可以行周官之法度。朱子曰：須是自閨門衽席之微，積累到薰蒸洋溢，天下無一民一物不被其化，然後可以行周官之法度。不然則爲王莽矣。揚雄不曾説到此，後世論治，皆欠此意。○靈峰先生曰：關雎、麟趾之意，本也。周官之法度，末也。無其本而徒學其末，不爲王莽，必爲王安石。爲人君者，可不求端其本哉！

「君仁莫不仁，君義莫不義」，天下之治亂，繫乎人君仁不仁耳。離是而非，則生於其心，必害於其政，豈待乎作之於外哉？昔者孟子三見齊王而不言事，門人疑之，孟子曰：「我先攻其邪心。」心既正，然後天下之事可從而理也。夫政事之失，用人之非，知者能更之，直者能諫之。然非心存焉，則一事之失，救而正之，後之失者，將不勝救矣。格其非心，使無不正，非大人其孰能之？靈峰先生曰：君心者，天下之本。君心正，則天下之事必不能出於不正。君心不正，則天下之事必不能出於正。此自然之理。爲君以正心爲先，爲臣以正君心爲急。孟子曰「大人者，正己而物正者也」，格心非之大人，非伊、周、孔、孟不足以當之矣。○朱子曰：大人格君心之非，此謂精神意氣自有感格處，然亦須有個開導底道理，不但默然而已也。伊川解「遇主於巷」，所謂「至誠以感動之，盡力以扶持之，明義理以致其知，杜蔽惑以誠其意」，正此意也。价按：自「爲民立君」至此爲一段，詳論治天下之道法必端本於君心。

横渠先生曰：道千乘之國，不及禮樂刑政，而云「節用而愛人，使民以時」。言能如是則法行，不能如是則法不徒行。禮樂刑政，亦制數而已。正蒙。下同。○价按：禮樂刑政，爲治之法也。敬信節愛，則人君之存心也。有是心以爲之本，則法可行。苟無是心，則徒法不能以自行，禮樂刑政亦空文而已，惡能治國家？

法立而能守，則德可久，業可大。鄭聲、佞人，能使爲邦者喪其所守，故放遠之。价按：法貴能立，尤貴能守。鄭聲淫靡邪僻，足以流蕩心志。佞人卑諂便給，足以變亂是非。能使爲邦者喪其所守，故必放遠之。然後法立而不廢，德業可久可大。

横渠先生答范巽之書曰：朝廷以道學、政術爲二事，此正自古之可憂者。巽之謂孔孟可作，將推其所得而施諸天下邪？將以其所不爲而强施之於天下歟？价按：道學，體也，本也。政術，用也，末也。學術可發爲治術，治術必原於學術，體用本末一以貫之。後世以道學爲迂闊無用，不可施之政術。而所謂政術者，皆功利苟且之私，歧道學政術爲二事。三代下所以無善治，實由於此。所得，即所學之道也。所不爲，謂非其平日所學也。孔孟有作，必將推其所學之道施諸天下以爲政術，必不以其所不學者迎合世俗，施諸天下，此則可斷言者也。大都君相以父母天下爲王道，不能推父母之心於百姓，謂之王道可乎？所謂父母之心，非徒見於言，必須視四海之民如己之子。設使四海之内皆爲己之子，則講治之術[二〇]，必不爲秦漢之少恩，必不爲五霸之假名。巽之爲朝廷言，人不足與適，政不足與間，能使吾君愛天下之人如赤子，則治德必日新，人之進者必良士，帝王之道不必改途而成，學與政不殊心而得矣。文集。○价按：推父母斯民之心，以行王道，則必愛民如子，講求治術，教養兼施。以仁心行仁政，必不如秦漢之慘刻少恩。以實心行實政，必不爲五伯之假仁義以爲名。誠愛之心，懇惻切至，則治德日新，良士進用。今日所行之政，即平日所學之道，非有二事也。此節以「心」字回應篇首濂溪之言，以「王道」回應明道之言，收結篇中許多「心」字、「道」字，以「政術」收結「法」字，起下卷論「制度」之意。价按：自「横渠先生」至此爲一段，言法不徒立，法貴能守，當推父母之心以行王道。

【校勘記】

［一］以二女同居而其志不同行也　「而」原無，據葉本、江本增。
［二］以家爲之準則也　「準」，施本作「法」。
［三］觀其能刑於二女　「刑」原作「型」，據施本改。
［四］不善之動乃私爲之妄也　「爲」，施本作「僞」。
［五］故能盛大其對時育物之功　「對」，施本作「順」。
［六］元不識王霸　「元」，葉本作「原」。
［七］不狃滯於近規　「狃」原作「紐」，據葉本、江本改。
［八］逐禽別設驅逆之車　「禽」，江本作「獸」；「別」，江本作「則」。
［九］則爲士者日志於尊榮　「爲士者」，葉本作「庶士以至公卿」。
［一〇］則爲民者日志於富侈　「爲民者」，葉本作「農工商賈」。
［一一］則無不合且洽矣　「合」，葉本、江本作「和」。「洽」，葉本作「治」。
［一二］正宜修明治道　「宜」，江本作「合」。
［一三］易曰通其變　「曰」下，葉本有「堯舜氏作」四字。
［一四］如莊二十三年丹桓宫楹之類　「宫」原作「公」，據葉本、江本改。

〔一五〕綱常陵蔑而不可止　「蔑」，葉本作「夷」。
〔一六〕則自立　「立」下，葉本有「稱帝」二字。
〔一七〕遂使藩鎮割據於外　「割據」，葉采集解元刊本作「披猖」。
〔一八〕致五季之極亂也　「致」上，葉本有「馴」字。
〔一九〕治民者導之敬讓而争自息　「自」原作「而」，據葉本改。
〔二〇〕則講治之術　「術」原作「行」，據葉本、江本改。

近思録解義卷之九

凡二十七條

朱子曰：此卷「制度」。价按：此卷以「帝王之治」爲主，以「道」字爲總旨，以禮樂、刑政、教養之法爲分意。體似立綱，首節爲一篇綱領，下分四段以發明之。

濂溪先生曰：古聖王制禮法，修教化，三綱正，九疇叙，百姓大和，萬物咸若。朱子曰：綱，網上大繩也。三綱者，夫爲妻綱、父爲子綱、君爲臣綱也。疇，類也。九疇，見洪範。若，順也。此所謂理而後和也。乃作樂以宣八風之氣，以平天下之情。朱子曰：「八音以宣八方之風」，見國語。宣所以達其理之分，平所以節其和之流。故樂聲淡而不傷，和而不流[一]，入其耳，感其心，莫不淡且和焉。淡則欲心平，和則躁心釋。朱子曰：淡者禮之發，和者樂之爲。先淡後和，亦主静之意也。然古聖賢之論樂，曰和而已。此所謂淡，蓋以今樂形之，然後見其本於莊敬齊肅之意耳。優柔平中，德之盛也；天下化中，治之至也。是謂道配天地，古之極也。朱子曰：欲心平，故平中；躁心釋，故優柔。言聖人作樂功化之盛如此。或云「化中」當作「化成」。後世禮法不修，政刑苛紊，縱欲敗度，下民困苦。謂古樂不足聽也，代變新聲，妖淫愁怨，導欲增悲，不能自止。故有賊君棄父，輕生敗倫，不可禁者矣。朱子曰：廢禮敗度，故其聲不淡而妖淫；政苛民困，故其聲不和而愁怨。妖淫故導欲，而至於輕生敗倫；愁怨故增悲，而至於賊君棄父。嗚呼！樂者，古以平心，今以助欲；古以宣化，今以長怨。朱子曰：古今之異，淡與不淡，和與不和而已。不復古禮，不變今樂，而欲致治者[二]，遠哉！通書。○朱子曰：復古禮，然後可以變今樂。○自秦滅學，禮樂先壞[三]。漢、晉以來，諸儒補葺[四]，竟無全書。其頗存者，三禮而已。周官一書，固爲禮之綱領，至其儀文度數，則儀禮乃其本經，而禮記郊特牲、冠義等篇，特其義疏耳。前此猶有三禮、通禮、學究諸科，禮雖不行，而士猶得以誦習而知其説。自王安石變亂舊制，廢罷儀禮，而獨存禮記之科，棄經任傳，其失已甚。而博士諸生又不過誦其虚文，以供應而已，一有大議，率茫然不知所措。至若樂之爲數，則又絶無師授。律尺長短，聲音清濁，學士大夫莫有知者，而不知其爲闕也。○嘗見劉昭信云：禮之趨翔登降揖遜，皆須習，也是如此。漢時如大射等禮，雖不行，卻仍舊令人習，人自傳得一般。今雖是不能行，亦須是立一科，令人習得，也是一事。又曰：今之士大夫，問以五音十二律，無人曉者，要之當立一樂學，使士大夫習之，久後必有精通者出。仁宗嘗以胡安定、阮逸樂書，令天下名山藏之，其意甚好。○居今而欲行古禮，恐情文不相稱，不若只就今人所行禮，删修令有節文、制數、等威，足矣。古樂亦難遽復，姑於今樂中去其噍殺促數之音，並考其律吕，令得其正。更命掌詞命之官，製撰樂章，其間略敷述教化訓戒，及賓主相與之情，人主待臣下恩意之類，令人歌之，亦足以養人心之和平。○价按：此節以治道禮樂刑政，承上卷末節「道學」、「政術」，領起通篇。禮樂，治天下之大經。古聖王制禮作樂，以成至治。後世禮法不修，代變新樂，助欲長怨，爲害甚大。降及今日，棄中禮而用西禮，棄中樂而用西樂，三綱廢，九疇墮，天秩天序蕩然無存，蔑上下之分，潰男女之防，變人類而禽獸之。西樂之興，始於赫德，成於袁氏，推演於謀得利。全國陸軍軍樂、海軍軍樂、大學中學軍樂，無一不出於歐美。淫靡噍殺流僻之音，偏於神州，舉朝野上下，昏然日夜倡優淫樂是趨。禍亂之興，正不知伊於胡底矣。价按：此節爲一段，一篇之綱領也。

明道先生言於朝曰：治天下以正風俗、得賢才爲本[五]。江慎修曰：此句綱領。宜先禮命近侍賢儒及百執事，悉心推訪，有德業充備、足爲師表者，其次有篤志好學、材良行修者，延聘敦遣，萃於京師，俾朝夕相與講明正學，江云：以上求賢論學。其道必本於人倫，明乎物理。其教自小學灑掃應對以往，修其孝弟忠信，周旋禮樂。其所以誘掖激勵、漸摩成就之道，皆有節序。其要在於擇善修身，至於化成天下，自鄉人而可至於聖人之道。其學行皆中於是者爲成德。取材識明達、可進於善者，使日受其業。江云：以上言教學之法，小大體用具備。擇其學明德尊者，爲太學之師，次以分教天下之學。江云：此言教成使爲學官，推教法於天下。擇士入學，縣升之州，州賓興於太學。太學聚而教之，歲論其賢者能者於朝。凡選士之法，皆以性行端潔、居家孝悌、有廉耻禮遜、通明學業、曉達治道者。文集。下同。○江云：此言選士之法。○价按：治天下之道，其具在禮樂刑政，其本則在學校。朝廷欲得賢才，以正風俗，成善治，必須興學校，講明正學以教之。擇師選士，以遵先王之成法，以德行爲本，以材識爲用。師道立，賢才多，然後政刑可明，禮樂可興，而風俗可成也。○朱子曰：有王者作，必欲乘時改制，以漸復先王之舊，而善今日之俗，則必如明道此議，然後可以大正其本，而盡革其末流之蔽。如曰未暇，則莫若且均諸州之解額以定其志，立德行之科以厚其本，罷去詞賦而分諸經、子、史、時務之年，以齊其業。又使治經者必守家法，命題者必依章句，答義者必通貫經文、條舉衆説而斷以己意。學校則遴選實有道德之人，使專教督，以來實學之士。裁減解額舍選謬濫之恩，以塞利誘之途，則有定志而無奔競之風，有實行而無空言之蔽，有實學而無不可用之材矣。此其大略也。

明道先生論十事：一曰師傅，以下並節録本文。○古者自天子達於庶人，必須師友以成就其德業。今師傅之職不修，友臣之義未著，所以尊德樂善之風未成。二曰六官，天地四時之官，歷二帝三王未之或改。今官秩淆亂，職業廢弛，太平之治所以未至。三曰經界，治民常産〔六〕，使之厚生，則經界不可不正，井地不可不均。今富者跨州縣而莫之止，貧者流離餓殍而莫之恤，幸民雖多而衣食不足者蓋無紀極。生齒日益繁，而不爲之制，則衣食日蹙，轉死日多。四曰鄉黨，古者政教始乎鄉黨〔七〕，其法始於比閭族黨州鄉酇遂〔八〕，以相聯屬統治，故民相安而親睦，刑罰鮮犯〔九〕，廉耻易格。五曰貢士，庠序所以明人倫，化成天下。今師學廢而道德不一，鄉射亡而禮義不興。貢士不本於鄉里，而實行不修；秀民不養於學校，而人材多廢。六曰兵役，古者府史胥徒，受禄公上，而兵農未始判也。今驕兵耗匱國力，禁衛之外，不漸歸之農，則將貽深慮。府史胥徒之役，毒徧天下，不更其制，則未免大害〔一〇〕。七曰民食，古者民必有九年之食。今天下耕之者少，食之者衆，地力不盡，人功不勤。固宜漸從古制，均田務農，公私交爲儲粟之法，以爲凶歲之備。八曰四民，古者四民各有常職，而農者十居八九，故衣食易給。今京師浮民數逾百萬，此在酌古變今，均多恤寡，漸爲之業以救之。九曰山澤，本注：修虞衡之職。○聖人理物，山虞澤衡各有常禁，故萬物阜豐而財用不乏。今五官不修，六府不治，用之無節，取之不時。惟修虞衡之職，使長養之，則有變通長久之勢。十曰分數。本注：冠、昏、喪、祭、車服、器用等差。○古者冠、昏、喪、祭、車服、器用，等差分别，莫敢踰僭，故財用易給，而民有常心。今禮制不足以檢飭人情，名數不足以旌别貴賤，奸詐攘奪，人人求厭其欲，此争亂之道也。其言曰：無古今，無治亂，如生民之理有窮，則聖王之法可改。後世能盡其道則大治，或用其偏則小康，此歷代彰灼著明之效也。苟或徒知泥古而不能施之於今，姑欲徇名而遂廢其實[一二]，此則陋儒之見，何足以論治道哉！然儻謂今人之情皆已異於古，先王之迹不可復於今，趣便目前，不務高遠，則亦恐非大有爲之論，而未足以濟當今之極弊也。价按：此統論治天下之道。天生民而作之君師，不外治之養之教之而已。師傅正君，治之本也。六官分職，治之綱也。經界、民食、山澤，皆養民之事。鄉黨、貢士、分數，皆教民之事。兵役、四民，則皆治民之事，而謀所以養之教之也。○胡敬齋曰：明道所論十事，條理詳備，先王之法盡於此矣。他便是要舉一世而甄陶之，此只是大綱目，若下手做時，想又精密。又曰：今人多言古道不可行於今，此乃見道不明，徇俗苟且之論。古今之道一也，豈有可行於古，不可行於今？但古今風氣淳漓不同，人事煩簡有異，其制度文爲不無隨時斟酌而損益之。若道之極乎天地、具於人心者，豈有異哉？明道論十事，謂非有古今之異，洵知道之言也。价按：此二節爲一章，上節論學校選舉，此節詳論治道。

伊川先生上疏先生除崇政殿説書，首上此疏。曰：三代之時，人君必有師、傅、保之官。師，道之教訓；道，開誘也。傅，傅之德；傅，附益也。保，保其身體。保，安全也。後世作事無本，知求治而不知正君，知規過而不知養德。傅德義之道，固已疏矣；保身體之法，復無聞焉。臣以爲傅德義者，在乎防見聞之非，節嗜好之過；保身體者，在乎適起居之宜，存畏慎之心。葉平巖曰：非禮之事不接於耳目，嗜好之私不溺乎心術，則德義進矣。外適起居之宜，内存畏謹之念，則心神莊肅，氣體和平矣。今既不設保傅之官，則此責皆在經筵。欲乞皇帝在宮中言動服食，皆使經筵官知之。有翦桐之戲，則隨事箴規；違持養之方，則應時諫止。文集。○本注：遺書云：某嘗進説，欲令人主於一日之中[一二]，親賢士大夫之時多，親宦官宫人之時少，所以涵養氣質，薰陶德性。○价按：治道之本在君心。明道十事，首言師傅，以正君爲先。伊川此疏，意亦相同。伊川爲經筵講官，上疏言三代之時設師、傅、保之官，主於正君養德。今既不設此官，則其責皆在經筵。蓋以三代哲王望其君，故其進説如此。○薛敬軒曰：此疏皆格心之論。三代以下，爲人臣者但論政事人才而已。未有直從本原，如程子之論也。○陸稼書曰：經筵三劄，不特輔導人主，人家教子弟者皆不可不知。

伊川先生看詳三學條制云：舊制，公私試補，蓋無虚月。學校禮義相先之地，而月使之爭，殊非教養之道。請改試爲課，有所未至，則學官召而教之，更不考定高下。制尊賢堂，以延天下道德之士，及置待賓吏師齋，立檢察士人行檢等法。葉平巖曰：尊賢，謂道德可矜式者。待賓，謂行能可賓敬者。吏師，通於治道，可爲吏之師法也。又云：自元豐後，設利誘之法，增國學解額至五百人，來者奔湊，捨父母之養，忘骨肉之恩[一三]，往來道路，旅寓他土，人心日偷，士風日薄。今欲量留一百人，餘四百人分在州郡解額窄處。自然士人各安鄉土，養其孝愛之心，息其奔趨流浪之志，風俗亦當稍厚。朱子曰：州郡試者多而解額窄，太學解額闊而試者少。又州郡只有解試一路，太學則有舍選捷徑[一四]，可以智巧經營。所以士子不安鄉舉而爭趨太學。故必先均太學解額、舍選之數，使與諸州不甚相遠[一五]，而後有以定其志也。又云：三舍升補之法，皆案文責跡，有司之事，非庠序育才掄秀之道[一六]。朱子曰：鄉舉里選之法固善，今不能行。只就科舉法中與之區處，使士子各通五經大義。凡易、詩、書爲一科，而子年、午年試之。周禮、儀禮及二戴記爲一科，而卯年試之。春秋及三傳爲一科，而酉年試之。義各二道。諸經皆兼大學、論語、中庸、孟子義一道，使寫出注疏諸家之説，而斷以己意。論則分諸子爲四科，而分年以附焉。諸史則左傳、國語、史記、兩漢爲一科，三國、晉書、南北史爲一科，新舊唐書、五代史爲一科，通鑑爲一科，以次分年，如經子之法。策各二道。又曰：聞虜中科舉罷[一七]，即曉示云後舉於某經某史命題，仰士子各習此業，使人心有定止，專心看一經一史，不過數舉，經史皆通，此法甚好。

蓋朝廷授法必達乎下，長官守法而不得有爲，是以事成於下，而下得以制其上，此後世所以不治也。或曰：長貳得人則善矣，或非其人，不若防閑詳密，可循守也。殊不知先王制法，待人而行，未聞立不得人之法也。苟長貳非人，不知教育之道，徒守虚文密法，果足以成人材乎？

朱子曰：先王之學，以明人倫爲本，是以當是之時，百姓親睦，風俗淳厚，而聖賢出焉。後世學校雖存，而不復此意，所以教之者，不過趨時干禄之技，而其所以勸勉程督之者，又適所以作其躁競無耻之心。雖有良材美質，可與入於聖賢之域者，亦往往反爲俗學頽風驅誘破壞，而不得有所成就，尚何望其能致化民成俗之效，如先王之時哉？先生君子蓋有憂之，故程夫子兄弟皆嘗建言，欲以漸變流俗之繆，而復於先王之意。顧皆屈於俗儒之陋説，而不得有所施行也。後之君子，有能深考其説而申明之，其亦庶幾矣乎！○价按：治道之本，君心而外，莫如學校。明道學校劄子，從本原上改革，體用兼備，作養人材之道莫善於此。伊川學制，從末流上補救，姑發此以爲之兆耳。故朱子謂必如明道之議，乃可以大正其本而盡革其弊。惜當時不聽其言，而後世亦無能行之者耳。明清以來，專以科舉取士，所業者不越乎制藝詩賦，而不知正學爲何事。及其極弊，人材消乏，迂疏謬妄，不足以濟時應變，乃掃除而更張之，廢科舉而興學堂，期化無用爲有用，此亦窮則必變之勢，無足怪也。惜其所以爲教，不本之孝弟忠信，而汲汲以開民智爲先務，輕德育，而重智育、體育。平等自由、流血革命之説，浸灌學人胸臆，長其囂陵悖逆之習，斲其良知良能之天。於是學校之設不足以成就人材，而適以敗壞人材。無禮無學，賊民斯興，舉世化爲禽獸魑魅，而神州陸沈之禍，雖有智者，無以善其後矣。

明道先生行狀云：先生爲澤州晉城令，民以事至邑者，必告之以孝悌忠信，入所以事父兄，出所以事長上。度鄉村遠近爲伍保，使之力役相助，患難相恤，而姦僞無所容。凡孤煢殘廢者，責之親戚鄉黨，使無失所。行旅出於其塗者，疾病皆有所養。諸鄉皆有校，暇時親至，召父老與之語。兒童所讀書，親爲正句讀。教者不善，則爲易置。擇子弟之秀者，聚而教之。鄉民爲社會，爲立科條，旌別善惡，使有勸有耻。价按：此述明道爲令教民養民之政，以爲守令之法。後世牧民之官，能留心獄訟，聽斷平允，已稱循吏，求如程子之至誠懇惻、教養兼施者，尟矣。信乎學道則愛人，一命之士苟存心於愛物，於人必有所濟，而純儒之設施固迥異乎俗吏之爲也。价按：以上三節爲一段，一正君德，一詳學制，一爲令教養之法，皆治道之要務也。

萃：「王假有廟。」傳曰：群生至衆也，而可一其歸仰；人心莫知其鄉也，而能致其誠敬；鬼神之不可度也，而能致其來格。天下萃合人心、總攝衆志之道非一，其至大莫過於宗廟。故王者萃天下之道至於有廟，則萃道之至也。祭祀之報，本於人心，聖人制禮以成其德耳。故豺獺能祭，其性然也。易傳。○价按：此言萃天下之道在於宗廟祭祀也。群生品類不齊，而於鬼神則歸仰無二。人心出入無時，而於鬼神則誠敬自盡。人人有一不可度者在其意中，洋洋如在，臨上質旁，自惕然而不敢肆。故萃人心、攝衆志之道，莫過於宗廟。祭祀報本，先王因人心之同然者，制爲節文。成其德，順其性，即所以一其心也。新學家掇拾西説，大倡無鬼之論，甚且以天爲空氣，不能操福善禍淫之權。夫人至於不畏天，不畏鬼神，則亦何事不可爲！舉世盡無忌憚之小人，泯泯棼棼，互相傾軋，互相吞噬，欲統而一之，萃而合之，難矣哉！

古者戍役，再期而還。今年春暮行，明年夏代者至，復留備秋，至過十一月而歸，又明年仲春遣次戍者。每秋與冬初，兩番戍者皆在疆圉，乃今之防秋也。經説。○葉平巖曰：此論采薇遣戍役也。北狄畏暑耐寒，又秋氣弓弩可用[一八]，故秋冬易爲侵暴，每留戍以防之。

聖人無一事不順天時，故至日閉關。遺書。下同。○价按：聖人自飲食起居，以至賞慶刑威，無一事不順天時。周禮、月令所載皆是也。至日閉關，安静以養微陽，亦順天時之一事也。

韓信多多益辦，只是分數明。葉平巖曰：分者，管轄階級之分。數者，行伍多寡之數。分數明，則上下相臨，統紀不紊，所御者愈衆，而所操者常寡。○問：淮陰多多益辦，程子謂「分數明」，如何？朱子曰：此御衆以寡之法。如十萬人，分爲十軍，則每軍有一萬人，大將之所轄者十將而已。一萬又分爲十軍，一軍分爲十卒，則十將所管者十卒正而已。卒正自管二十五人，則所管者三卒正耳。推而下之，兩司馬雖管二十五人，然所自將者五人，又管四伍長。伍長所管，四人而已。至於大將之權，專在旗鼓。大將把小旗，撥發官執大旗，三軍視之以爲進退。若李光弼旗麾至地，令諸軍齊進，死生以之是也。八陣圖自古有之，周官所謂「如戰之陳」，蓋用此法。○价按：「所管者三卒正」，語疑有誤。「三卒正」疑當作「三兩司馬」，俟考。

伊川先生曰：管轄人亦須有法，徒嚴不濟事。今帥千人，能使千人依時及節得飯喫，只如此者亦能有幾人？葉平巖曰：法謂區畫分數之法。○价按：軍旅固以嚴爲主，然管轄亦須有法，徒嚴不濟事。岳忠武論用兵之法，曰「仁信智勇嚴」。仁信勇尚已，智亦最要。智優於百人者，方能管轄百人；智優於千人者，方能管轄千人。智不足而徒以嚴相尚，適足以取怒士卒，激之潰叛已耳，事奚由濟！嘗謂軍中夜驚，亞夫堅卧不起，不起善矣，然猶夜驚何也？亦是未盡善。价按：羅忠節論制敵之道曰：「大學『知止』數語盡之，則『定静』二字固行軍之要旨也。亞夫堅卧不起，知其無事也。然主將能定静，善矣，而軍士未能定静，故猶夜驚，亦未盡善也。」江慎修曰：「舉此以明管轄有法之難。」

管攝天下人心，收宗族，厚風俗，使人不忘本，須是明譜系，收世族，立宗子法。本注：一年有一年工夫。○葉平巖曰：古者諸侯之適子適孫，繼世爲君，其餘庶子不得禰其先君，因各自立爲本派之始祖，其子孫百世皆宗之，所謂大宗也。族人雖五世外，皆爲之齊衰三月。大宗之庶子，又別爲小宗，而小宗有四：其繼高祖之適長子，則與三從兄弟爲宗；繼曾祖之適長子，則與再從兄弟爲宗；繼祖之適長子，則與同堂兄弟爲宗；繼禰之適長子〔一九〕，則與親兄弟爲宗。一身凡事四宗，與大宗爲五宗也。○江慎修曰：後世不行封建，則所謂「別子爲祖，繼別爲宗」者，唯有官職蔭襲者可行。若士庶之家，傳世既久，恐有窒礙難行者矣。今世間有推大宗子主祭者，然無法以維之。其宗子或貧困絶嗣，或流寓四方，或身爲敗類，不足爲族人宗，則難以持久。唯立祠堂，明譜系，使人知尊祖敬宗而收族，則宗法雖不行，庶乎猶有統紀，不至於涣散，而風俗可厚也。朱子嘗言「大宗立不得，亦當立小宗」云。

宗子法壞，則人不自知來處，以至流轉四方，往往親未絶，不相識。今且試以一二巨公之家行之，其術要得拘守得，須是且如唐時立廟院，仍不得分割了祖業，使一人主之。葉平巖曰：立廟院，則人知所自出而不散。不分祖業，則人重其宗而不遷。○价按：不分祖業亦難行。惟建立公産義田，使賢者主之，斯善矣。然亦不能無弊，總視其子孫賢否何如耳。范氏義田，代生賢哲，故守之歷久不廢。吾邑敦本堂孫氏，立宗法，以大宗子主祭，公産三十餘頃，所訂宗約極爲妥善。後人不能承繼先志，吞噬自肥，日事争奪，終歲獄訟不息，致使邑人士咸以立公産爲戒，甚可惜也。

凡人家法，須月爲一會以合族。古人有花樹韋家宗會法，可取也。困學記聞云：「宗會法今不傳，岑參有韋員外家花樹歌：『君家兄弟不可當，列卿太史尚書郎。朝回花底常會客，花撲玉缸春酒香。』此詩見一門花萼之盛。」每有族人遠來，亦一爲之。吉凶嫁娶之類，更須相與爲禮，使骨肉之意常相通。骨肉日疏者，只爲不相見，情不相接爾。价按：月爲一會以合族，此法甚善。若更爲祠禁宗規，相與講明而共守之，父詔其子，兄勉其弟，則賢者有所勸而爲善，不肖者有所懲而不敢爲惡。於睦族之中，更爲保族之道，則大善矣。○沈誠庵曰：無事月會，恐族大人衆，不勝其繁，亦難爲繼。因吉凶嫁娶之類，相與爲禮，最爲合宜。其大者莫如祭祀而備言燕私，因以聚合族人。其次則年及耆艾，糾族稱觴。至於歲時酬酢往來，亦可以篤恩義。如此而骨肉之情常接，自不至於日疏也。

冠婚喪祭，禮之大者，今人都不理會。豺獺皆知報本，今士大夫家多忽此，厚於奉養而薄於先祖，甚不可也。某嘗修六禮，程子嘗言：「某嘗修六禮將就，後被召遂罷，更一二年可成。」然今惟婚禮見文集，祭禮略附一二，及此所言大略耳，餘皆無考。大略家必有廟，本注：庶人立影堂。○朱子曰：古者命士得立家廟。伊川謂無貴賤皆祭自高祖而下，但祭有豐殺疏數不同耳。○祭祖自高祖而下，當如伊川所論。溫公祭自曾祖而下，伊川以高祖有服所當祭，今見於遺書者甚詳。此古禮所無，創自伊川，所以使人盡孝敬追遠之義。○廟中自高祖以下，每世爲一室，而考妣各主同匣。兩娶三娶者，伊川謂廟中只當以元妃配，而繼室者祭之他所，恐於人情不安。唐人自有此議，云當並配，其説見於會要，可考也。出妻決不可入廟。爲子孫者，只合歲時在其家祭之[二〇]，若相去遠，則歲時望拜可也。族祖皆不當祭[二一]，有不可忘者，亦倣此例足矣。○兄弟異居，廟卻不異，只合兄祭而弟與執事，或以物助之爲宜。前輩有相去遠者，則兄家設主，弟不立主，只於祭時旋設位，以紙榜標記逐位，祭畢焚之，似亦得禮之變。廟必有主，本注：高祖以上，即當祧也。主式見文集。又云：今人以影祭，或一髭髮不相似，則所祭已是別人，大不便。○朱子曰：伊川木主制度，其剡刻開竅處，皆有陰陽之數存焉，信乎其有制禮作樂之具也。○問祧禮。曰：天子、諸侯有太廟夾室，則祧主藏於其中。今世人家無此，祧主無可置處。禮注説「藏於兩階」，蓋古者階間人跡不到，取其潔耳。今則混雜，亦難埋於此，看來只得埋於墓所。月朔必薦新，本注：薦後方食。○朱子云：諸家禮皆云薦新用朔，朔新如何得合？但有新即薦於廟。時祭用仲月，本注：止於高祖。旁親無後者，祭之别位。○朱子曰：今之俗節，古所無有，故古人雖不祭而情亦自安。今人既以此爲重，至是日必具殽羞相燕樂，而其節物亦各有宜，故世俗之情，於是日不能不思其祖考，而復以其物享之。雖非禮之正，然亦人情所不能已者，但不當專用此而廢四時之正禮耳。愚意時祭之外，各因鄉俗之舊，以其所尚之時，所用之物，奉以大盤，陳於廟中，而以告朔之禮奠焉，則庶幾合乎隆殺之節，盡乎委曲之情，可行於久遠而無疑矣。韓魏公家處得極好，謂之節祠，殺於正祭。如欲不行，須自家亦不飲酒始得。○排祖先時，以客位西邊爲上。高祖第一，高祖母次之。只是正排着正面，不曾對排，曾祖、祖、父皆然。其中有伯叔、伯叔母、兄弟嫂，無人主祭而我爲祭者，各以昭穆論。如祔祭伯叔，則祔於曾祖之傍一邊，在位牌西邊安。伯叔母則祔曾祖母東邊安，兄弟嫂則祔於祖母之旁。伊川云曾祖兄弟無主者亦不祭，只是以義起也。○江慎修曰：朱子排祖先位以西爲上，蓋謂神道尚右也。然古人祫祭，尸在室，則以東向爲尊，南向昭而北向穆。尸在堂，則以南向爲尊，亦左昭而右穆。今人祭皆在堂，宜以最尊者居中南向，餘皆左右對排，似理得而心安。蓋今人習於東上，若以尊者居西，反若不安也。又如夫婦合葬，夫必當居左，則祭位可知矣。旁親無後者，今人或别設一室祭之，似得伊川先生「祭之别位」之意。○价按：靈峰先生謂祠廟神主宜復尚右之制。貞立則謂尚右固是古制，但今人堂室尚左已久，門户有定，楹聯、扁額、署款無不尚左，而忽於其中行尚右之禮，窒礙殊多。且東方物所生，尚左亦未嘗無義可執。一二好禮君子，必欲復古人尚右之制，非特勢有所不能，亦理可以不必也。

冬至祭始祖，本注：冬至，陽之始也。始祖，厥初生民之祖也。無主，於廟中正位設二位，合考妣享之。○江慎修曰：本注「厥初生民之祖」，疑亦指受氏者言之，如周之后稷也。程子嘗言「我祖喬伯，始封於程」，則喬伯爲程氏之始祖。今人祭始祖，或以受姓，或以改姓，或以有大功德，或以始遷，家自爲禮，亦各有義。其太荒遠者，則亦不祭矣。**立春祭先祖**，本注：立春，生物之始也。先祖，始祖而下，高祖而上，非一人也。亦無主，設兩位分享考妣。○朱子曰：始祖、先祖之祭，伊川方有此説，固足以盡孝子慈孫之心。然嘗疑其禮近於禘祫，非臣民所得用，遂不敢行。古者大夫以下，極於三廟，而于祫可以及其高祖。今用先儒之説通祭高祖，已爲過矣。其上世久遠，自合遷毀，不當更祭也。〇江慎修曰：程子主於追遠，朱子主於限制，學者擇焉。今人祀祖，即從始祖祭之，其禮簡略，似亦無害。又因是使人不忘其祖，亦可以勵薄俗云。季秋祭禰，本注：季秋，成物之始也。忌日遷主，祭於正寢。朱子曰：古無忌祭，近日諸先生方考及此。〇价按：禮記祭義「君子有終身之喪」，忌日是也。靈峰先生曰：「忌日以喪禮處之，黲巾素服以居，不飲酒，不食肉，不内寢，哀至則哭。」此古今之通禮。申屠蟠忌日哀戚，輒三日不食。朱子遇諱日，必舉家蔬食，白絹、衫帶、黲巾以居，其庶乎得禮意與！凡事死之禮，當厚於奉生者。人家能存得此等事數件，雖幼者可使漸知禮義。

卜其宅兆，卜其地之美惡也。地美則神靈安，其子孫盛。然則曷謂地之美者？土色之光潤，草木之茂盛，乃其驗也。而拘忌者惑以擇地之方位，決日之吉凶，甚者不以奉先爲計，而專以利後爲慮，尤非孝子安厝之用心也。惟五患者不得不慎：須使異日不爲道路，不爲城郭，不爲溝池，不爲貴勢所奪，不爲耕犁所及。本注：一本所謂五患者：溝渠，道路，避村落，遠井、窑。〇問風水之説。朱子曰：伊川先生力破俗説，然亦自言須是風順地厚之處乃可。然則亦須稍有形勢，拱揖環抱，無空闕處，乃可用也。但不用某山某水之説耳。伯恭卻只胡亂平地上便葬，大不是。〇答孫敬甫曰：陰陽家説，前輩所言固爲正論，但恐幽明之故有所未盡，故不敢從。今亦不須深考其書，但道路所經，耳目所接，有數里無人烟處，有欲住者亦住不得，其成聚落有宅舍處，便須山水環合，略成氣象。然則欲掩藏其祖父，安處其子孫者，亦豈可都不揀擇，以爲久遠安寧之慮，而率意爲之乎？但不當極意過求，必爲富貴利達之計耳。此等事自有酌中恰好處，便是正理。世俗固爲不及，而必爲高論者似亦過之也。

正叔云：某家治喪，不用浮圖。在洛亦有一二人家化之。司馬温公曰：世俗信浮屠誑誘，於始死及七日、百日、期年、再期、除喪，飯僧設道場，或作水陸大會，寫經造象，修建塔廟，云爲死者滅彌天罪惡，必生天堂，不爲者必入地獄。唐廬州刺史李舟與妹書曰[二二]：「天堂無則已，有則君子登；地獄無則已，有則小人入。」世人親死而禱浮屠，是不以其親爲君子，而爲積惡有罪之小人也，何待其親之不厚哉！就有罪過，豈賂浮屠所能免？甚至有傾家破産而後已，與其如此，曷若早賣田營墓而葬之乎？○問：居喪不用浮屠[二三]，或親意欲用之，不知當如何處？朱子曰：且以委曲開釋爲先，如不可回，則又不可咈親意也。

今無宗子，故朝廷無世臣。若立宗子法，則人知尊祖重本。人既重本，則朝廷之勢自尊。古者子弟從父兄，今父兄從子弟，由不知本也。且如漢高祖欲下沛時，只是以帛書與沛父老，其父兄便能率子弟從之。又如相如使蜀，亦遺書責父老，然後子弟皆聽其命而從之。只有一個尊卑上下之分，然後順從而不亂也。若無法以聯屬之，安可？且立宗子法亦是天理。譬如木必有從根直上一幹，亦必有旁枝；又如水雖遠必有正源，亦必有分派處，自然之勢也。然又有旁枝達而爲幹者，故曰：古者天子建國，諸侯奪宗[二四]。顧亭林曰：自治道愈下，而國無强宗，無强宗是以無立國。内潰外畔，卒至於亡。然則宗法之存非所以扶人紀而張國勢者乎？近世氏族之盛，莫過於唐，河中爲唐近畿，若解之柳，聞喜之裴，皆歷仕數百年，冠裳不絶。汾陰之薛，憑河自保，於石虎、苻堅割據之際，而未嘗一仕其朝。猗氏之樊，至舉義兵以抗高歡之衆。此非三代之法猶存，而其人之賢者又率之以保家亢宗之道，胡以能久而不衰如是？自唐之亡，譜牒與之俱盡，而裴樞輩六七人，猶爲全忠所忌，必待殺之白馬驛而後篡唐，氏族之有關於人國如此。予嘗歷覽河北、山東，自兵興以來，州縣之能不至於殘破者，多得之豪家大姓之力，而不盡恃乎長吏。周禮太宰以九兩繫邦國之民，五曰宗以族得民。觀裴氏之與唐存亡，亦略可見矣。夫不能復封建之治，而欲藉士大夫之勢以立其國者，其在重氏族哉！其在重氏族哉！○价按：咸同間捻、髮之亂，城池之保存者，多藉本地士紳之力，誠如亭林所云。而費縣之王，汝南之張，以鄉村土堡，抗賊勢方張之焰，支撑六七年，屹然爲一方保障。世家强宗，有益於國家如是。新學家謂「必破壞家族，乃能成立國家主義」，洵囈言也。价按：自「萃，王假有廟」至此爲一段，詳論宗廟戍役兵謀宗法，及祭祀喪葬之禮。

邢和叔敘明道先生事云：堯、舜、三代帝王之治，所以博大悠遠，上下與天地同流者，先生固已默而識之。至於興造禮樂、制度文爲，下至行師用兵，戰陣之法，無所不講，皆造其極。外之夷狄情狀，山川道路之險易，邊鄙防戍，城寨斥候，控帶之要，靡不究知。壘土居民曰城，木柵處兵曰寨。斥，遠也。候，伺也。謂遠伺敵人。控，制禦也。帶，圍護也。其吏事操決，文法簿書，又皆精密詳練。若先生，可謂通儒全才矣。附録。

介甫言律是八分書，是他見得。外書。○朱子曰：律是刑統，歷代相傳，至周世宗命竇儀注解，名曰刑統。與古法相近，故曰「八分書」。又曰：律所以明法禁非，亦有助於教化，但於根本上少有欠缺耳。是他見得，蓋許之之辭。○价按：刑以弼教，律中所言，多以扶植倫教爲主，故謂之「八分書」。若宣統庚戌所定父母危及子財産之律、處女寡婦和姦無刑之律，則傷教悖理甚矣。价按：以上二節爲一段，以帝王之治、禮樂、制度、兵陣、夷情、吏事總收前文，而以刑律附焉。

横渠先生曰：兵謀師律，聖人不得已而用之。其術見三王方策、歷代簡書。惟志士仁人爲能識其遠者大者，素求預備而不敢忽忘。文集。下同。○葉平巖曰：好謀而成，師出以律。雖聖人用師，無謀必敗，無律必亂。非若後世譎詐以爲謀，酷暴以爲律，斯其爲遠者大者。○江慎修曰：志士仁人，有任天下之志，有憂天下之心，故兵事亦留意焉。横渠先生少年喜談兵，所謂素求預備，不敢忽忘者。○价按：儒者有志保國保民，必不可以不知兵。古之學者，文武並重。學禮樂即習射御。聖門中有若踴幕，冉有用矛，樊遲踰溝，皆能置身行間，執干戈以衛社稷。宋以後文武分途，士習爲辭章無用之學，自命風雅，而以兵爲鄙事，付之武夫悍卒。人以入伍爲耻，國無尚武之風，外侮至而不能禦，内亂起而不能平，日削日弱，而國將不國矣。○士必有沈毅之質、畏慎之心，然後可以談兵。輕浮少年，略讀幾卷兵書，涉獵武技壬遁之術，輒慷慨自負，以爲諸葛復生，羅山、璞山俱不難爲，大言不慚，放言無忌，其不爲趙括、馬謖幾何？故兵謀不可不學，而亦不可以易而學也。

肉辟，於今世死刑中取之，亦足寬民之死過。此當念其散之之久。江慎修曰：肉辟，墨、劓、剕、宫也。張子欲以此代死刑之情輕者，亦足寬其死過。蓋上失道而民散久，不幸入於死罪，所當念也。今世死刑情輕者，但於流徒減等，終不忍用肉辟，尤善。○价按：不忍用肉辟固善。近世新律，改笞杖徒流爲罰鍰，爲無期徒刑、有期徒刑，苦工習藝，尤合於周禮圜土之法。然刑輕而民易犯，其於爲治之道固猶未得其平也。

呂與叔撰横渠先生行狀云：先生慨然有意三代之治[一一五]，論治人先務，未始不以經界爲急。嘗曰：「仁政必自經界始。貧富不均，教養無法，雖欲言治，皆苟而已。世之病難行者，未始不以亟奪富人之田爲辭。然兹法之行，悦之者衆，苟處之有術，期以數年，不刑一人而可復，所病者特上之人未行耳。」乃言曰：「縱不能行之天下，猶可驗之一鄉。」方與學者議古之法，共買田一方，畫爲數井，上不失公家之賦役，退以其私正經界，分宅里，立斂法，廣儲蓄，興學校，成禮俗，救菑恤患，敦本抑末，足以推先王之遺法，明當今之可行。此皆有志未就。問：横渠復井田之法如何？朱子曰：這個事某皆不敢深考。而今只是差役，尚有萬千難行處，莫道便要奪他田，他豈肯？講學時且恁地講，若欲行之，須有機會。經大亂之後，天下無人，田盡歸官，方可給與民。如唐口分、世業，是從魏晉積亂之極，至元魏及北齊、後周，乘此機方做得。荀悦漢紀一段，正説此意，甚好。若平世則誠難行。

横渠先生爲雲巖令，政事大抵以敦本善俗爲先。每以月吉具酒食，召鄉人高年會縣庭，親爲勸酬，使人知養老事長之義。因問民疾苦，及告所以訓戒子弟之意。行狀。○价按：此述横渠先生爲雲巖令教民養民之政，以爲守令之法。

横渠先生曰：古者有東宮，有西宮，有南宮，有北宮，異宮而同財。江慎修曰：此儀禮喪服傳文。

此禮亦可行。古人慮遠，目下雖似相疏，其實如此乃能久相親。蓋數十百口之家，自是飲食衣服難爲得一。又異宫乃容子得伸其私，所以避子之私也。子不私其父，則不成爲子。古之人曲盡人情。必也同宫，有叔父、伯父，則爲子者何以獨厚於其父？爲父者又烏得而當之？父子異宫，爲命士以上，愈貴則愈嚴。故異宫猶今世有逐位，非如異居也。樂説。○朱子曰：古者宗法有南宫、北宫，便是不分財，也須異爨。今若同爨固好，只是少間人多了，又卻不整齊，又不如異爨。○价按：同居同爨似親，然事繁人雜，難以持久，則親之適以疏之。異居異爨似疏，然易於整頓，可以持久，則疏之正以親之。惟末世人情衰薄，異居即須異財，使子姪知生計之艱，各謀所以自立，乃爲保家之道。但能有無相通，患難相恤，勿失其友愛之心，斯善矣。若異居而猶同財，一家用度全仰給於一人，養成子姪依賴性質，一旦失其所恃，必貽顛覆之禍。慕長厚之虚名而無以善其後，明達者所不爲也。

治天下不由井地，終無由得平。周道只是均平。語録。下同。○价按：周道均平，故可以長治久安。後世之法，不均不平，故治日常少，亂日常多。西洋競言平等，然能平上下之等，而不能平貧富之等。大資本家、大地主家，役使勞動家如奴隸。貧者永貧，富者永富，不平已極，故有今日罷工、共産之禍。亂機所煽，行且及於吾國，甚可畏也。

井田卒歸於封建，乃定。朱子曰：井田、封建，皆易得致蔽。○封建、井田，乃聖王之制，公天下之法，豈敢以爲不然。但在今日恐難下手。設使强做得成，亦恐意外别生弊病，反不如前，則難收拾耳。此等事未須深論，他日讀書多，歷事久，當自見之也。○程先生幼年屢説須要井田、封建，到晚年又説難行。想是他經歷世故之多，見得事勢不可行。○价按：井田、封建均難行。靈峰先生主張井田甚力，予未敢附和。劉幼雲謂：「井田、傳賢，皆聖王至公至平之法。然古今時勢不同，行之今日，必至致亂。」洵篤論也。封建行於閉關之世，已未免利少害多。若處列强環伺之世，則萬無可行之理。微論封國百里之制不足以自立，即一省自爲一國，如美、德聯邦之制，亦形勢涣散，必召瓜分之禍。在昔印度，固洋洋大一統之國也，其後分國若干，乃爲英人所乘，亡不旋踵。天下之勢，合則强，分則弱。匈奴分南北而衰，羅馬分東西而亡，自古爲然，於今尤烈。近歲各省懲於兵禍，倡爲自治之説，以冀免武人之魚肉，謀近而不慮遠，吾懼吾神州爲印度之續也。○末二節以「治道」遥應首節，收結通篇。以「平」字應首節「作樂以平天下之情」，起下卷武怒悲哀不平之意。价按：自「横渠先生曰兵謀師律」至此爲一段，詳論兵刑、井田、封建，爲令政事，及異宫同財之禮。

【校勘記】

〔一〕和而不流　「流」，葉本作「淫」。

〔二〕而欲致治者　「致」，葉本、江本作「至」。

〔三〕禮樂先壞　「樂」，茅本作「學」。

〔四〕諸儒補葺　「葺」，茅本作「輯」。

〔五〕治天下以正風俗得賢才爲本　「得」，原作「待」，據葉本、江本改。

〔六〕治民常産　「治」，葉本、江本作「制」。

〔七〕古者政教始乎鄉黨　「黨」，葉本、江本作「里」。

〔八〕其法始於比閭族黨州鄉酇遂　「始」，葉本作「起」。
〔九〕刑罰鮮犯　「罰」，葉本作「法」。
〔一〇〕則未免大害　「害」，葉本作「患」。
〔一一〕姑欲徇名而遂廢其實　「徇」，原作「循」，據葉本、江本改。
〔一二〕欲令人主於一日之中　「人主」二字，葉本作「上」。
〔一三〕忘骨肉之恩　「恩」，葉本、江本作「愛」。
〔一四〕太學則有舍選捷徑　「則」下，茅本有「兼」字。
〔一五〕使與諸州不甚相遠　「不甚相遠」，茅本作「不至甚遠」。
〔一六〕非庠序育才掄秀之道　「才」，葉本、江本作「材」。
〔一七〕聞虜中科舉罷　「虜中」，茅本作「金法」。
〔一八〕又秋氣弓弩可用　「氣」下，葉本有「折膠則」三字。
〔一九〕繼禰之適長子　「適」，據葉本、江本補。
〔二〇〕只合歲時在其家祭之　「家」下，茅本有「之廟」二字。
〔二一〕族祖皆不當祭　「祖」下，茅本有「及諸旁親」四字。
〔二二〕唐廬州刺史李舟與妹書曰　按：李舟，字公受，仕至虔州刺史，非廬州。其事見新唐書宰相世系表、唐國史補等書。

〔二三〕居喪不用浮屠　「居」，茅本、江本作「治」。

〔二四〕諸侯奪宗　「宗」下，葉本、江本有「云」字。

〔二五〕先生慨然有意三代之治　「慨」，原作「既」，據葉本、江本改。

近思録解義卷之十 凡六十四條

朱子曰：此卷「處事之方」。价按：此卷以事君愛民、處事與人之道爲主，以存誠、得中、守正爲總旨，以義理爲分意，體似立綱。首五節爲一篇綱領，以下分三段發明之。

伊川先生上疏曰：夫鐘，怒而擊之則武，悲而擊之則哀，誠意之感而入也。告於人亦如是，古人所以齋戒而告君也。臣前後兩得進講，未嘗敢不宿齋預戒，潛思存誠，覬感動於上心。若使營營於職事，紛紛其思慮，待至上前，然後善其辭説，徒以頰舌感人，不亦淺乎？文集。下同。○价按：此節以怒武悲哀之不平，承上卷末節「平」字之意。以「誠」字領起通篇，告君必以誠，誠至方能動物。經筵進講，固當善其辭説，開陳善道，以禁閉君之邪心。然必潛思存誠，庶幾有所感動。夫虚假非誠，二三亦非誠，伊川地位豈有虚假？但使營營於職事，紛紛其思慮，則心不免於二三，而誠意少散矣。誠不至而欲以頰舌感人，不可得也。○問：伊川未進講時有間斷否？朱子曰：尋常未嘗不誠，臨見君時又加意爾，如孔子沐浴而告哀公是也。

伊川答人示奏藁書云：觀公之意，專以畏亂爲主。頤欲公以愛民爲先，力言百姓飢且死，丐朝廷哀憐，因懼將爲寇亂，可也。不惟告君之體當如是，事勢亦宜爾。公方求財以活人，祈之以仁愛，則當輕財而重民；懼之以利害，則將恃財以自保。古之時，得丘民則得天下。後世以兵制民，以財聚衆，聚財者能守，保民者爲迂。惟當以誠意感動，覬其有不忍之心而已。价按：此言告君之體，當以誠意感動，勸以愛民，不當怵以畏亂。孟子告齊、梁之君，皆動其不忍之心，以勸其發政施仁，未嘗以利害爲言。後世兵與農分，人主所以自衛與所以制民者，皆在於兵。懼以寇亂，則將聚財以養兵，而不肯散財以得民矣。惟感以誠意，覬其有不忍之心，庶於事有濟耳。○葉平巖曰：後世以兵制民，謂民有所不足畏；以財養兵，謂財有所不可闕。於是以聚財爲守國之道，以愛民爲迂緩之事。苟徒懼之以禍亂，則無惻隱愛民之心，愈增其聚財自守之慮矣。

明道爲邑，及民之事，多衆人所謂法所拘者，然爲之未嘗大戾於法，衆亦不甚駭。謂之得伸其志則不可，求小補，則過今之爲政者遠矣。人雖異之，不至指爲狂也。至謂之狂，則大駭矣。盡誠爲之，不容而後去，又何嫌乎？价按：告君以誠，愛民亦以誠。守令之官，拘於法者不能有爲，有爲者又多戾於法，以取人之駭怪。明道道大德盛，從容裁處，不拘於法，亦不大戾於法。雖未能制民之産，得伸其教民養民之志，然過今之爲政者遠矣。蓋盡誠爲之，忠厚懇惻之意有以深喻乎人心。故雖變通於法之外，而人不至指爲狂也。○按：先生爲邑，正熙寧行新法。

明道先生曰：一命之士，苟存心於愛物，於人必有所濟。价按：一命之士，苟存誠心以愛民，必思爲民解忿息争，興利除害，有實惠以及人。人特患無愛民之心耳，勿諉爲官小而不得有爲也。

伊川先生曰：君子觀天水違行之象，知人情有争訟之道。故凡所作事，必謀其始，絶訟端於事之始，則訟無由生矣。謀始之義廣矣，若慎交結、明契券之類是也。易傳。下同。○价按：君子無所不用其誠，而作事則有道矣。天行於上，水行於下，兩相距違，訟之象也。君子作事必謀其始，揆理度情，凡可以致訟端者，皆預有以絶之，則訟無由生。謀始之義甚廣，若慎交結，明契券，皆其事也。价按：自篇首至此爲一段，揭出告人、告君、愛民、作事四項，以爲一篇綱領。

師之九二，爲師之主，恃專則失爲下之道，不專則無成功之理，故得中爲吉。凡師之道，威和並至則吉也。价按：此言爲將之道貴於威和並用，以得中爲吉也。葉平巖曰：不恃專者，如衛青不敢專誅，歸諸天子使自裁是也[一]。專者，如「將在軍，君命有所不受」是也[二]。威而不和，則懼而離；和而少威，則玩而弛[三]。九二剛中，故有威和交濟之象。

世儒有論魯祀周公以天子禮樂，以爲周公能爲人臣不能爲之功，則可用人臣不得用之禮樂。是不知人臣之道也。夫居周公之位，則爲周公之事，由其位而能爲者，皆所當爲也。周公乃盡其職耳。師九二傳。○价按：此言人臣之道，所能爲者皆所當爲，無過分之事也。周公亦祇盡其職耳。後世人臣恃功驕恣，或賞不酬庸，而以怨望賈禍，由不知此義故也。○江慎修曰：臣事君猶子事父[四]，皆無過分之事。

大有之九三曰：「公用亨于天子，小人弗克。」傳曰：三當大有之時，居諸侯之位，有其富盛，必用亨通於天子[五]，謂以其有爲天子之有也，乃人臣之常義也。若小人處之，則專其富有以爲私，不知公己奉上之道，故曰「小人弗克」也。价按：此言人臣之道，不當私其所有也。古者諸侯朝覲，貢獻方物，以其有爲天子之有，而不敢自私。此人臣之常職，非如唐之藩鎮，朘削百姓，進羨餘以逢其君也。小人擅其富强，厚自封殖，不知奉上之道，故曰「小人弗克」。衰亂之世，度支告匱，司農仰屋，而自大吏以至守令，莫不貪於貨賄，飽其囊橐，盈千累萬，以快其酣豢富貴之私，國愈貧而若輩愈富。歷代之亡，所以致之者非一，而臣下各私所有，實其大端也。○朱子曰：古者亨通之亨，享獻之享，烹飪之烹，皆作「亨」字。「公用亨於天子」，分明是「亨」字，解作「亨」字不是。

人心所從，多所親愛者也。常人之情，愛之則見其是，惡之則見其非。故妻孥之言，雖失而多從。所憎之言，雖善爲惡也。苟以親愛而隨之，則是私情所與，豈合正理？故隨之初九，出門而交，則有功也。价按：此言相隨之道。門以内以親愛而隨之，則牽於私情，不合正理。惟出門以交，絶其昵比，擇善而從，則得其是非之正，而所從爲有功也。

隨九五之象曰：「孚于嘉吉，位正中也。」傳曰：隨以得中爲善，隨之所防者過也。蓋心所説隨，則不知其過矣。价按：所隨雖合正理，尤以得中爲善。雖同心同德，亦當防其阿比而不可或過。蓋以説而隨，易失之過，防其過而後能得乎中也。

坎之六四曰：「樽酒，簋貳，用缶，納約自牖，終无咎。」傳曰：此言人臣以忠信善道結於君心，必自其所明處乃能入也。人心有所蔽，有所通，通者明處也。當就其明處而告之，求信則易也，故曰「納約自牖」。能如是，則雖艱險之時，終得无咎也。且如君心蔽於荒樂，唯其蔽也故爾，雖力詆其荒樂之非，如其不省何？必於所不蔽之事，推而及之，則能悟其心矣。自古能諫其君者，未有不因其所明者也。故訐直强勁者，率多取忤，而温厚明辨者，其説多行。舊説，此言積誠以動主心，當因其明而開導之，則易於聽信也。一樽之酒，二簋之食，復以瓦缶爲器，質樸之極，所謂「忠信善道」也。牖者，室之所以通明也。蓋忠信者，納約之本，而進言之時又必自其明處而告之，則吾之言易入，而彼之蔽易開。古之善諫其君者，其言温厚和平，其理明白昭析，故人君易於感悟聽從，所謂「納約自牖，終无咎」也。○葉平巖曰：訐直則無委曲，强勁則乏和順。温厚者其氣和，明辨者其理著。○李青函曰：温厚非柔媚，明辨非阿諛，高允有焉。非唯告於君者如此，爲教者亦然。夫教必就人之所長，所長者，心之所明也。從其心之所明而入，然後推及其餘，孟子所謂「成德」、「達才」是也。

恒之初六曰：「浚恒，貞凶。」象曰：「浚恒之凶，始求深也。」傳曰：初六居下，而四爲正應。四以剛居高，又爲二三所隔，應初之志，異乎常矣。而初乃求望之深，是知常而不知變也。世之責望故素而至悔咎者，皆浚恒者也。价按：進言固貴因其所明，又必審時度勢。初六居下，位卑交淺，未可深有所求。四爲正應，以剛居高，情不下接，又爲二三所隔，應初之志，異乎常矣。初柔暗不能度勢，深以常理求之，言欲其聽，施欲其報，不量而入，徒取疏辱。故雖貞亦凶，賈生之陳疏，劉蕡之對策，皆浚恒也。

遯之九三曰：「係遯，有疾厲，畜臣妾吉。」傳曰：係戀之私恩，懷小人、女子之道也。故以畜養臣妾則吉。然君子之待小人，亦不如是也。舊説，此言遯貴決而速，不可有所係戀也。疾謂名節之虧，厲謂中傷之危。以係戀之私恩，用於畜養僕妾，則得其心而吉。此非教其畜臣妾，乃言其不可大事耳。君子之待小人，當去則決於必去，不可有所係戀姑息，而貽無窮之悔也。

睽之象曰：「君子以同而異。」傳曰：聖賢之處世，在人理之常，莫不大同，於世俗所同者，則有時而獨異。不能大同者，亂常拂理之人也；不能獨異者，隨俗習非之人也。要在同而能異耳。价按：聖賢處世，循理而不徇俗，故大同之中有時獨異。視聽言動，聖賢與人同也。而姦聲亂色不留聰明，淫樂慝禮不接心術，則異矣。飲食男女，聖賢與人同也。而飲食必得其正，夫婦相敬如賓，則異矣。不能大同，則亂常拂理，而爲潔身亂倫之畸士。不能獨異，則隨俗習非，而爲同流合汙之鄉原。佛、老異而不同，鄉原同而不異，君子以同而異。

睽之初九，當睽之時，雖同德者相與，然小人乖異者至衆，若棄絶之，不幾盡天下以仇君子乎？如此則失含弘之義，致凶咎之道也，又安能化不善而使之合乎？故必見惡人，則无咎也。古之聖王，所以能化姦凶爲善良，革仇敵爲臣民者，由弗絶也。价按：君子雖不隨俗習非，有時亦不棄絶小人，包容含宏，開其自新之路，方能化不善而使之合，故必見惡人則无咎也。然此乃大賢以上之事，初學而欲爲此，則亂於小人之群，而反爲彼所化矣。○朱子答張敬夫曰：所疑小人不可共事，固然。然堯不誅四凶，伊尹五就桀，孔子行乎季孫，惟聖人有此作用，而明道或庶幾焉。觀其所在爲政而上下響應，論新法而荆公不怒，同列意異者亦稱其賢，此等事類非常人所及，所謂「元豐大臣當與共事」，蓋實見其可而有是言，非傳聞之誤也。然力量未至此而欲學之，則誤矣。○伊川氣象自是與明道不同，而其論變化人才，亦有此意。易傳於睽之初爻，亦有不絶小人之説，足見此事自是正理當然，非權譎之私也。然亦須有明道如此廣大規模，和平氣象，而其誠心昭著，足以感人，然後有以盡其用耳。

睽之九二，當睽之時，君心未合，賢臣在下，竭力盡誠，期使之信合而已。至誠以感動之，盡力以扶持之，明義理以致其知，杜蔽惑以誠其意，如是宛轉以求其合也。「遇」非枉道逢迎也，「巷」非邪僻由徑也，故象曰：「遇主於巷，未失道也。」价按：此言臣之於君當委曲以求合也。至誠感動，盡力扶持，所以盡己之心。明義理，杜蔽惑，所以啓沃君心。遇主於巷，宛轉求合，非逢迎亦非由徑。蓋二五正應，九二以剛中行之，故委曲而非失道。若陸宣公之奏議，伊川之進講，朱子之封事，莫不竭忠盡誠，委曲詳備，以冀倖君之一悟，皆是道也。

損之九二曰：「弗損益之。」傳曰：不自損其剛貞，則能益其上，乃益之也。若失其剛貞而用柔説，適足以損之而已。世之愚者，有雖無邪心，而惟知竭力順上爲忠者，蓋不知「弗損益之」之義也。价按：委曲固所以求合，而剛貞亦所以益上。剛中守正，不自貶損，人君有所敬畏，百僚憚其風裁，弗損於己，而有益於人。若失其剛貞而用柔説，以順上爲忠，於己有損，於人無益，是不知「弗損益之」之義也。

益之初九曰：「利用爲大作，元吉，无咎。」象曰：「元吉，无咎，下不厚事也。」傳曰：在下者本不當處厚事。厚事，重大之事也。以爲在上所任，所以當大事，必能濟大事而致元吉，乃爲无咎。能致元吉，則在上者任之爲知人，己當之爲勝任，不然則上下皆有咎也。价按：剛貞固所以益上，而作事則必求盡善。朱子曰：初九上爲四所任而作大事，必盡善而後无咎。若所作不盡善，未免有咎也。故釋之曰「下不厚事也」。蓋在下之人不當重事，若在下之人爲在上之人作事未能盡善，自應有咎。又云：不惟己不安，而亦累於上。○价按：此乃受不次之擢、非常之任。如霍光受遺詔輔少主，卒能安漢，則武帝爲付託得人，而光亦爲能勝其任也。

革而無甚益，猶可悔也，況反害乎？古人所以重改作也。革卦彖傳。○价按：大作固必求盡善，而改作究未可輕言。朱子曰：「爲政如無大利害，不必議更張。議更張，則所更之事未成，鬨然成擾，卒未已也。」

漸之九三曰：「利禦寇。」傳曰：君子之與小人比也，自守以正。豈惟君子自完其己而已乎？亦使小人得不陷於非義。是以順道相保，禦止其惡也。价按：君子與小人同列，自守以正，而人無敢干以私，所以全其在己者而已。然小人亦有所嚴憚，而不敢縱恣以陷於非義，則亦足以禦止其惡也。

旅之初六曰：「旅瑣瑣，斯其所取災。」傳曰：志卑之人，既處旅困，鄙猥瑣細，無所不至，乃其所以致悔辱、取災咎也。趙氏汝楳曰：凡旅必有所志，君子志於行道，商賈志於懋遷。志卑之人，不能識其大者，而較錐刀之小利，計瑣屑之末節，人將咸厭且怒，所以致辱而取災也。○葉平巖曰：此教人處旅困之道，當略細故、存大體，斯免悔咎。

在旅而過剛自高，致困災之道也。旅九三傳。○葉平巖曰：過剛則暴戾而乏和順，自高則驕亢而人不親附。○舊說，處旅以柔順謙下爲先。九三過剛不中，居下之上，驕亢自高，取困災之道也。

兑之上六曰：「引兑。」象曰：「未光也。」傳曰：説既極矣，又引而長之，雖説之之心不已，而事理已過，實無所説。事之盛則有光輝，既極而强引之長，其無意味甚矣，豈有光也？价按：過剛固足以取災，而過説亦未免失己。上六居説之極，專務説人，引下二陽，相與爲説，心之曖昧甚矣，故曰「未光」。易義如此，程傳所言未詳其意，姑闕所疑。

中孚之象曰：「君子以議獄緩死。」傳曰：君子之於議獄，盡其忠而已；於決死，極其惻而已[六]。天下之事，無所不盡其忠，而議獄緩死最其大者也。价按：獄者民命所關，稍有不盡其心，則死者不可復生，而貽無窮之悔。君子於議獄盡其忠，而於入中求出，於決死極其惻，而於死中求生，必使用刑者無毫髮之疑，受刑者無毫髮之憾，而後爲仁人之用心也。

事有時而當過，所以從宜，然豈可甚過也？如過恭、過哀、過儉，大過則不可，所以小過爲順乎宜也。能順乎宜，所以大吉。小過傳。○舊説，此言事貴從宜，可以小過，而不可以甚過也。如行可小過乎恭，大過而至於足恭則不可。喪可小過乎哀，大過而至於滅性則不可。用可小過乎儉，大過而至於隘陋則不可。合於事宜，於理爲順，雖小過於常，奚傷乎？○李青函曰：如哭顔子而慟，哀之當過而從宜者也。撝謙，當過恭也。二簋，當過儉也。

防小人之道，正己爲先。小過九三傳。○价按：防小人而挾智用術，則君子之心計必不敵小人之奸詐。惟正其在己，兢兢焉以求寡過而已。禍福之來，聽之可也。○王伯厚曰：申屠嘉不受私謁，則可以折幸臣。董仲舒正色率下［七］，則可以事驕主。魏相以廉正，霍氏不能誣。袁安、任隗以素行，竇氏無以害。故曰「正己爲先」。价按：自「師之九二」至此爲一段，引易傳之言，以明事君、待人、愛民、處事之道在於安義理之當然，以盡誠爲本，以得中爲善，而歸於以正己爲先。

周公至公不私，進退以道，無利欲之蔽。其處己也，夔夔然存恭畏之心；其存誠也，蕩蕩然無顧慮之意。所以雖在危疑之地，而不失其聖也。詩曰：「公孫碩膚，赤舄几几。」經說。下同。○朱子曰：孫，讓也。碩，大也。膚，美也。赤舄，冕服之舄也。几几，安重貌。价按：人於變故之來，每失其常度，求如謝太傅之圍棋賭墅，寇萊公之飲博歡呼，已不易得。然皆出於矯情，而不免於有意也。周公進退以道，至公而無一毫利欲之蔽。其處己也，夔夔然戒謹卑順，常存恭畏；其存誠也，蕩蕩然廣大寬平，無少顧慮。所以雖遭危疑而不失其聖，步履之間亦安重如常也。

采察求訪，使臣之大務。价按：采察求訪，以周知閭閻之疾苦，地方之風俗利病，在野之隱逸賢士，宣上德而達下情，莫要於此，故爲使臣之大務。

明道先生與吴師禮談介甫之學錯處，謂師禮曰：「爲我盡達諸介甫，我亦未敢自以爲是。如有説，願往復。此天下公理，無彼我，果能明辨，不有益於介甫，則必有益於我。」遺書。下同。○

价按：天下之理惟其是而已。但能捐去彼我之見，虛心求益，往復辨明，以折衷至當，則人己兩有所益。明道之言，大公無我，而介甫自以爲是，所以卒於執拗，以誤國而病民也。○朱子曰：義理，天下之公，而人之所見有不能盡同者，正當虛心平氣，相與熟講而徐究之，以歸於是，乃是吾黨之責，而向來講論之際，見諸賢皆有立我自是之意，至今常不滿也。

天祺在司竹，常愛用一卒長，及將代，自見其人盜筍皮，遂治之無少貸。罪已正，待之復如初，略不介意。其德量如此。舊説，溺愛者不能治之無少貸，遷怒者不能待之復如初。即此一事，足以見天祺德量之宏。

因論「口將言而囁嚅」云：若合開口時，要他頭也須開口。本注：如荆軻於樊於期。○事見史記刺客列傳。須是「聽其言也厲」。价按：理之當然者，即當直言無隱，不可有所畏懾而不敢言。然必見理明，養氣盛，禍福榮辱毁譽之念無一毫介於胸中，方能侃侃不撓，無少顧忌，否則不能然矣。○朱子曰：所謂「合開口」者，亦曰理之所當言耳。樊於期事，非理之所當言者。蓋取其事之難言而猶言之，非以爲理之當言也。

須是就事上學。蠱「振民育德」，然有所知後方能如此。「何必讀書，然後爲學？」价按：爲學期於有用，博稽載籍，投之以事而茫然莫措，則學爲無用矣。故教以就事上學。○葉平巖曰：振民育德，修己治人之事。然必知之至，而後行之至，無非學也。豈但讀書而後謂之學哉[八]？程子之教，固以讀書窮理爲先務，然不就事而學，則捨簡策之外，凡應事接物之際不知所以用力，其學之間斷多矣。與子路之言異。

先生見一學者忙迫，問其故。曰：「欲了幾處人事。」曰：「某非不欲周旋人事者，曷嘗似賢急迫？」价按：此言作事宜戒忙迫。葉平巖曰：事雖多，爲之必有序；事雖急，應之必有節。未聞可以急遽苟且而處之者。

安定之門人，往往知稽古愛民矣，則於爲政也何有？舊説，安定之教，以明體適用爲主，故置經義、治事二齋。居經義齋者，讀書窮理，有稽古之功。居治事齋者，存心濟世，有愛民之具。體用兼備，本立道生，以之爲政，不難矣。

門人有曰：吾與人居，視其有過而不告，則於心有所不安。告之而人不受，則奈何？曰：與之處而不告其過，非忠也。要使誠意之交通，在於未言之前，則言出而人信矣。又曰：責善之道，要使誠有餘而言不足，則於人有益，而在我者無自辱矣。价按：信而後諫，未信則以爲謗。誠意未孚而欲規其過，雖善其辭説，而人不聽。故必誠在言前，然後言出而人信之。言不足者，宛轉開導，無沾直暴過之意。或略引其端，以使之深思。或罕譬而喻，以俟其自悟。委曲詳備之中，總有含蓄不盡之意，如是則於彼有益，而不至以數取辱矣。

職事不可以巧免。价按：居其職者任其事，竭忠盡力，猶恐有負官守。巧圖規避，非事君以忠、敬事後食之義也。

「居是邦，不非其大夫」，此理最好。朱子曰：下訕上，則無忠敬之心。价按：好議論人短長，往往以言語賈禍。居是邦而非其大夫，不惟失忠敬之心，亦非保身之道也。

克勤小物最難。价按：書云「不矜細行，終累大德」。人於日用言動，往往謹於大而忽於小，非工夫嚴密、不肯絲毫放過者，不能克勤小物。故程子以爲最難。

欲當大任，須是篤實。葉平巖曰：篤實則力量深厚而謀慮審固，斯可以任大事。○价按：曾子在聖門最爲篤實，託孤寄命，是何等擔當！胡文忠曰：「司馬公脚踏實地，便是經天緯地之才。」

凡爲人言者，理勝則事明，氣忿則招怫。葉平巖曰：理勝而氣平，則理易曉而聽亦順〔九〕。理雖明而挾忿氣以勝之，則反致扞格矣。故凡爲人言者，貴乎事理通達，尤貴乎心氣和平。

居今之時，不安今之法令，非義也。若論爲治，不爲則已，如復爲之，須於今之法度内處得其當，方爲合義。若須更改而後爲，則何義之有？朱子曰：不安今之法令，謂在下位者。○江慎修曰：明道先生爲邑，當法令繁密之際，未嘗從衆爲應文逃責之事，而亦不病其拘窒者〔一〇〕，今之法度内處得其當也。

今之監司，多不與州縣一體。監司專欲伺察，州縣專欲掩蔽。不若推誠心與之共治，有所不逮，可教者教之，可督者督之。至於不聽，擇其甚者去一二，使足以警衆可也。|价按：監司不與州縣一體，上疑其下，下蒙其上，而事之不得其理者多矣。必推誠以相與，使賢者效其忠，能者展其才，然後可以共治國家之事。其有所不逮，可教者教，可督者督，至於不聽，擇其尤甚者去一二以警衆，一以至公無私行之可也。

伊川先生曰：人惡多事，或人憫之。世事雖多，盡是人事。人事不教人做，更責誰做？|价按：事無大小難易，莫非性分之所固有，職分之所當爲。有厭煩之心，則必因循苟且，怠人事而廢天職。

感慨殺身者易，從容就義者難。|价按：感慨殺身者，出於一時之意氣，故易。若夫歷時既久，則意氣消而身家妻子之念重。非識明志堅，確有見於理之當死，而無一毫之係累者，不能從容以就義，此其所以難也。

人或勸先生以加禮近貴，先生曰：「何不見責以盡禮，而責之以加禮？禮盡則已，豈有加也？」|价按：禮貴得中，加則諂，不盡則傲。傲非中，君子不爲也。諂非中，君子亦不爲也。故禮有盡而無加。

或問：簿，佐令者也。簿所欲爲，令或不從，奈何？曰：當以誠意動之。今令與簿不和，只是爭私意。令是邑之長，若能以事父兄之道事之，過則歸己，善則惟恐不歸於令，積此誠意，豈有不動得人？价按：大學云「弟者所以事長」，過則歸己，善則歸親，此在家事父兄之道也。居下位者，以事父兄之道事其上，感以誠意，安有不能動人者乎？○江慎修曰：合「監司」一條觀之，上之使下，下之事上，皆以誠爲本。

問：人於議論，多欲直己，無含容之氣，是氣不平否？曰：固是氣不平，亦是量狹。人量隨識長，亦有人識高而量不長者，是識實未至也。价按：量隨識長，讀書明理，以擴其識。識見既高，則人己之間，無所容其計較，而量自宏矣。大凡別事人都强得，惟識量不可强。今人有斗筲之量，有釜斛之量，有鍾鼎之量，有江河之量。江河之量亦大矣，然有涯，有涯亦有時而滿，惟天地之量則無滿。故聖人者，天地之量也。聖人之量，道也。常人之有量者，天資也。天資有量須有限，葉平巖曰：聖人之心純乎道，道本無外，故其量亦無涯。天資者，氣稟也。氣稟則有涯。常人而能學以通乎道，極其至，則亦聖人之無涯也。大抵六尺之軀，力量只如此，雖欲不滿，不可得也。如鄧艾位三公，年七十，處得甚好，及因下蜀有功，便動了。謝安聞謝玄破苻堅，對客圍棋，報至不喜，及歸，折屐齒，强終不得也。更如人大醉後益恭謹者，只益恭謹便是動了，雖與放肆者不同，其爲酒所動一也。又如貴公子位益高益卑謙，只卑謙便是動了，雖與驕傲者不同，其爲位所動一也。葉平巖曰：居之如常而不爲異者，量足以勝之也，一有意於其間，雖驕肆謙恭之不同，要皆爲彼所動也。然惟知道者，量自然宏大，不勉强而成。今人有所見卑下者，亦是識量不足也[一二]。葉平巖曰：知道者，雖窮居陋巷而不加損，雖禄之以天下而不加益，舉世譽之而不加勸，舉世非之而不加愠，何者？道固不爲之而有增損也。○价按：先儒云：「堯舜事業，一點浮雲過太虚。」胡峄陽曰：「泰山高矣，絶頂之外，無預於山也，克伐甚麽？」邵康節詩云：「唐虞揖讓三杯酒，湯武征誅一局棋。」識得此意，則絶大功業不足以動其心矣。世之君子，是己非人，喜譽惡規，一言不合，即以意氣相加。甚矣，其量之隘也！甚矣，其不知道也！

人纔有意於爲公，便是私心。昔有人典選，其子弟係磨勘，皆不爲理，此乃是私心。人多言古時用直，不避嫌得，後世用此不得。自是無人，豈是無時？本注：因言少師典舉、明道薦才事。○价按：古人内舉不避親，至公而無私心。典選者，操黜陟之權，子弟與他人一例而視，當遷則遷，當黜則黜，何嫌之避？乃子弟當磨勘，而置不爲理，自以爲公，而不知正避嫌之私也。少師典舉，明道薦才，皆以至公之心行至公之道，安見古時之直遂不可用於今也？○少師，諱羽，字沖遠，二程先生之高王父也。太平興國五年，典試貢士，得人爲多，其不避嫌未詳。神宗嘗使明道推擇人才，明道所薦者數十人，而以父表弟張載暨弟頤爲首。

君實嘗問先生云：「欲除一人給事中，誰可爲者？」先生曰：「初若泛論人才，卻可。今既如此，頤雖有其人，何可言？」君實曰：「出於公口，入於光耳，又何害？」先生終不言。价按：此事似近避嫌，然用人乃宰相之權，非局外所得預。泛論人才則可，實指其人則不可，故江氏以爲「當默而默，制義之方」，非避嫌也。

先生云：韓持國服義，最不可得。一日，頤與持國、范夷叟泛舟於潁昌西湖。須臾，客將云：「有一官員上書謁見大資。」頤將謂有甚急切公事，乃是求知己。頤云：「大資居位，卻不求人，乃使人倒來求己，是甚道理？」夷叟云：「只爲正叔太執。求薦章，常事也。」頤云：「不然，只爲曾有不求者不與，來求者與之，遂致人如此。」持國便服。陳氏沆曰：韓維，字持國。范純禮，字夷叟。客將，即牙將，張繹師説作「典謁」。他本「云」譌「去」，今改。○价按：大臣以進賢爲急務，搜羅人才，廣詢博訪，汲汲焉惟恐不及，何待於人之求？待其求而後用，則不求而遺棄者多矣。且賢者必不求，求者未必賢，以求不求爲用舍，長奔競干謁之習，而賢才屈抑於下，非大臣以人事君之道也。

先生因言：今日供職，只第一件便做他底不得，吏人押申轉運司狀，頤不曾簽。國子監自係臺省，臺省係朝廷官。外司有事，合行申狀，豈有臺省倒申外司之理？只爲從前人只計較利害，不計較事體，直得恁地。須看聖人欲正名處，見得道名不正時，便至禮樂不興，是自然住不得。舊説，此言臺省無倒申外司之理。春秋之法，王人雖微，序於諸侯之上，尊王也。外司有事，合行申狀於臺省，事體方順理，名分亦得其正。若名分不正，則施之政事者，顛倒而無序，乖戾而不和，禮樂何由而興？此自然必至之勢，故先生言今日供職，此一件便做不得也。○朱子曰：明道德性寬大，規模廣闊。伊川氣質剛方，文理密察。其道雖同，而造德各異。故明道嘗爲條例司官，不以爲浼，而伊川所作行狀乃獨不載其事。明道猶謂「青苗可且放過」，而伊川乃於西監一狀計較如此，可謂不同矣。然明道之放過乃孔子之獵較、爲兆，而伊川之一一理會乃孟子之不見諸侯也。此亦何害其爲同耶？但明道所處是大賢以上事，學者未至而輕議之，恐失所守。伊川所處甚高〔一二〕，然實中人皆可跂及，學者只當以此爲法，則庶乎其寡過矣。然又當觀用之淺深，事之大小，裁酌其宜，難執一意。此君子所以貴窮理也。○程子所論西監申狀之事，尤足以驗聖賢於日用之間。

學者不可不通世務。天下事譬如一家，非我爲則彼爲，非甲爲則乙爲。已上並遺書。○价按：通達世務，方爲有用之學。儒者修之於己，既有所得，即宜取國家典禮、制度、法律、兵謀、農田、水利一切諸要政，精心講求，風俗之得失，民生之利病，地利之險要，外夷之情勢，亦宜留心考察。一旦出而效用，方不貽空疏無具之譏〔一三〕。勿以天下事爲分外事，謂非我所宜學也。○朱子謂陳安卿曰：世變日新而無窮，安知他日之事非吾輩之責？學不足以應變，應得只成杜撰，不合義。自古無不曉事底聖賢，無不通變底聖賢，無關門獨坐底聖賢，須撒開心胸去理會，這道理方周遍浹洽。

「人無遠慮，必有近憂」，思慮當在事外。外書。下同。○江慎修曰：思慮在事外，則圖之早，防之周，而近患可免矣。○舊説，蘇氏謂「慮不在千里之外，則患在几席之下」，以地言也。饒氏謂「慮不及千百年之遠，則患在旦夕之近」，以時言也。無論地之遠近、時之遠近，要皆慮之於遠，則備豫而近憂可弭。

聖人之責人也常緩，便見只欲事正，無顯人過惡之意。价按：聖人道大德洪，故責人常寬緩不迫，觀論語所載可見。惟鳴鼓之攻，則極爲嚴厲，以其黨惡害民，故不得不然耳。○陳氏沆曰：只欲事正，公也。無顯人過惡之意，恕也。公而恕，所以責人常緩。

伊川先生云：今之守令，惟制民之産一事不得爲，其他在法度中甚有可爲者，患人不爲耳。价按[一四]：制民之産，謂井田貢助之法，非守令所得爲。其它興利除害教民養民之政，在法度之中者，則大有可爲。如明道之令晉城，横渠之令雲巖，皆是也。特患人不肯實心任事耳。

明道先生作縣，凡坐處皆書「視民如傷」四字，常曰「顥常愧此四字」。价按：「視民如傷」，此至仁之心，萬物一體之懷。明道猶以爲愧，後人更當何如？

伊川每見人論前輩之短，則曰「汝輩且取他長處」。价按：前輩之失，有關於學術人心者，不得不明辨，以正告天下萬世。孔子小管仲之器，斥微生之直，惡臧文仲之竊位而譏其不仁不知，皆是，然非初學之事也。後生小子，議論前輩之短，取快一時，徒以長其浮薄，而無裨於進修。程子教以「取他長處」，使之有所觀法，以收進德之益也。

劉安禮曰：王荆公執政，議法改令，言者攻之甚力。明道先生嘗被旨赴中堂議事，荆公方怒言者，厲色待之。先生徐曰：「天下之事，非一家私議，願公平氣以聽。」荆公爲之媿屈。附録。下同。○劉立之，字安禮，程子門人。王荆公，安石。○葉平巖曰：從容一言之間，有以破其私己之見，而消其忿厲之氣。○朱子曰：所謂「平氣」者，非欲使甲操乙之見，乙守甲之説也，亦非謂都不論事之是非也，但欲姑暫置其是己非彼之意，然後可以據事論理，而終得其是非之實耳。

劉安禮問臨民，明道先生曰：「使民各得輸其情。」問御吏，曰：「正己以格物。」舊說，平易近人，使民各得輸其情，則下無冤抑，而地方之利弊無不悉知。御吏非徒恃乎苛察威嚴也，必先正其身，則有以畏服吏之心志，正其不正以歸於正。价按：自「周公至公無私」至此爲一段。引程子之言，以明處事、愛民、事上、接人之道在於存誠循理合義，而歸於正己以格物。

横渠先生曰：凡人爲上則易，爲下則難。然不能爲下，亦未能使下，不盡其情僞也。大抵使人，常在其前己嘗爲之，則能使人。文集。○价按：爲上易，爲下難，此特以勢位言耳，實則爲上更難於爲下。禮曰「知事人然後能使人」，未嘗爲下以盡事上之道，而居高位以臨下，頤指氣使，惟我驅策，驕氣勝而不肯下人，安能盡人之情僞？○江慎修曰：己嘗事人，則使人之際能盡其情，而亦能知其僞。

坎「維心亨」，故「行有尚」。外雖積險，苟處之心亨不疑，則雖難必濟，而往有功也。今水臨萬仞之山，要下即下，無復凝滯之在前，惟知有義理而已，則復何回避？所以心通。易說。下同。○葉平巖曰：坎爲重險，二、五以剛居中，故雖外有積險，其心自亨。心亨而無疑，則可以出險矣。人於義理，苟能信之篤，行之決，如水之就下，則何往而不心亨哉？

人所以不能行己者，於其所難者則惰，其異俗者雖易而羞縮。惟心弘，則不顧人之非笑，所趨義理耳，視天下莫能移其道。价按：知有義理而無所回避，非勇者不能。孔子曰「見義不爲無勇也」，無勇則氣不足以配道義，怠惰羞縮而不能有爲。惟心大志立，不顧人非笑，惟義理是趨，舉世譽之而不加勸，舉世非之而不加沮，視天下莫能移其道，何所容其怠惰，又何所容其羞縮！然爲之，人亦未必怪。价按：秉彝攸好，人之欲善，誰不如我？義理當爲而毅然爲之，世俗亦未必怪。如滕文公行三年之喪，而遠近見聞，無不悦服，又非止不怪已也。正以在己者義理不勝，惰與羞縮之病，消則有長，不消則病常在，意思齷齪，無由作事。价按：義理勝，自無惰與羞縮之病，否則義理之念不勝其畏難苟安、隨俗習非之念，病根常在，意思齷齪，安能作事？在古氣節之士，冒死以有爲，於義未必中，然非有志概者莫能，況吾於義理已明，何爲不爲？价按：自古氣節之士，刀鋸在前，鼎鑊在後，冒萬死而不悔。雖未必合於義理之中，然激昂慷慨，非有志概者不能。況儒者明於義理，當爲即爲，何疑何懼，怠惰而不振，羞縮而不前哉？

姤初六「羸豕孚蹢躅」，豕方羸時，力未能動，然至誠在於蹢躅，得伸則伸矣。如李德裕處置閹宦，徒知其帖息威伏，而忽於志不忘逞，照察少不至，則失其幾也。舊説，此言處事當察幾微。姤之初六，一陰始生，其端甚微而其勢必盛，如羸弱之豕，力未能動，而必至蹢躅跳躍而進。君子宜深爲備，不可忽也。〇葉平巖曰：唐武宗時，德裕爲相，君臣契合，莫能間之。宦官帖息畏伏，若無能爲，而不知其志在求逞也。繼嗣重事，卒定於宦者之手，而德裕逐矣。幾微之間，所當深察。

人教小童，亦可取益。絆己不出入，一益也。授人數數，上「數」如字，字下「數」音朔，謂授書遍數多也。己亦了此文義，二益也。對之必正衣冠、尊瞻視，三益也。常以因己而壞人之才爲憂，則不敢惰，四益也。語録。○舊説，此言教童子之益。一益可以拘束身心，二益可以曉徹文義，三益可以整肅威儀，四益可以省察愆尤。蒙養爲作聖之基，責任甚重，能知此四益，以養正爲己任，則師道立而善人多矣。○朱子曰：更須自己勉力，使義理精通，踐履篤實，足以應學者之求而服其心，則成己成物，兩無虧欠矣。○价按：此節以教小童之益，回應首節告人以誠，起下卷教學之道。价按：自「横渠先生」至此爲一段，言使下、行己、處事、教人之道在明於義理而歸於中正。

【校勘記】

[一] 歸諸天子使自裁是也　「歸諸」，葉本作「而具歸」。

[二] 如將在軍君命有所不受是也　「命」，葉本作「令」。

[三] 則懼而離和而少威則玩而弛　上下兩「則」字之下，葉本均有「人心」二字。

[四] 臣事君猶子事父　「父」，江本作「親」。

[五] 必用亨通於天子　「用」，原作「有」，據葉本、江本改。

[六] 極其惻而已　「其」，葉本、江本作「於」。

[七] 董仲舒正色率下　「色」，茅本作「身」。

[八] 豈但讀書而後謂之學哉　「後」字，葉本無。

［九］則理易曉而聽亦順　「理」，葉本作「人」。

［一〇］而亦不病其拘窒者　「窒」，江本作「礙」。

［一一］亦是識量不足也　「亦」上，葉本、江本有「無他」二字。

［一二］伊川所處甚高　「甚」，江本作「雖」。

［一三］方不貽空疏無具之譏　「具」，疑爲「用」之訛。

［一四］价按　「价按」原作「按价」，據本書體例改。

近思録解義卷之十一 凡二十一條

朱子曰：此卷「教學之道」。价按：此卷以聖人之教、大學之法爲主，以易其惡、至其中、由其誠、盡其材、理其心、歸之正爲總旨，以讀書、知道、成德、成材爲分意。體似立綱，首節爲一篇綱領，下分五段以發明之。

濂溪先生曰：剛善，爲義，爲直，爲斷，爲嚴毅，爲幹固；惡，爲猛，爲隘，爲强梁。柔善，爲慈，爲順，爲巽；惡，爲懦弱，爲無斷，爲邪佞。朱子曰：剛柔固陰陽之大分，而其中又各有陰陽，以爲善惡之分焉。惡者固爲非正，而善者亦未必皆得乎中也。惟中也者，和也，中節也，天下之達道也，聖人之事也。朱子曰：此以得性之正而言也[一]。然其以和爲中，與中庸不合，蓋就已發無過不及者而言之，如書所謂「允執厥中」者也。故聖人立教，俾人自易其惡，自至其中而止矣。通書。○朱子曰：易其惡，則剛柔皆善，有嚴毅慈順之德，而無强梁懦弱之病矣。至其中，則或爲嚴毅[二]，或爲慈順也，又皆中節，而無大過不及之偏矣。○价按：此節以「聖人立教」承上卷末節之意，領起通篇。○吴敬庵曰：欲使天下皆善，在於以師教之而已。蓋天之理無不善，而人所禀之氣質有不齊[三]，於是剛柔既分，而善惡又異。有兼得剛柔之善而無過不及者爲中，此其氣質清明純粹而有以全其天理者爲至矣。析而言之，剛之善者，爲直而不屈也，義能裁制也，斷而明決也，嚴峻而强毅也，幹事而堅固也。其惡者，爲猛而暴遽也，隘而不能容也，强梁而不順理也。柔之善者，爲慈而惠愛也，順而温和也，巽而謙退也。其惡者，爲懦弱而不能自立也，無斷而多疑也，奸邪而諛佞也。夫惡者固非正，而善者亦未必得事理之當然，惟無過不及之中亦即無所乖戾之和也，發而皆中節者也，天下所共由之達道也，是聖人之能事也。故聖人以在我之中而立修道之教，使人變化氣質，全盡天理，然實用其力，豈他人所能與哉？在於自易其剛柔之惡，而一歸於善，自至其無過不及之中，而發皆中節，如是而已。此師道之所以立也。价按：此節爲一段，言教人之道在於使人變化氣質，自易其惡，自至其中，乃一篇之綱領也。下文詳言之。

伊川先生曰：古人生子，能食能言而教之。大學之法，以豫爲先。人之幼也，知思未有所主，便當以格言至論日陳於前，雖未有知[四]，且當薰聒，使盈耳充腹，久自安習，若固有之，雖以他説惑之，不能入也。若爲之不豫，及乎稍長，私意偏好生於内，衆口辯言鑠於外，欲其純完，不可得也。文集。〇价按：俾人自易其惡，自至其中，其教必始於幼學。學記：「禁於未發之謂豫。」易曰：「蒙以養正，聖功也。」又曰：「童牛之牿，元吉。」古人生子，能食即教以右手，能言即教以男唯女俞，皆養之以正，教之於豫，禁之於未發，所謂童牛之牿也。蓋人當幼時，知識未開，天性未漓，日以格言至論陳於其前，使盈耳充腹，以涵育而薰陶之，幼而習焉，長而安焉，異物不能遷，他説不能惑矣。教之不豫，及其稍長，内摇奪於私意偏好，外銷鑠於衆口辯言，欲其德性純完，不可得也。〇格言至論，朱子小學備矣。科舉取士之時，束髮受書，即歆以狀元、宰相之榮。今之蒙養學校，乳臭未乾，即飫聞平等自由之説。小學一書，束閣不觀，無惑乎人心日壞，而犯上作亂之徒且接迹於天下也。

觀之上九曰：「觀其生，君子无咎。」象曰：「觀其生，志未平也。」傳曰：君子雖不在位，然以人觀其德，用爲儀法，故當自慎省。觀其所生，常不失於君子，則人不失所望而化之矣。不可以不在於位，故安然放意，無所事也。易傳。○价按：以言教尤必以身教。上九處無位之地，當觀之時，高而在上，爲世師表，國人之所矜式，觀其德以爲儀法。宜時自慎省，自一身之視聽言動，以至應事接物，常不違乎君子之道，則人望而化之矣。必能自勉爲君子，然後能教人爲君子也。

聖人之道如天然，與衆人之識甚殊邈也。門人弟子既親炙[五]，而後益知其高遠。既若不可以及，則趨望之心怠矣。故聖人之教，常俯而就之。事上臨喪，不敢不勉，君子之常行。不困於酒，尤其近也。而以己處之者，不獨使夫資之下者勉思企及，而才之高者亦不敢易乎近矣。經説。○价按：君子修德，足以爲人儀法。然或過於高遠，則人以爲不可幾及，而趨望之心以怠。聖人之道如天，而教人則常俯而就之。事上臨喪，不爲酒困，君子之常行，引以自處，以示道本中庸，非有甚高難行之事。不獨資之下者勉思企及，足以鼓其進修，而才之高者亦不敢貪慕高遠，忽視卑近，以爲不足爲，空自大而卒無得矣。价按：自「伊川先生」至此爲一段，言大學之法，以豫爲先，自省不失爲君子，而教人則須俯而就之，使可企及。

明道先生曰：憂子弟之輕俊者，只教以經學念書，不得令作文字。葉平巖曰：志輕才俊者，憚於檢束，而樂於馳騁[六]。使之習經念書，則心平氣定。若令作文字，則得以用其才而長其輕俊矣。○江慎修曰：今人於子弟輕俊者，不以爲憂而以爲喜，且早教之作文以干進，他日輕俊之害，不可勝言。此由父兄之無識。

子弟凡百玩好皆奪志。至於書札，於儒者事最近，然一向好著，亦自喪志。如王、虞、顔、柳輩，誠爲好人則有之，曾見有善書者知道否？平生精力一用於此，非惟徒廢時日，於道便有妨處[七]，足知喪志也。遺書。下同。○舊説，凡百玩好，如書畫琴棋之類，皆足奪其求道之志。至於習字作簡，乃儒者之一藝。然專心好之，亦自喪志。如王羲之、虞世南、顔魯公、柳公權諸人，皆工書札，各有風節。然生平精力專用於此，不免玩物喪志，故終不足以知道，學者可不戒哉！

胡安定在湖州，置治道齋。學者有欲明治道者，講之於中，如治民、治兵、水利、算數之類。嘗言劉彝善治水利，後累爲政，皆興水利有功。价按：學者既知修己之道，尤必明於治人之道，故以安定教人之事言之。○葉平巖曰：治民，如政教施設之方。治兵，如戰陣部伍之法。水利，如江河渠堰之利。算數，如律曆、九章之類。○江慎修曰：按安定又有經義齋，專講明經義。

凡立言，欲涵蓄意思，不使知德者厭、無德者惑。价按：教人以道，不能無借於言。但立言貴有涵蓄，意思深遠，須使意餘於言，勿使言餘於意。○葉平巖曰：知德者玩其理而不厭，無德者守其説而不惑。

教人未見意趣，必不樂學。欲且教之歌舞。如古詩三百篇，皆古人作之。如關雎之類，正家之始，故用之鄉人，用之邦國，日使人聞之。此等詩，其言簡奧，今人未易曉。欲別作詩，略言教童子灑掃應對事長之節，令朝夕歌之，似當有助。价按：立言固貴有涵蓄，然專於涵蓄，而人未見意趣，必不樂學。古人教童子歌詩學樂，舞勺舞象，無非欲見意趣，以興起其好善之心。惟古詩三百篇，言簡意奧，今人未易通曉。故程子欲別作詩，略言灑掃應對事長之節，以教童子，然其詩未嘗作也。朱子性理吟百首，最得程子之意。感興詩諸篇，雖非爲童子設，而於學者亦極有助。

子厚以禮教學者，最善，使學者先有所據守。价按：教以詩歌，和之以樂也。樂主和，禮主節，知和而和，不以禮節之，歡欣鼓舞之意多，而收斂整肅之意少，則學者無所依據而不可行，故必教之以禮，納於規矩準繩之中，方有依據持守之地。价按：自「明道先生」至此爲一段，言教人當使之讀經書，知道德，歌詩以助其意趣，學禮使有所據守。

語學者以所見未到之理，不惟所聞不深徹，反將理低看了。价按：聖人教不躐等，中人以下不可語上。當其可之謂時。不量學者所造之淺深，而概語以高遠之理，則彼不惟不能領會，且將以爲淺易而忽視之，是子夏所謂誣也。

舞射便見人誠。古之教人，莫非使之成己。自灑掃應對上，便可到聖人事。价按：此言教人以誠便可爲作聖之基。舞射必以誠心爲之，乃可應節命中。誠者所以成己。聖，誠而已。自灑掃應對以上，行遠自邇，登高自卑，由庸行之常，推之以極其至，無所不用其誠，則可至於聖人之域矣。

自「幼子常視毋誑」以上，便是教以聖人事。价按：誠者聖人之本，聖學基於蒙養。常視毋誑以上，皆是教之以誠，而作聖之基在是矣。「視」與「示」同。

先傳後倦，君子教人有序。先傳以小者近者，而後教以大者遠者，非是先傳以近小，而後不教以遠大也。价按：灑掃應對，小者近者也。由此可至於聖人，大者遠者也。非近小無以至遠大，故君子教人有序，而不語以未到之理。○朱子曰：灑掃應對，精義入神，事有大小，理無大小。事有大小，故其教有序而不可躐；理無大小，故隨其所處而皆不可不盡。

伊川先生曰：說書必非古意，轉使人薄。學者須是潛心積慮，優游涵養，使之自得。今一日說盡，只是教得薄。至如漢時說「下帷講誦」，猶未必說書。价按：君子教人有序，貴使之自得，不可一日說盡。○薛敬軒曰：夫子所謂「不憤不啓，不悱不發」，孟子所謂「引而不發，躍如也」。聖人教人，皆略啓其端，使彼深思而自得之，則守之固而不忘。後之人有於聖賢引而不發者，極論其底蘊，使學者一見之頃，即謂吾已盡領其妙，而不復致思。其實不能真得於心，徒爲口耳之資已耳。价按：自「語學者」至此爲一段，言君子教人以誠而有序，使學者潛心自得。

古者八歲入小學，十五入大學，擇其才可教者聚之，不肖者復之農畝。蓋士農不易業，既入學則不治農，然後士農判。在學之養，若士大夫之子，則不慮無養，雖庶人之子，既入學則亦必有養。古之士者，自十五入學，至四十方仕，中間自有二十五年學，又無利可趨，則所志可知，須去趨善，便自此成德。後之人，自童稚間已有汲汲趨利之意，何由得向善？故古人必使四十而仕，然後志定。只營衣食卻無害，惟利祿之誘最害人。本注：人有養，方定志於學。○葉平巖曰：先王設教，養之周而待之久〔八〕。士有定志，專於修己而緩於干祿，故能一意趨善，卒於成德。後世反是。只營衣食者，求於力分之內，未足以奪志，故無害。若誘於利祿，則所學皆非爲己，而根本已撥矣，故害最甚。○价按：程子謂「只營衣食卻無害」，又云「人有養，方定志於學」。後世國家無養士之典，士之致力於學者，不能不兼營衣食，然亦須有分際，稍一着重，則趨善之意微，而趨利之意勝矣。朱子答許順之曰：「順之既有室家，不免略營生理，此固不得不爾。麤有衣食之資，便免俯仰於人，敗人意思。此亦養氣之一助也。但不可汲汲皇皇，役心規利耳。」陸稼書曰：「此即魯齋所云『學者以治生爲急』也，但『急』字要看得好，不要認做汲汲皇皇之意。」

天下有多少才！只爲道不明於天下，故不得有所成就。且古者「興於詩，立於禮，成於樂」，如今人怎生會得？古人於詩，如今人歌曲一般，雖閭巷童稚，皆習聞其説而曉其義，故能興起於詩。後世老師宿儒，尚不能曉其義，怎生責得學者，是不得興於詩也。古禮既廢，人倫不明，以至治家皆無法度，是不得立於禮也。古人有歌詠以養其性情，聲音以養其耳目，舞蹈以養其血脈，今皆無之，是不得成於樂也。古之成材也易，今之成材也難。价按：此承上章「成德」而言，德以體言，材以用言。朝廷誘人以利禄，而興詩、立禮、成樂之教一切無之。故學者無定志，趨利而不趨善，安望其成德成材乎？真西山曰：「周衰，禮樂崩壞，然禮書猶有存者，尚可考尋，樂則書闕不存。後之爲禮者，既不合先王之制，而樂尤甚焉。今世所用，大抵鄭、衛之音，雜戎翟之聲而已。適足以蕩人心，壞風俗，何能有補乎？然禮樂之制雖亡，而禮樂之理自存，故樂記謂『致禮以治身，致樂以治心』。外貌斯須不莊不敬，而慢易之心入之。中心斯須不和不樂，而鄙詐之心入之。莊敬者禮之本也，和樂者樂之本也。學者誠能以莊敬治其身，和樂養其心，則於禮樂之本得之矣，亦足以立身而成德也。三百篇之詩，雖云難曉，今諸老先生發明其義，了然可知。如能反復涵泳，真可以感發興起，則所謂興於詩亦未嘗不存也。」學者果能依西山之説而用功焉，則成材亦不難矣，特患人不立志而爲利禄所誘耳。

孔子教人，不憤不啓，不悱不發。蓋不待憤悱而發，則知之不固；待憤悱而後發，則沛然矣。學者須是深思之，思而不得，然後爲他説便好。价按：聖人因材施教，必待憤而後啓，悱而後發，所以能成德達材也。○舊説，憤是不知此理，而不安於不知，故發憤求知。悱是微知此理，而知猶未徹，故半茹半吐，不能説明。憤者意全未開，故啓以開其意。悱者意稍開，而未能達之於辭，故發以達其辭。不啓不發，正欲使之憤悱以受吾啓發，非以啓發之無益而反生其惑也。○葉平巖曰：不待憤悱而遽啓發之，則未嘗深思，其受之必淺，既無所得，則聽之也若忘。啓發於憤悱之餘，則深思力窮，而倏然有得，必沛然而通達矣。初學者須是且爲他説，不然，非獨他不曉，亦止人好問之心也。已上並遺書。○价按：初學之士，則須先爲講説，誘而進之，以啓其好問之心。若必待其憤悱而後啓發，則彼將永無憤悱之一日矣，教人不一法也。价按：自「古者八歲」至此爲一段，言古今成德成材之難易及孔子教人之法。

横渠先生曰「恭敬撙節退讓以明禮」，曲禮鄭注：「撙，猶趨也。」王氏念孫曰：「『趨』讀局促之促，謂自抑損也。」仁之至也，愛道之極也。己不勉明，則人無從倡，道無從弘，教無從成矣。正蒙。○江慎修曰：此張子言以禮教人當自勉也。教者能恭敬撙節退讓以明禮，則能率人使成材，是仁之至，能弘道以教人，是愛道之極。

學記曰：「進而不顧其安，使人不由其誠，教人不盡其材。」人未安之，又進之；未喻之，又告之，徒使人生此節目。不盡材，不顧安，不由誠，皆是施之妄也。教人至難，必盡人之材，乃不誤人。觀可及處，然後告之。聖人之教[九]，直若庖丁之解牛，皆知其隙，刃投餘地，無全牛矣。人之材足以有爲，但以其不由於誠，則不盡其材。若曰勉率而爲之，則豈有由誠哉？橫渠禮記説。下同。○价按：欲弘道以教人，在由其誠以盡其材，不可以陵節而妄施。○朱子曰：嘗見橫渠簡與人，謂其子日來誦書不熟，宜教他熟誦，盡其誠與材。○王白田曰：不度其所能知能行，而强之以所不能知不能行，是進而不顧其安也。强之以所不能知不能行，而不必其能知能行，是使人不由其誠也。其不能知不能行者卒不可以强，而所能知能行反有所廢棄遺忘而失之，是教人不盡其材也。○江慎修曰：不顧學者之能受而强進之，人雖勉强爲之，而無誠意，既無誠意，則亦不能盡其才質。三者相因，皆躐等陵節之弊也。

古之小兒，便能敬事。長者與之提攜，則兩手奉長者之手。問之，掩口而對。蓋稍不敬事，便不忠信。故教小兒，且先安詳恭敬。价按：誠由敬入。忠信，誠也。能敬然後能誠，故須先教以安詳恭敬。○葉平巖曰：奉手［一〇］，習扶持尊者。掩口而對，習其鄉尊者屏氣。安詳則不躁率，恭敬則不誕慢，此忠信之本也。○朱子與魏應仲曰：起居坐立，務要端莊，不可傾倚，恐至昏怠。步趨務要凝重，不可剽輕以害德性。以謙遜自牧，以和敬待人。凡事切須講飭，無故不可出入。○與長子受之曰：居處須是居敬，不得倨肆惰慢。言語須要諦當，不得戲笑諠譁。凡事謙恭，不得尚氣凌人，自取耻辱。

孟子曰：「人不足與適也，政不足與間也，唯大人爲能格君心之非。」非惟君心，至於朋游學者之際，彼雖議論異同，未欲深較，惟整理其心，使歸之正，豈小補哉！横渠孟子說。○价按：有大人之德者，能格君心之非，以歸於正，然後用人行政各得其正。非惟君心，人心莫不有非，朋游學者之際，徒計較於議論異同之間，而無正本清源之功，末矣。惟整理其心，使歸之正，然後補救挽回，所益甚大。何以能整理其心？亦教之忠信恭敬而已。○整理其心歸之正，遙應首節「易其惡」、「至其中」，又以起下卷「改過」之意。价按：自「横渠先生」至此爲一段，言當勉明於禮，教人由其材，盡其誠，以忠信恭敬整理其心，使歸之正。

【校勘記】

［一］朱子曰此以得性之正而言也　「得」，江本作「德」。

〔二〕則或爲嚴毅　「則」下，葉本、江本有「其」字。
〔三〕而人所稟之氣質有不齊　「之氣質」，施本作「氣質之性」。
〔四〕雖未有知　「有」，葉本、江本作「曉」。
〔五〕門人弟子既親炙　「炙」原作「災」，據葉本、江本改。
〔六〕而樂於馳騁　「騁」，葉本作「逞」。
〔七〕於道便有妨處　「妨」原作「防」，據葉本、江本改。
〔八〕養之周而待之久　「待」原作「行」，據葉本改。
〔九〕聖人之教　「教」，葉本、江本作「明」。
〔一〇〕奉手　「奉」，葉本作「捧」。

近思録解義卷之十二 凡三十三條

朱子曰：此卷「改過及人心疵病」。价按：此卷以改過修德爲主，以人心道心爲總旨，以理欲公私爲分意。體似立綱，首二節爲一篇綱領，下分三段以發明之。

濂溪先生曰：仲由喜聞過，令名無窮焉。今人有過，不喜人規，如護疾而忌醫，寧滅其身而無悟也。噫！通書。○价按：首二節承上卷末節之意，以領起通篇。子路天資剛勇，人告以有過，喜得聞而改之，勇於自修，令名無窮焉。忠言逆耳利於行，良藥苦口利於病。有過不喜人規，則忠言無由而入，必至喪德。如護疾而忌醫，則良藥無由而進，必至滅身。可慨也夫！

伊川先生曰：德善日積，則福禄日臻。德踰於禄，則雖盛而非滿。自古隆盛，未有不失道而喪敗者也。易傳。下同。○泰九三傳。○价按：喜聞過則德善日積，有過不喜人規，則失道而喪敗。中庸言：「大德者必得禄位名壽。」易言：「積善之家，必有餘慶。」君子修德，原無徼福之心，然德善日積則福禄日臻，亦理之自然者也。○葉平巖曰：德勝於禄，則所享者雖厚而不爲過。禄過其德，薄且不能勝，況於隆盛乎？隆盛之喪敗[一]，必自無德者致之。

人之於豫樂，心悅之，故遲遲，遂至於耽戀不能已也。豫之六二，以中正自守，其介如石，其去之速，不俟終日，故貞正而吉也。處豫不可安且久也，久則溺矣。如二可謂見幾而作者也。蓋中正，故其守堅，而能辨之早，去之速也。价按：失道而喪敗，莫甚於豫。人心悅於豫樂，守爲所移，識爲所蔽，遂至耽戀而不能已。六二中正自守，特立不移，其節如石之堅，其去之速，不俟終日，脱然無一毫私欲之累，故貞正而吉也。處豫既安且久，溺於其中，而不能自拔，其心日以昏蔽，昧於吉凶禍福之幾。六二既中且正，操守堅確，思慮詳審，能於事幾之微先見而預圖之，辨之早，去之速，所以不溺於豫也。

人君致危亡之道非一，而以豫爲多。豫六五傳。○朱子曰：天下事非艱難多事之可憂，而宴安酖毒之可畏。正使治定功成，無一事之可爲，尚當朝乾夕惕，居安思危，而不可以少怠。

聖人爲戒，必於方盛之時。方其盛而不知戒，故狃安富則驕侈生，樂舒肆則綱紀壞，忘禍亂則釁蘖萌，是以浸淫不知亂之至也。臨彖傳。○价按：人君耽於豫樂，多在國家隆盛之時。聖人於盛時即爲之戒，使其常存畏懼之心，兢兢業業，持盈保泰，自不至於危亡。否則狃於安富，樂於侈肆，自以爲泰然無患而忘禍亂之將至。恣爲驕侈，綱紀日壞，釁蘖日萌，浸淫以至於亂，由不知戒之故也。

復之六三，以陰躁處動之極，復之頻數而不能固者也。復貴安固，頻復頻失，不安於復也。復善而屢失，危之道也。聖人開遷善之道，與其復而危其屢失，故云「厲无咎」。不可以頻失而戒其復也。頻失則爲危，屢復何咎？過在失而不在復也。本注：劉質夫曰：頻復不已，遂至迷復。○劉絢，字質夫，程子門人。○价按：人能剛健靜止，則復於善而守之固。復之六三，以陰躁處動之極，陰柔則無毅力，躁動則無定守，頻復頻失，而不能安固者也。聖人危其屢失，故惕之曰「厲」，以使之知戒。與其能復，故許之曰「无咎」，以使之知勉。所以開遷善之門而杜迷復之漸也。○葉平巖曰：頻復頻失而不止，久則玩溺而不能復，必至上六之迷復矣。

睽極則咈戾而難合，剛極則躁暴而不詳，明極則過察而多疑。睽之上九，有六三之正應，實不孤，而其才性如此，自睽孤也。如人雖有親黨，而多自疑猜，妄生乖離，雖處骨肉親黨之間，而常孤獨也。价按：人與人以至誠至公相與，原無所用其疑猜乖離。睽之上九，與六三爲正應，本自不孤，而以剛極處睽極明極之地，多自疑猜，妄生乖離，自取睽孤也。人處骨肉親黨之間，而咈戾難合，躁暴不詳，過察多疑，則人孰與親附，所以常至孤獨也。

解之六三曰：「負且乘，致寇至，貞吝。」傳曰：小人而竊盛位，雖勉爲正事，而氣質卑下，本非在上之物，終可吝也。若能大正則如何？曰：大正非陰柔所能也。若能之，則是化爲君子矣。价按：君子居高位，則德稱其位。解之六三，以陰柔居下之上，小人而竊盛位。如一負荷者而乘車，據非其分，雖勉爲正事，而氣質卑下，德不稱位，未可以久居人上，殊可羞吝。若能以理制欲，以公滅私，則大正而可化爲君子。然惟陽剛者能之，陰柔者不能也。

益之上九曰：「莫益之，或擊之。」傳曰：理者天下之至公，利者衆人所同欲。苟公其心，不失其正理，則與衆同利，無侵於人，人亦欲與之。若切於好利，蔽於自私，求自益以損於人，則人亦與之力争。故莫肯益之，而有擊奪之者矣。价按：理者人心之所固有，故爲天下之至公。利者人生之所必需，故爲衆人所同欲。循理而公其利於天下，我公則人亦公，無侵於人，人必與之，不求利而利莫大焉。徇欲而私其利於一己，我私而人亦私，有損於人，人必争之，利未得而害莫大焉。莫益之，或擊之，争民施奪，悖入悖出，皆起於以利自私之故，可不戒哉！

艮之九三曰：「艮其限，列其夤，厲熏心。」傳曰：夫止道貴乎得宜。行止不能以時，而定於一，其堅强如此，則處世乖戾，與物睽絶，其危甚矣。人之固止一隅，而舉世莫與宜者，則艱蹇忿畏，焚撓其中，豈有安裕之理？「厲熏心」，謂不安之勢熏灼其中也[二]。价按：限，謂上下之險。夤，夾脊骨也。列，崎立之意。夫止道貴乎得宜，當止則止，當行則行，不可膠於一定。彖傳所謂「動静不失其時，其道光明」也。艮之九三，過剛不中，不可止而强止之，拘執膠固，定於一而不能應物，處世乖戾，與物睽絶，如艮其限，列其夤，不能屈伸俯仰，而心無寧静之時矣，危孰甚焉！人之固止一隅而世莫與宜者，絶物求静，而心愈不静，徒見其危厲熏心，如火之爍而已。

大率以説而動，安有不失正者。歸妹傳。○价按：止道貴得其宜，妄動尤所當戒，以説而動，縱欲滅理，必失其正。凡事皆然，而男女之欲尤甚。

男女有尊卑之序，夫婦有倡隨之理，此常理也。若徇情肆欲，惟説是動，男牽欲而失其剛，婦狃説而忘其順，則凶而無所利矣。同上。○价按：男尊女卑，天地之定位；夫倡婦隨，陰陽之定體：故曰「常理」。悖常理而徇情肆欲，唯説是動，男牽於欲，女狃於説，瀆亂淫邪，人道滅絶，既曰「凶」，又曰「無攸利」，六十四卦中所未有也，聖人之垂戒深矣。男女之別，人禽之別也。歐美婚姻自由，正歸妹所謂「説以動」者。論者必欲提倡彝俗，變人類爲禽獸，誠不知其何心也。

雖舜之聖，且畏巧言令色，説之惑人，易入而可懼也如此。兑六五傳。○价按：巧言悦耳，令色悦目，最易惑人。自古人君好諛悦色，惑於嬖寵婦寺，敗家亡國相隨屬，皆是物也。舜猶畏之，況其下者，可不懼乎？价按：自「人之於豫樂」至此爲一段，引易傳之言，論改過修德及失道喪敗之故，詳辨理欲公私之界，以使人自治其心。

治水，天下之大任也，非具至公之心〔三〕，能舍己從人，盡天下之議，則不能成其功，豈方命圮族者所能乎？鯀雖九年而功弗成，然其所治，固非他人所及也。惟其功有叙，故其自任益强，咈戾圮類益甚，公議隔而人心離矣，是其惡益顯，而功卒不可成也。經説。下同。○价按：當天下之大任，必以至公之心行之，舍己從人，博採群議，方能有成功。以舜之聖，而好問察邇，以諸葛武侯之才，而集思廣益，況其下者而敢自負才智乎？方，不順也。命，君命也。圮，敗也。族，類也。治水，天下之大任，鯀之才固有可用，而自恃其才，上逆君命，下拂群情，力戰天下之公議，以獨伸己見，人心離貳，誰與共事業？此其所以惡日顯，而功卒不成歟！楚辭所謂「鯀婞直以亡身」，正謂此也。

君子敬以直内。微生高所枉雖小，而害直則大。价按：君子敬以直内，廓然大公，是非有無，均以直道行之，安所用其委曲？微生高於一醯之微，猶曲意徇物如此，若臨大事，更當何如？故所枉雖小，害直則大。

人有慾則無剛，剛則不屈於慾。价按：人有慾則無挺然特立之志，聲色貨利皆得引之以去，焉得剛？剛則浩然正大之氣常伸於萬物之上，一切人欲之私，俱不得而干之，故不屈於慾。○朱子曰：此亦要學問，學問進則見得理明，自是勝得他。不然則只隨氣稟去，便自是屈於慾。

人之過也，各於其類。君子常失於厚，小人常失於薄。君子過於愛，小人過於忍[四]。价按：君子之心公而恕，故常失於厚。過於愛，觀其過而仁可知。小人之心私而刻，故常失於薄。過於忍，觀其過而不仁可知。

明道先生曰：富貴驕人固不善，學問驕人，害亦不細。遺書。下同。○葉平巖曰：君子之學，爲己而已。學問驕人[五]，非特其學爲務外，而傲惰敗德，學亦不進矣。

人以料事爲明，便駸駸入逆詐、億、不信去也。价按：人能居敬窮理，則此心虚靈，洞明人情世故，不待逆億而自然先覺。若以料事爲明，便駸駸入於逆億，習爲私智小慧，非聖賢之正道也。

人於外物奉身者，事事要好。只有自家一個身與心，却不要好。苟得外面物好時，却不知道自家身與心却已先不好了也。价按：人於外物奉身者，味欲其甘，衣欲其華，色欲其美，事事要好，獨身心則任其昏昧放逸而不要好。奉身外物，皆戕賊人心之具。外物愈好，而身心愈壞，孟子所謂「小害大」、「賤害貴」也，惑之甚矣。

人於天理昏者，是只爲嗜欲亂着他。莊子言「其嗜欲深者，其天機淺」，此言却最是。价按：天理之在人心，本自昭著，只爲嗜欲所亂，故昏而不明。嗜欲深則神氣昏濁，天理之發見常少，譬如明珠沈埋汙泥中，則寶光掩蔽，不能發露也。

伊川先生曰：閲機事之久，機心必生。蓋方其閲時，心必喜，既喜則如種下種子。价按：閲機事之久，於凡陰謀詭計機械變詐，心中必喜。喜則如種子既下，自然萌蘖，故機心必生。機心既生，則日用行事皆取必於智謀，而不循天理之正，最爲害道，不可不戒。○王陽明謂儀、秦善揣摩人情，亦窺見良知妙用，以縱横之術講大學，非惟學術不正，并心術亦不正矣。

疑病者，未有事至時，先有疑端在心。周羅事者，先有周事之端在心。皆病也。葉平巖曰：周羅事，猶言兜攬事。○舊説，明足以燭理，安有疑病？物來而順應，安有周羅事之病？事未至而先有多疑喜事之端，必有不當疑而疑、不當攬而攬者。欲治此病，全在居敬窮理。

較事大小，其弊爲枉尺直尋之病。葉平巖曰：事無大小，惟理是視。或者有苟成急就之意，則道雖小屈[六]，義雖微害，亦有冒而爲之者[七]。原其初心，止於權大小，遂至枉尺直尋。其末流之弊，有不可勝言矣[八]。

小人、小丈夫，不合小了他，本不是惡。价按：天之所以命人者，至善無惡。充以學問，皆可爲大人，皆可爲大丈夫。拘於氣禀，蔽於物欲，自小之耳，非性之本惡也。

雖公天下事，若用私意爲之，便是私。价按：如桓、文尊周攘夷，固是公，然衹借以取威定霸，便是私。凡事皆然，宜時時省察，時時克治。

做官奪人志。价按：士方貧賤，亦自立志皎然。一入仕途，便有禍福榮辱得失毀譽之念介其意中，遂不免刓方爲圓，隨俗苟且，故做官奪人志。

驕是氣盈，吝是氣歉。人若吝時，於財上亦不足，於事上亦不足，凡百事皆不足，必有歉歉之色也。价按：驕是傲人所無，務爲矜夸，故其氣常盈。吝是私己所有，巧自閉藏，故其氣常歉。驕吝雖有盈歉之殊，而皆起於自私之一念。惟勇於克己，以善公諸天下，則自無二者之病矣。人若吝時，於財必鄙嗇，於事必退縮，凡事皆不足，有歉歉之色，必無浩然剛大之氣也。○朱子曰：吝之所有，乃驕之所恃也。故驕而不吝，無以保其驕；吝而不驕，無所用其吝。此盈於虛者所以必歉於實，而歉於實者所以必盈於虛也。○問：驕、吝兩種，先生將「吝」字看得重，直說到蔽固自私、不肯放下處。曰：亦因見人有如此之蔽，故微發之。要是兩種病痛，彼此相資，但看「吝」字是冷病裏症，尤可畏耳。

未知道者如醉人，方其醉時，無所不至，及其醒也，莫不媿恥。人之未知學者，自視以爲無缺，及既知學，反思前日所爲，則駭且懼矣。价按：人之未知道、未知學者，昏迷於利欲，如人方醉時，顛倒錯亂，無所不至，而自視以爲無缺。及其知道知學，則如醉者之醒，愧恥之心生，而駭且懼矣。然則人之爲不善者，不必深責也，亦教之以道，教之以學，則彼自知悔悟，而改其前日所爲矣。

邢七云：「一日三點檢。」明道先生曰：「可哀也哉！其餘時理會甚事？」蓋倣「三省」之說錯了，可見不曾用功。又多逐人面上説一般話，明道責之。邢曰：「無可説。」明道曰：「無可説，便不得不説？」价按：君子之治身心，審辨於理欲公私之界，時時省察，無時無處不用其力，方可以遷善改過。邢恕謂一日三次點檢，其餘更理會何事？蓋誤倣曾子「三省」之説，而未嘗實用其功也。學無心得，逐人面上人云亦云，而在己則實無可説，可哀也哉！○陳氏沆曰：「便不得不説」，言既無可説，則亦不必説矣，便如此不得不説乎？乃詰問之辭。价按：自「治水天下之大任」至此爲一段，引程子之言，詳論理欲公私之辨，示人以改過修德之方，在於知道知學，以點檢身心，實用其功。

横渠先生曰：學者捨禮義，則飽食終日，無所猷爲，與下民一致，所事不踰衣食之間、燕游之樂爾。正蒙。○价按：君子以義制事，以禮制心，理勝則欲自寡，何暇役志於衣食燕游？若捨禮義而飽食終日，無所謀猷作爲，逐逐於衣食，役役於燕游，仁義之良心盡銷鑠於流連醉飽之餘，民斯爲下，何足與言學哉？

鄭、衛之音悲哀，令人意思留連，又生怠惰之意，從而致驕淫之心。雖珍玩奇貨，其始惑人也，亦不如是切，從而生無限嗜好。故孔子曰必放之，亦是聖人經歷過，但聖人能不爲物所移耳。横渠禮樂説。○舊説，鄭、衛之音，亂世之音也，其音悲哀，能摇蕩人之性情，使生怠惰而致驕淫，比之珍玩奇貨，惑人更甚，且從而生無限嗜好。聖人經歷過，知其爲害，不爲所移，在他人聽之未有不喪其所守者，所以必放而絶之也。

孟子言「反經」特於「鄉原」之後者，以鄉原大者不先立，心中初無主[九]，葉氏、施氏本，「主」作「作」。陳氏補注本作「怍」，此從江氏本。惟是左右看，順人情不欲違，一生如此。橫渠孟子説。○葉平巖曰：經，常也，古今不易之常道也。是是非非，必有定理，而好善惡惡，必有定見。鄉原浮沈俯仰[一〇]，無所可否。蓋其義理不立，中無所主，惟務悦人，以是終身，乃亂常之尤者。君子反經，復其常道，則是非昭然，而鄉原僞言僞行不得以惑之矣。○价按：鄉原非之無舉，刺之無刺，無過可摘，居似忠信，行似廉潔，似德非德，而反亂乎德，故孔子以爲德之賊。大者不立，順人情不欲違，必不能規人之過，必不能喜聞過以修德積善。此回應首二節之意。鄉原邪慝之尤，吾道之異端，爲害最甚，此以起下卷之意。价按：橫渠先生之言，自爲一段，前二節以理欲言，末節以公私言。鄉原私己之甚者，君子反經，而後大公無私之道出焉。學者知此，明禮義，放淫聲，反常道，惡鄉原。道心爲主，人心聽命，則過可改，德可修，而不至失道以喪敗矣。

【校勘記】

[一] 隆盛之喪敗　「喪敗」，葉本作「敗喪」。

[二] 謂不安之勢熏灼其中也　「灼」，葉本、江本作「爍」。

[三] 非具至公之心　「具」，葉本、江永集注嘉慶本作「其」。

[四] 小人過於忍　「過」，葉本、江永集注嘉慶本作「傷」。

[五] 學問驕人　「學」上，葉本有「以」字。

[六] 則道雖小屈　「則」，葉本作「謂」。

［七］亦有冒而爲之者　「亦」，葉本作「則」。
［八］有不可勝言矣　「有」上，葉本有「乃」字。
［九］心中初無主　「主」，葉本、茅本、張子全書作「作」。
［一〇］鄉原浮沈俯仰　「鄉」上，葉本有「今」字。

近思録解義卷之十三 凡十四條

朱子曰：此卷「異端之學」。价按：此卷以「佛、老之言近理，惑世之害尤甚」爲主，以「儒者潛心正道，不容有差」、「本領不是，一齊差郤」爲總旨。以心性、心迹、心氣、天人有無爲分意。體似立綱，首二節爲一篇綱領，下分二段以發明之。

明道先生曰：楊、墨之害，甚於申、韓。佛、老之害，甚於楊、墨。楊氏爲我，疑於義[一]。墨氏兼愛，疑於仁[二]。申、韓則淺陋易見。故孟子只闢楊、墨，爲其惑世之甚也。佛、老其言近理，又非楊、墨之比，此所以爲害尤甚。楊、墨之害，亦經孟子闢之，所以廓如也。遺書。下同。○价按：此二節以楊、墨、佛、老之害，承上卷末節鄉原之害。以佛、老之言近理，爲害尤甚，學者潛心於道，不容有差，領起通篇。孔子言攻乎異端之害，而未嘗實指其人。孟子距楊、墨，正人心，息邪説，而先聖之道賴以不墜。韓子謂有功不在禹下，非誣也。楊氏爲我，其迹有似於義；墨氏兼愛，其迹有似於仁。申不害、韓非，以刑名法術干時主，取爵禄，淺陋易見。孟子斥楊、墨無父無君，比之禽獸，爲其惑世之甚，非申、韓之比也。老子以「虚無清净」言道德，佛氏以「妙明圓覺」言心性，彌近理而大亂真，爲害尤甚，非楊、墨之比也。○西洋君民平等，墨氏之兼愛也；快樂自由，楊氏之爲我也。吾國醉心西學者，高談平等，侈語自由，借同胞口頭禪，號召徒類，流他人之血，以自享幸福，陽假兼愛之名，陰行爲我之實，造爲淫辭邪説，蠱惑斯人之心志，以共趨於禽獸之域。放言横言，充塞仁義，什伯千萬於戰國。楊、墨之學，孟子闢之於數千年之前，而大盛於數千年之後，吾師靈峰先生辭而闢之，發程朱所未發，有功聖學甚大，學者所當服膺。

伊川先生曰：儒者潛心正道，不容有差，其始甚微，其終則不可救。如「師也過，商也不及」，於聖人中道，師只是過於厚些，商只是不及些。然而厚則漸至於兼愛，不及則便至於爲我。其過不及同出於儒者，其末遂至楊、墨。价按：儒者潛心正道，不容有差，有差者皆惑於異端近理之説，而誤入歧途也，其始差以毫釐，其終繆以千里。雖有良師益友，不能挽救。聖人之道，中而已矣，過則失中，不及則未至。爲我、兼愛，皆非中道，其害至於無父無君，甚可畏也！○朱子謂「程子論楊、墨源流，考之未精」，而以胡氏之説爲當。今按，胡氏謂「楊朱與老聃同時，墨翟又在楊朱之前，晏嬰學之」，似亦考之未精。列子載楊朱見梁王，論治天下如運諸掌，明係戰國時人。老聃之時，安有梁王耶？墨翟在楊朱之前，則亦在孔子之前矣。墨子書力詆孔子，且託晏子稱白公作亂，誣孔子教臣弑君，安得謂在楊朱之前？晏嬰學之，晏子春秋所言嬰學墨道，乃後人依託，不足爲據。墨翟短喪，而晏子未嘗短喪，左氏所載甚詳，安得謂嬰學墨道？管子書有云「人君唯無聽兼愛之説」，亦後人依託，如其言，則墨子更在管子前矣。○陳氏沆曰：程子之舉師、商，只是取「過」、「不及」三字，以明道之不容有差，一差則必至於楊、墨，似非論其源流也。○价按：論語集注云：「子張才高意廣，而好爲苟難，故常過中。」以此説格之，則程子過厚之説似覺未當。至如楊、墨，亦未至於無父無君，孟子推之便至於此，蓋其差必至於是也。价按：楊朱爲我，縱欲也。有君則不得恣所欲爲，必無君而後可縱其欲。今之變專制爲共和，亦猶行朱之道耳。墨翟短喪薄葬，以三年之喪爲敗男女之交，以失父母而號不止爲愚之至。其言至爲悖謬。孟子斥二子無父無君，非過也。○靈峰先生孟子講義知言上篇論之甚詳，文載學説通辨，程子此言猶未得楊、墨真相也。

明道先生曰：道之外無物，物之外無道，是天地之間無適而非道也。即父子而父子在所親，即君臣而君臣在所嚴，以至爲夫婦，爲長幼，爲朋友，無所爲而非道，此道所以不可須臾離也。然則毁人倫、去四大者，其外於道也遠矣。价按：道不外日用倫常。詩曰「天生蒸民，有物有則」，則即道也。物生於道，故道外無物；道寓於物，故物外無道。父子、君臣、夫婦、長幼、朋友，皆物也。親義序别信之則，皆道也。天地之間無適而非道，道所以不可須臾離也。佛氏毁人倫，去四大，以倫常爲幻迹，以人身爲幻身，欲一切滅絶而掃除之，離物而别求所謂道，其外於道也遠矣。○葉平巖曰：釋氏以地、水、火、風爲四大，謂四大幻假而成人身，寂滅幻根，斷除一切。故君子之於天下也，無適也，無莫也，義之與比。若有適有莫，則於道爲有間，非天地之全也。彼釋氏之學，於敬以直内則有之矣，義以方外則未之有也。故滯固者入於枯槁[三]，疏通者歸於恣肆，此佛之教所以爲隘也。吾道則不然，率性而已。斯理也，聖人於易備言之。本注又云：佛有一個「覺」之理，可以敬以直内矣，然無義以方外。其直内者，要之其本亦不是。○葉平巖曰：君子之於天下，無可無不可，惟義之從。釋氏寂滅無爲，不可以察理應事，必欲斷除外相，始見真性[四]，非天地本然全體之性矣。釋氏習定，欲得此心收斂虚静，亦若敬以直内[五]。然有體而無用，何有於義？離器以爲道，故或拘或肆[六]，皆爲之病。名爲「大自在」，而實則隘陋。吾儒率性之道，動静各正，既不病於拘，亦不至於肆。聖人贊易，所謂知幾存義，直内方外，時止時行，體用本末備言之矣。○覺者，心無倚著，靈覺不昧，所謂「常惺惺法」，若可敬以直内矣。然無制事之義，則所謂覺者，猶無寸之尺，無星之兩，其直内之本亦非矣。

釋氏本怖死生爲利，豈是公道？葉平巖曰：釋氏求不生不滅之理，可免輪回之苦，此本出於利己之私意。唯務上達而無下學，然則其上達處豈有是也？元不相連屬，但有間斷，非道也。孟子曰：「盡其心者，知其性也。」彼所謂識心見性是也，若存心養性一段事則無矣。价按：敬以直内，義以方外，下學之功也。下學人事，方能上達天理，釋氏絶學而求頓悟，務上達而無下學，間斷而不連屬，非道之本然，亦非道之當然，則其上達豈有是處耶？釋氏明心見性，與吾儒之盡心知性相似，然祇認得一己之精魄，光明不昧，便執以爲心性，初未識心性之理也。其坐禪工夫，單超直入，前後際斷，將義理根源全然滅絶，與吾儒存心養性，從不睹不聞中戒慎恐懼以存天理之本然者，迥不相同，此其所以差而不可救也。彼固曰出家獨善，便於道體自不足。葉平巖曰：道本人倫，今曰出家，則於道體虧欠大矣。或曰：釋氏地獄之類，皆是爲下根之人設此怖，令爲善。先生曰：至誠貫天地，人尚有不化，豈有立僞教而人可化乎？以上並明道語。○价按：釋氏天堂地獄之説，是不識陰陽死生之道也。若以爲爲下根而設，怖令爲善，則是僞也，其去道愈遠矣。○問：爲惡若無地獄，彼何所懲？朱子曰：堯舜之世無浮屠氏，乃天下太平。比户可封。必待死然後治，則生人立君又何用？自浮屠入中國，善之名便錯了，修橋造路猶有益於人，立寺造像，其善安在？

學者於釋氏之説，直須如淫聲美色以遠之，不爾則駸駸然入其中矣[七]。顔淵問爲邦，孔子既告之以二帝三王之事，而復戒以「放鄭聲，遠佞人」，曰：「鄭聲淫，佞人殆。」彼佞人者，是他一邊佞耳，然而於己則危，只是能使人移，故危也。至於禹之言曰：「何畏乎巧言令色！」巧言令色，直消言畏，只是須着如此戒慎，猶恐不免。釋氏之學，更不消言常戒，到自家自信後，便不能亂得。价按：釋氏言覺，言識心見性，最爲近理而易惑人，故須如淫聲美色以遠之。然空言遠之，亦恐無益，須潛心於道，實用下學之功。敬以直内，義以方外，盡心知性以明其理，存心養性以履其事，於吾道知之真，信之篤，則視彼近理之言皆爲詖淫邪遁之辭，而自不能亂矣。

所以謂萬物一體者，皆有此理，只爲從那裏來。「生生之謂易」，生則一時生，皆完此理。人則能推，物則氣昏推不得，不可道他物不與有也。人只爲自私，將自家軀殼上頭起意，故看得道理小了他底。放這身來，都在萬物中一例看，大小大快活。价按：性者萬物之一源，人物同有此理，完全具足，無少虧欠。特人得其秀而靈者，故能推此理，物則氣昏而不能推，非人有此理而物無此理也。人惟自私，故所見者小。若知萬物一體之理，不爲私己之見，物我兩忘，胸次悠然，直與天地萬物上下同流，各得其所，何快活如之，安所用其煩惱厭惡？○江慎修曰：大小大快活，猶云許多快活也。釋氏以不知此，去他身上起意思，奈何那身不得，故卻厭惡，要得去盡根塵，爲心源不定，故要得如枯木死灰。然没此理，要有此理，除是死也。价按：釋氏不知萬物一體之理，自私自利，從軀殼起意。不惟毁棄人倫，出家獨善，並此身亦以爲幻妄，以耳、目、鼻、舌、身、意爲幻根，以色、聲、香、味、觸、法爲幻塵。離卻幻身，別尋一真身真性。故欲滅絶根塵，使此心如枯木死灰，以求其所謂大自在大解脱者，而不知其無是理也。釋氏其實是愛身，放不得，故説許多。譬如負版之蟲，已載不起，猶自更取物在身。又如抱石投河，以其重愈沈，終不道放下石頭，惟嫌重也。价按：釋氏欲脱離生死，本爲愛身之至，特安放身心不穩，故以根塵爲累，而欲滅絶之。然欲脱離生死，而生死卒不可脱；欲滅絶根塵，而根塵卒不可滅。徒自取煩惱，以爲此心之累，如負版之蟲，載而不起，抱石投河，重而愈沈而已。

人有語導氣者，問先生曰：「君亦有術乎？」曰：「吾嘗夏葛而冬裘，飢食而渴飲，節嗜欲，定心氣，如斯而已矣。」价按：養生家導氣之術，亦是自私自利，從軀殼起見，非理之自然。雖與釋氏不同，要皆非道之正也。程子所答，皆順理窒慾之事。

佛氏不識陰陽、晝夜、死生、古今，安得謂形而上者與聖人同乎？价按：形上爲道，形下爲器，器亦道，道亦器，不可混而爲一，亦不容離而爲二。太極形而上者也，陰陽形而下者也。太極不雜乎陰陽，亦不離乎陰陽。明於太極動而生陽、静而生陰之理，則晝夜、死生、古今一以貫之矣。釋氏欲脱離輪回，超出陰陽之外，不識陰陽，即不識晝夜、生死、古今。其言覺，言識心見性，舍形下以求形上，離道器而二之，安得謂形而上者與聖人同乎？

釋氏之説，若欲窮其説而去取之，則其説未能窮，固已化而爲佛矣。只且於迹上考之，其設教如是，則其心果如何？固難爲取其心不取其迹，有是心則有是迹。王通言「心迹之判」，便是亂説。文中子云：「汝所問者迹也，吾告汝者心也。心、迹之判久矣。」故不若且於迹上斷定不與聖人合。其言有合處，則吾道固已有。有不合者，固所不取。如是立定，卻省易。价按：釋氏之説，蔓延虚夸，且善爲遁辭，令人不可究詰。學者無真知灼見，而欲窮其説以去取之，則駸駸入其中而與之俱化，故不如只就迹上考之。學佛者皆謂取其心不取其迹，不知體用一源，顯微無間，心即迹之所本，迹即心之所發，有是心則有是迹，安得判而爲二，如王通之所云乎？釋氏言覺，言識心見性，是其心也。毀人倫，去四大，出家獨善，是其迹也。其迹如是，其心欲如何？迹，形而下者也。心之理，形而上者也。形下之迹既與聖人不合，則心之形而上者亦必與聖人有異。就迹上判斷，則確然有以自立，能不爲彼所惑矣。

問：神仙之説有諸？曰：若説白日飛昇之類，則無。若言居山林間，保形鍊氣，以延年益壽，則有之。譬如一爐火〔八〕，置之風中則易過，置之密室則難過，有此理也。又問：揚子言「聖人不師仙，厥術異也」，聖人能爲此等事否？曰：此是天地間一賊，若非竊造化之機，安能延年？使聖人肯爲，周、孔爲之矣。价按：老子云「谷神不死，是謂玄牝。玄牝之門，是謂天地根。綿綿若存，用之不勤」，修煉家長生久視之術皆源於此。其後狡黠者造爲「白日飛昇」之説，以誑誘庸愚，然安有此理？若保形煉氣以延年，如爐火置之密室則難過，亦有是理也。○丹術取坎中之鉛，點離中之汞，竊取化機，傾倒用之。古聖人智周萬物，洞明造化，未必不知其術，然非天理之正，故必不肯爲之。

謝顯道歷舉佛説與吾儒同處，問伊川先生。先生曰：「恁地同處雖多，只是本領不是，一齊差卻。」外書。○价按：佛氏有見於心，無見於性。吾儒以理之實者爲性，佛氏以氣之靈者爲性。吾儒千言萬語，皆以發明義理之性；佛氏千言萬語，皆以發明靈覺之心。其相似處，正是大相反處，故曰「本領不是，一齊差卻」。知其本領之所以差，則近理之言自不至爲所惑矣。○問佛氏所以差。朱子曰：從劈初頭便錯了。如「天命之謂性」，他把做空虛説了。吾儒見得道是實[九]，他底從頭到尾都是空。○价按：吾儒致中以立大本，正所以涵養天命之性也。未發時雖無義理條件，卻有義理本源，存者存此，養者養此而已。儒者靜中工夫，全是一段敬畏之心。釋氏以理爲障，只要葆固靈慧，向無相光中常自在，將義理根源全行斬斷，與吾儒「戒慎恐懼」之意相去天淵。此處一差，則無往而不差矣。价按：自「明道先生曰道之外無物」至此爲一段，以心性、心迹、心氣辨佛、老近理惑人之説之差。

橫渠先生曰：釋氏妄意天性，而不知範圍之用[一〇]，反以六根之微，因緣天地，明不能盡，則誣天地日月爲幻妄，蔽其用於一身之小，溺其志於虛空之大。此所以語大語小，流遁失中。葉平巖曰：佛氏謂「六根」悉本天地，「六根」起滅，無有實相，天地日月，等爲幻妄。厭此身之小，則蔽其用而不能推；樂虛空之大，則溺其志而不能反。故其語大語小，輾轉流遁，皆失其中。其過於大也，塵芥六合；其蔽於小也，夢幻人世。謂之窮理，可乎？不知窮理而謂之盡性，可乎？謂之無不知，可乎？塵芥六合，謂天地爲有窮也；夢幻人世，明不能究其所從也。正蒙。下同。○价按：誠者，物之終始。誠，實理也。陰陽合散，無非實者。六合、人世，皆實理所彌綸。語大莫載，此實理也；語小莫破，此實理也。實理，天命之性也，聖人窮理盡性，故能範圍天地之化。釋氏於天性，妄意之而已，故不知範圍之用，以六根之微，區區之見，窺測天地，誣天地日月爲幻妄，謂一切皆空。一身之用，尚有所蔽而不能推，溺其志於空虚，語大則塵芥六合，語小則夢幻人世。一言以蔽之，不能窮理而已。不能窮理，則不能盡性。謂天地爲有窮，不知人世所從來，塵芥焉？夢幻焉？此其所以妄意天性，而不知範圍天地之用也。

大易不言有無。言有無，諸子之陋也。价按：易言形上形下，而不言有形無形。蓋器有成毀，可以有無言，而道不可以有無言也。氣有聚散，可以有無言，而理不可以有無言也。虚空之中，無非道之所充周，理之所布濩，可以謂之無乎？老氏謂「萬物生於有，有生於無」，以器爲有，以道爲無，以氣爲有，以理爲無，判道器而二之，判理氣而二之，陋見也。○問「言有無，諸子之陋」。朱子曰：無者無物，卻有此理，有此理則有矣。老氏乃云「物生於有，有生於無」，和理也無，便錯了。○周子云「無極而太極」，周子之言有無，以有無爲一。老氏之言有無，以有無爲二。○江慎修曰：易不言有無，謂不言無也。易謂「易有太極」，是只言有耳。程子嘗云：「聖人作易，未嘗言無。惟『無思也，無爲也』，此戒夫作爲也。然下即曰『寂然不動，感而遂通天下之故』，是動静之理未嘗爲一偏之説。」此易不言無也。老子云：「萬物皆生於有，有生於無。」莊子又推言之曰：「有有也者，有無也者，有未始有無也者，有未始有夫未始有無也者。」諸子之言陋如此。

浮圖明鬼，謂有識之死，受生循環，遂厭苦求免，可謂知鬼乎？以人生爲妄見，可謂知人乎？天人一物，輒生取舍，可謂知天乎？孔孟所謂天，彼所謂道，或者指「游魂爲變」爲輪回[一一]，未之思也。价按：天以陰陽五行之氣生人生物，而理亦賦焉，所謂性也。率是性而行之，即道也。道者日用事物之實理。氣聚爲人，而此理在人身。氣散爲鬼，則此理還之天地，非人之所得私矣。釋氏謂人死之後，識神復去受生，是不知既散不能復聚也，可謂之知鬼乎？以人生爲妄見，是不知實理之在人也，可謂之知人乎？舍人取天，分天人爲二物，可謂之知天乎？總之不知道而已。「孔孟所謂天，彼所謂道」，天爲太虛，道爲實理，彼以虛空爲道，故不知天與人也。佛氏有「輪回」之説，論者以「游魂爲變」當之，不知易大傳所言乃謂魂遊魄降，散而爲變，乃鬼之歸，非謂人死爲鬼，鬼復爲人也。○又按，張子曰「由太虛有天之名」，語殊未融。張子之意，本以理言，而謂之太虛，則似止以氣言，故朱子謂「其以太虛太和爲道體，卻只是説得形而下者也」。孔孟言天，有以氣言者，「今夫天斯昭昭之多」是也；有以理言者，「獲罪於天，無所禱也」、「知其性則知天」是也。氣可以虛言，理不可以虛言。此處「孔孟所謂天，彼所謂道」，天字正指太虛，以氣言也。若以理言之，則天者理之所從出，道之大原出於天。孔孟所謂天，與釋氏所謂道迥不相同，張子之説猶未免言氣而遺理也。

大學當先知天德，知天德則知聖人，知鬼神。今浮圖劇論要歸，必謂死生流轉，非得道不免，謂之悟道，可乎？

本注：悟則有義有命，均死生，一天人，推知晝夜，通陰陽，體之無二。○价按：大學當先知天德，天德即天命之性、率性之道。知天德，則聖人之所以爲聖人，鬼神之所以爲鬼神，均灼然無疑矣。今釋氏謂人自有生以來，識神用事，念念遷移，流轉不停，便是輪回種子，必閉關習静，滅盡念慮，萬緣皆空，將無始劫來前塵妄想一齊頓斷，覓得真心真性，然後可以得道，超出輪回，是不知天德也，謂之悟道，可乎？○葉平巖曰：當生而生，當死而死，是有義有命。生死均安，何所厭苦？天人一致，何所取舍？知晝夜，通陰陽，則知生死之説[一二]，何所謂輪回？

自其説熾，傳中國，儒者未容窺聖學門牆，已爲引取，淪胥其間，指爲大道。乃其俗達之天下，致善惡知愚、男女臧獲[一三]，人人著信。使英才間氣，生則溺耳目恬習之事，長則師世儒崇尚之言，遂冥然被驅，因謂聖人可不修而至，大道可不學而知。故未識聖人心，已謂不必求其迹；未見君子志，已謂不必事其文。此人倫所以不明，庶物所以不察，治所以忽，德所以亂。異言滿耳，上無禮以防其僞，下無學以稽其弊，自古詖淫邪遁之辭，翕然並興，一出於佛氏之門者千五百年。向非獨立不懼，精一自信，有大過人之才，何以正立其間，與之較是非、計得失哉！价按：自釋氏之説盛行中國，下者惑於禍福，或徼壽禄子孫於弋獲，或覬富貴利禄於他生，高者溺於空虚，單超直指，立地頓悟，一超直入如來地[一四]，得其道，便可脱離輪回，跳出陰陽，一切有爲，皆是幻妄。故聖人可不修而至，大道可不學而知，聖人之迹可以不求，六經之文盡是糟粕。輾轉差互，流禍無窮。苟非獨立不懼，精以辨似是之非，一以守吾道之正，烏能不爲所惑乎？〇此節極言佛氏之説近理惑人，爲害最甚，以回應首章。以「聖人可不修而至」二句，起下卷之意。价按：自「横渠先生」至此爲一段，以天人、有無、心迹辨佛、老近理惑人之説之差。

【校勘記】

[一] 楊氏爲我疑於義　「義」，葉本作「仁」。

[二] 墨氏兼愛疑於仁　「仁」，葉本作「義」。

[三] 故滯固者入於枯槁　「槁」，葉本、江本作「槁」。

[四] 始見真性　「真」，葉本作「法」。

[五] 亦若敬以直内　「若」下，葉本有「所謂」二字。

［六］或拘或肆　上「或」字原作「我」，據葉本改。
［七］不爾則駸駸然入其中矣　「入」下，葉本有「於」字。
［八］譬如一爐火　「譬」原作「警」，據葉本、江本改。
［九］吾儒見得道是實　「道」，江本作「都」。
［一〇］而不知範圍之用　「之」，茅本作「天」。
［一一］或者指游魂爲變爲輪回　「或」，葉本、江本作「惑」。
［一二］則知生死之説　「生死」，葉本作「死生」。
［一三］男女臧獲　「男」原作「界」，據葉本、江本改。
［一四］一超直入如來地　「直」原作「真」，按此句出永嘉證道歌，據改。

近思録解義卷之十四 凡二十六條

朱子曰：此卷「聖賢氣象」。价按：此卷以「性之」、「反之」爲主，以學聖人爲總旨，以道德爲分意。體似順綱，首四節爲綱，下分二目以應之。

明道先生曰：堯與舜更無優劣，及至湯、武便別。孟子言「性之」、「反之」，自古無人如此説，只孟子分別出來，便知得堯、舜是生而知之，湯、武是學而能之。文王之德則似堯、舜，禹之德則似湯、武，要之皆是聖人。遺書。下同。○价按：此節以「學而能之」及「皆是聖人」二句，承上卷末節之意，領起通篇。朱子曰：「性之者，得全於天，無所汙壞，不假修爲，聖之至也。反之者，修爲以復其性，而至於聖人也。」○以書觀之，湯畢竟反之之功極細密，如「以義制事，以禮制心」等語，又自謂「有慚德」，覺多不是，往往自此益去加功。如武王大故疏，其數紂之罪，辭氣暴厲，如湯便都不如此。○价按：武王反之之功，在丹書敬義數語。敬勝怠，即以禮制心也；義勝欲，即以義制事也。孟子稱其「不泄邇，不忘遠」，故同爲反之之聖人，惜其所以致功者不見於書耳。○葉平巖曰：文王不識不知，順帝之則，蓋亦生知之性也。禹克勤克儉，不矜不伐，蓋亦學能之事也。

仲尼元氣也，顏子春生也，孟子并秋殺盡見。葉平巖曰：夫子大聖之資，猶元氣周流，混淪溥博，無有涯涘，罔見間隙。顏子亞聖之才，如春陽盎然，發生萬物，四時之首，衆善之長也。孟子亦亞聖之才，剛烈明辨，整齊嚴肅，故并秋殺盡見。仲尼無所不包。顏子示「不違如愚」之學於後世，有自然之和氣，不言而化者也。孟子則露其才，蓋亦時焉而已。葉平巖曰：夫子道全德備，故無所不包。顏子不違如愚，與聖人合德，後世可想見其自然和氣，「默而成之，不言而信」者也。孟子英才發越，蓋亦戰國之時，世道益衰，異端益熾，又無夫子主盟於其上，故其衛道之嚴，辯論之明，不得不然也。仲尼天地也，顏子和風慶雲也，孟子泰山巖巖之氣象也。觀其言，皆可見之矣。葉平巖曰：天地者，高明而博厚也。和風慶雲者，協氣祥光也。泰山巖巖者，峻極不可踰越也。仲尼無迹，顏子微有迹，孟子其迹著。葉平巖曰：夫子渾然天成，故無迹。顏子不違如愚，本亦無迹，然爲仁之問，喟然之歎，猶可窺測其微。至於孟子，則發明底藴，故其迹彰彰。孔子儘是明快人，顏子儘豈弟，孟子儘雄辨。葉平巖曰：夫子清明在躬，猶青天白日，故極其明快。顏子有若無，實若虛，犯而不校，故極其豈弟。孟子息邪説，距詖行，放淫辭，故極其雄辨。○此段反覆形容大聖大賢氣象，各臻其妙。古今之言聖賢，未有若斯者也，學者其潛心焉。

曾子傳聖人學，其德後來不可測，安知其不至聖人？如言「吾得正而斃」，且休理會文字，只看他氣象極好，被他所見處大。後人雖有好言語，只被氣象卑，終不類道。朱子曰：曾子剛毅，壁立萬仞，世衰道微，人欲横流，不是剛毅有脚跟底人，定立不住。价按：曾子之學，誠篤守約，日省其身，自治誠切。一生戰戰兢兢，臨深履薄，仁以爲己任，死而後已。觀其「得正而斃」之言，生死呼吸之際，而氣象從容如此。非造道深達天德者，殆未易及此也。〇葉平巖曰：曾子悟一貫之旨，已傳聖人之學矣。至其易簀之言，自非樂善不倦，安行天理，一息尚存，必歸於正，夫豈一時之所能勉强哉！〇真西山曰：曾子之啓手足，蓋以爲知免矣，而易簀一節猶在其後，全歸之難如此，學者可以不戰兢以自省歟！

傳經爲難。如聖人之後纔百年，傳之已差。聖人之學，若非子思、孟子，則幾乎息矣。道何嘗息，只是人不由之。道非亡也，幽、厲不由也。末二句董仲舒對策語。〇价按：孔子傳經以教天下萬世，歿纔百年，而異説蠭起，非曾子作大學以明修己治人之道，子思作中庸以明義理精微之極，孟子作七篇，知言養氣，息邪距詖，則孔子之道幾爲諸子所奪而息矣。道何嘗息，人自不由之耳。自孟子没，而聖學不傳者千五百年。程、朱氏起，而聖道始焕然大明於世。良知家、漢學家必欲排而去之，而聖道亡矣。新學家並孔孟排而去之，而聖道愈亡矣。道非亡也，幽、厲不由也。价按：自篇首至此爲一段，論堯、舜、禹、湯、文、武、孔、顔、曾、思、孟之德。雖有性反之不同，皆聖人之學，肩道統之傳者也。

荀子才高，其過多。揚雄才短，其過少。葉平巖曰：荀子，名況，字卿。揚雄，字子雲。荀卿才高，敢爲異論，如以人性爲惡，以子思、孟子爲非，其過多。揚雄才短，如作太玄擬易，法言擬論語，皆摹擬前聖之遺言，其過少。

荀子極偏駁，只一句「性惡」，大本已失。揚子雖少過，然已自不識性，更説甚道。价按：孔子言繼善成性，實爲孟子性善之説所從出。荀子務與孟子相反，故以性爲惡，遂至畔孔子而不恤，於義理本源全未窺見，故程子謂其大本已失。揚子謂人之性善惡混，正告子「湍水」之説。揚子不宗孟子，而反有取於告子，其不識性甚矣。道者，率性之謂，以性爲善惡混，則亦將以道爲善惡混歟！不識性，又安足語道？

董仲舒曰：「正其義，不謀其利；明其道，不計其功。」此董子所以度越諸子。葉平巖曰：自春秋以來，舉世皆趨功利。仲舒此言最爲醇正。○朱子曰：仲舒所立甚高。後世所以不如古人者，以道義功利關不透耳。○价按：此外則「正心以正朝廷，任德而不任刑」之對，亦極醇正，卓然高出兩漢諸儒。惟所作春秋繁露，王魯絀夏，親周故宋，受命改制，穿鑿附會於公羊之外，遂啓後世亂臣賊子犯上作亂之禍，則不能爲董子寬也。

漢儒如毛萇、董仲舒，最得聖賢之意，然見道不甚分明。下此即至揚雄，規模又窄狹矣。毛萇治詩，爲河間獻王博士。○問：伊川於毛公，不知何所主而取之？朱子曰：程子不知何所見而然，嘗考之詩傳，其緊要處有數處，如關雎所謂「夫婦有別則父子親，父子親則君臣敬，君臣敬則朝廷正，朝廷正則王化成」。要之亦不多見，只是其氣象大概好。○問董仲舒見道不分明處。曰：見得鶻突，如「命者天之令，性者生之質，情者人之欲」、「命非聖人不行，性非教化不成，情非制度不節」等語，似不識性善模樣。又云「明於天性，知自貴於物，然後知仁義。知仁義，然後重禮節。重禮節，然後安處善。安處善，然後樂循理」，又似見得性善模樣。終是説得騎牆，不分明端的。○揚子爲人深沈，會去思索，然太玄亦是拙底工夫，道理不是如此。其學似本於黄、老，如云「惟清惟静，惟寂惟寞」之類。某嘗謂揚雄最無用，真是一腐儒，到急處只是投閣〔一〕，自身命也奈何不下，如何理會得別事？

林希謂揚雄爲禄隱。揚雄，後人只爲見他著書，便須要做他是。怎生做得是？葉平巖曰：禄隱，謂浮沈下位，依禄而隱。雄失身仕莽〔二〕，以是禄隱，何辭而可？○靈峰先生曰：揚子曰：「明哲煌煌，旁燭無疆，孫於不虞，以保天命。」雄於出處之際，孫於不虞則有之，旁燭無疆則未也。黽勉莽、賢之間，畏死而不敢去，惡得爲有道之士哉！又曰：法言澀而晦，太玄勞而拙。擬聖賢以博名譽，内懷躁競，外示恬退，馮道之先導歟！

孔明有王佐之心，道則未盡。王者如天地之無私心焉，行一不義而得天下，不爲。孔明必求有成而取劉璋，聖人寧無成耳，此不可爲也。若劉表子琮將爲曹公所并，取而興劉氏，可也。价按：程子此論，固爲義之至精。但自劉焉在益州陰圖異計，使張魯將兵，掩殺漢中太守，斷絶斜谷，作乘輿車具千餘，名爲宗室，實爲叛臣，其罪已不容誅。劉璋暗弱，不能存恤其民，揆之兼弱攻昧之道，於義亦在所當取。且昭烈不取，亦必爲曹氏所并，與其棄之以利曹，何若取之以興漢，則於義亦未爲傷也。第不知聖人處此，正復何如耳！若劉琮降曹，取之固無傷於義。然是時曹兵已迫，獨力禦之，勢必不支，能取而不能守，智者不爲也。昭烈、孔明或有見於此乎！

諸葛武侯有儒者氣象。葉平巖曰：孔明輔漢討賊，以信義爲主，以節制行師，以公誠待人，至於「親賢臣，遠小人」、「諮諏善道，察納雅言」，有大臣格君之業。○江慎修曰：「鞠躬盡瘁，死而後已」、「成敗利鈍，非所逆睹」，尤近儒者氣象。

○价按：武侯必待三顧而後出，與伊尹必待三聘而後起同。三代下出處之正，未有如武侯者也。出師表得古大臣告君之體，先儒謂其與伊訓、説命相表裏，諒哉！

孔明庶幾禮樂。文中子曰：「使孔明而無死，禮樂其有興乎！」○价按：武侯娶婦得醜女，有清心寡欲之功。此興禮樂之本也。出師討賊，名正言順，使天假之年，必能滅魏斬叡，興復漢室，修明政刑，人心豫服，事得其序，物得其和，以興禮樂庶幾乎！

文中子本是一隱君子，世人往往得其議論，附會成書。其間極有格言，荀、揚道不到處。朱子曰：王通極開爽，説得廣闊。緣他於事上講究得精，故於世變興亡、人情物態、更革沿襲、施爲作用，先後次第都曉得，識得個仁義禮樂都有用處，若用於世，必有可觀。只可惜不曾向上透一著，於大體處有所欠闕，所以如此。若更曉得高處一著，那裏得來。只細看他書，便見他極有好處，非特荀、揚道不到，雖韓退之也道不到。○其書多爲人添入，真僞難見，然好處甚多。就中論世變因革處，説得極好。○伊川謂文中子有些格言，被後人添入壞了，看來必是阮逸諸公增益張大，復借顯者以爲重耳。○葉平巖曰：文中子，王通，隋末不仕，教授河汾。其弟王凝、子福畤等，收其議論，增益爲書，名曰中説。

韓愈亦近世豪傑之士，如原道中語言雖有病[三]，然自孟子而後，能將許大見識尋求者，才見此人。至如斷曰「孟氏醇乎醇」，又曰「荀與揚擇焉而不精，語焉而不詳」，若不是他見得，豈千餘年後便能斷得如此分明？朱子曰：韓退之卻有本領，如原道，其言雖不精，然皆實，大綱是。○又曰：退之説性，只將仁義禮智來説，便是識見高處。○薛敬軒曰：唐之韓子，乃孟子以後絶無僅有之大儒。當韓子之時，異端顯行，百家並倡，孰知堯、舜、禹、湯、文、武、周公、孔、孟爲相傳之正統？又孰知孟軻没而不得其傳？又孰知仁義道德合而言之？又孰知性有五而情有七？又孰知孟子之功不在禹下？又孰敢排斥釋氏，瀕於死而不顧？若此之類，大綱大節，皆韓子得之遺經，發之身心，見諸事業，而伊洛諸儒之所推重而稱許者也。

學本是修德，有德然後有言。退之卻倒學了，因學文日求所未至，遂有所得。如曰：「軻之死，不得其傳。」似此言語，非是蹈襲前人，又非鑿空撰得出，必有所見。若無所見，不知言所傳者何事。朱子曰：韓文公第一義是去學文字，第二義才去窮究道理，所以看得不親切。○朱子韓文考異云：諸賢之論，惟程子此條爲能得其深處[四]。然考諸臨川王氏之書，則其詩有曰：「紛紛易盡百年身，舉世何人識道真。力去陳言誇末俗，可憐無補費精神。」其爲予奪乃有大不同者，故嘗折其衷而論之。竊謂程子之意固爲得其大端，而王氏之言亦自不爲無理。蓋韓公於道，知其用之周於萬事，而未知其體之具於吾之一心；知其可行於天下，而未知其本之當先於吾之一身也。是以其言常詳於外而略於內，其志常極於遠大，而其行未必能謹於細微。雖知文與道有內外淺深之殊，而終未能審其緩急輕重之序，以決取舍。雖知汲汲以行道濟時、抑邪崇正爲事，而或未免乎貪位慕祿之私。此其見於文字之中，信有如王氏之所譏者。但王氏雖能言此，而其所謂道真者，實乃老、佛之餘波，正韓公所深詆，則是楚雖失而齊亦未爲得耳。价按：自「荀子」至此爲一段，論荀、揚、毛、董、武侯、文中、韓子之學皆未能聞道而造於聖人也。

周茂叔胸中灑落，如光風霽月。見黄庭堅所作詩序。朱子曰：延平先生每誦此言，以爲善形容有道者氣象。○所謂灑落者，只是形容一個不疑所行、清明高遠之意。若有一毫私吝心，何處更有此等氣象耶？只如此，有道者胸懷表裏亦自可見。其爲政精密嚴恕，務盡道理。見潘延之所撰墓志。○通書附録。○朱子曰：季通云「濂溪之學精慤深密」，孔經甫嘗祭以文曰「公年壯盛，玉色金聲，從容和毅，一府皆傾」，其氣象可想矣。

伊川先生撰明道先生行狀曰：先生資禀既異，而充養有道。純粹如精金，温潤如良玉。寬而有制，和而不流，忠誠貫於金石，孝悌通於神明。視其色，其接物也，如春陽之温；聽其言，其入人也，如時雨之潤。胸懷洞然，徹視無間。測其蘊，則浩乎若滄溟之無際；極其德，美言蓋不足以形容。葉平巖曰：以上一節言資禀之粹，充養之厚也。先生行己，内主於敬，而行之以恕，見善若出諸己，不欲弗施於人，居廣居而行大道，言有物而動有常[五]。葉平巖曰：以上一節，言行己之本末也。先生爲學，自十五六時，聞汝南周茂叔論道，遂厭科舉之業，慨然有求道之志。未知其要，泛濫於諸家，出入於老、釋者幾十年，返求諸六經，而後得之。朱子曰：二程之於濂溪，如曰「仲尼、顔子所樂」、「吟風弄月以歸」，皆當時口傳心授，的當親切處。後來二程先生舉示後學，亦不將作第二義看。然則行狀所謂「反求之六經，然後得之」者，特語夫功用之大全耳。至其入處則自濂溪，不可誣也。○明道當時已見大意，故始雖博取，而能不爲所惑。若此理見得未的，而更以釋、老等説助之，恐爲所漂蕩，而無以自立也。○葉平巖曰：按濂溪先生爲南安軍司理參軍時，程公珦攝通守事，視其氣貌非常人，與語，知其爲學知道也。因與爲友，且使其二子受學焉。而程氏遺書言「再見周茂叔後，吟風弄月以歸，有吾與點也之意」。明道學於濂溪者，雖得其大意，然其博求精察，益充所聞，以抵於成者，尤多自得之功。明於庶物，察於人倫，知盡性至命必本於孝弟，窮神知化由通於禮樂。孝弟説見卷六。朱子曰：明道行狀説孝弟禮樂處，上二句説心，下二句説用。辨異端似是之非，開百代未明之惑，秦、漢而下，未有臻斯理也。价按：釋氏之學有見於心之靈覺，無見於心之義理。辨異端者，須就心性隱微處剖析分明，方足以知其似是之非。若僅就事理顯處，別禪於儒，則不待程朱而能之矣。謂孟子没而聖學不傳，以興起斯文爲己任。其言曰：「道之不明，異端害之也。昔之害近而易知，今之害深而難辨。昔之惑人也，乘其迷暗；今之入人也，因其高明。葉平巖曰：昔之害，楊、墨、申、韓是也。今之害，佛、老是也。淺近，故迷暗者爲所惑；深遠，故高明者陷其中。自謂之窮神知化，而不足以開物成務。自謂通達玄妙，實則不可有爲於天下。言爲無不周徧，實則外於倫理。自謂性周法界，實則外乎人倫物理。窮深極微，而不可以入堯舜之道。天下之學，非淺陋固滯，則必入於此。自道之不明也，邪誕妖異之説競起，塗生民之耳目，溺天下於汙濁。雖高才明智，膠於見聞，醉生夢死，不自覺也。是皆正路之蓁蕪，聖門之蔽塞，闢之而後可以入道。」先生進將覺斯人，退將明之書，不幸早世，皆未及也。其辨析精微，稍見於世者，學者之所傳耳。葉平巖曰：以上一節，言學道本末，與其闢異端、正人心之大略也。先生之門，學者多矣。先生之言，平易易知，賢愚皆獲其益，如群飲於河，各充其量。朱子曰：明道之言，一見便好，久看愈好，所以賢愚皆獲其益。伊川之言，乍見未好，久看方好，故非久於玩索者不能識其味。此其自任所以有成人材、尊師道之不同。先生教人，自致知至於知止，誠意至於平天下，灑掃應對至於窮理盡性，循循有序。病世之學者，捨近而趨遠，處下而窺高，所以輕自大而卒無得也。葉平巖曰：以上一節，言教人之道，本末備具而循序漸進也。先生接物，辨而不間，葉平巖曰：是非雖明，而亦不絕之。感而能通。教人而人易從，怒人而人不怨，賢愚善惡咸得其心。狡僞者獻其誠，暴慢者致其恭，聞風者誠服，覿德者心醉。雖小人以趨向之異，顧於利害，時見排斥，退而省其私，未有不以先生爲君子也。葉平巖曰：先生以議新法不合，遂遭排斥。然當時用事者亦曰伯淳忠信人也，則其言行之懿有不可誣者。○以上一節，言接物之道。先生爲政，治惡以寬，葉平巖曰：開其自新之路，改而止。處煩而裕。葉平巖曰：得其要領，且順乎理。當法令繁密之際，未嘗從衆爲應文逃責之事。人皆病於拘礙，而先生處之綽然；衆憂以爲甚難，而先生爲之沛然。葉平巖曰：法令峻密，而先生未嘗爲苟且應命之事。然而處之有道，故不見其礙；爲之有要，故不見其難。雖當倉猝[六]，不動聲色。葉平嚴曰：理素明而志素定。方監司競爲嚴急之時，其待先生率皆寬厚，設施之際，有所賴焉。葉平巖曰：忠信懇惻，足以感人。故不徇時好，而得遂其所爲。先生所爲綱條法度，人可效而爲也。至其道之而從，動之而和，不求物而物應，未施信而民信，則人不可及也。文集。○葉平巖曰：以上一節，言爲政之道。○胡敬齋曰：明道先生天資高，本領純，察理精，涵養熟，故不動聲色而天下之事自治，涵育熏陶而天下之物自化，孔子以下第一人也。伊川所撰行狀，形容明道廣大詳密，渾化純全，非工夫積累久地位高者，解會不得也。今分六節，虛心熟讀而精思之，宛然如見明道先生矣。

明道先生曰：周茂叔窗前草不除去，問之，云「與自家意思一般」。遺書。下同。○本注：子厚觀驢鳴，亦謂如此。○葉平巖曰：天地生意流行發育，惟仁者生生之意充滿胸中，故觀之有會於其心，而云「與自家意思一般」也。○朱子濂溪先生贊曰：道喪千載，聖遠言湮。不有先覺，孰開我人。書不盡言，圖不盡意。風月無邊，庭草交翠。

張子厚聞皇子生，喜甚；見餓莩者，食便不美。葉平巖曰：此即西銘之意。亦其養德之厚，故隨所感遇，蹶然動於中而不可遏。初無擬議作意而爲之也[七]。

伯淳嘗與子厚在興國寺講論終日，而曰：「不知舊日曾有甚人於此處講此事？」舊說，孟子歿後，聖學不傳，自有興國寺以來，只是念佛談禪，安得有同志講學之事？明道此言，蓋深慨昔之無此事，而深幸今之有此事也。

謝顯道云：明道先生坐如泥塑人，接人則渾是一團和氣。遺書。下同。○朱子曰：此明道不違仁影子。○葉平巖曰：所謂「望之儼然，即之也溫」。○价按：坐如泥塑，是靜時氣象。接人一團和氣，是動時氣象。而所以涵養未發之中，與夫發皆中節之和，均可於此想見。

侯師聖云：朱公掞見明道於汝，歸謂人曰：「光庭在春風中坐了一個月。」游、楊初見伊川，伊川瞑目而坐，二子侍立。既覺，顧謂曰：「賢輩尚在此乎？日既晚，且休矣。」及出門，門外之雪深一尺。侯仲良，字師聖。朱光庭，字公掞。皆程子門人。○葉平巖曰：明道接人和粹，伊川師道尊嚴，皆盛德所形，但器質成就有不同耳〔八〕。明道似顔子，伊川似曾子〔九〕。

劉安禮曰：明道先生德性充完，粹和之氣盎於面背，樂易多恕，終日怡悅。立之從先生三十年，未嘗見忿厲之容〔一〇〕。附録。○葉平巖曰：明道先生質之美、養之厚、德之全〔一一〕，故其睟然發見，從容豈弟如此。百世之下聞之者，鄙夫寬，薄夫敦，而況於親炙之者乎？

呂與叔撰明道先生哀詞云：先生負特立之才，知大學之要，博文强識，躬行力究，察倫明物，極其所止，渙然心釋，洞見道體。其造於約也，雖事變之感不一，知應以是心而不窮；雖天下之理至衆，知反之吾身而自足。其致於一也，異端並立而不能移，聖人復起而不與易。其養之成也，和氣充浹，見於聲容，然望之崇深，不可慢也；遇事優爲，從容不迫，然誠心懇惻，弗之措也。其自任之重也，寧學聖人而未至，不欲以一善成名；寧以一物不被澤爲己病，不欲以一時之利爲己功。其自信之篤也，吾志可行，不苟潔其去就；吾義所安，雖小官有所不屑。葉平巖曰：志若可行，不潔其去以爲高；義擇所安，亦不屑於就以自卑。○朱子明道先生贊曰：揚休山立，玉色金聲。元氣之會，渾然天成。瑞日祥雲，和風甘雨。龍德正中，厥施斯普。○伊川先生贊曰：規圓矩方，繩直準平。允矣君子，展也大成。布帛之文，菽粟之味。知音者希，孰識其貴！

吕與叔撰横渠先生行狀云：康定用兵時，先生年十八，慨然以功名自許，上書謁范文正公。公知其遠器，欲成就之，乃責之曰：「儒者自有名教，何事於兵？」因勸讀中庸。先生讀其書，雖愛之，猶以爲未足，於是又訪諸釋、老之書，累年盡究其説，知無所得，反而求之六經。嘉祐初，見程伯淳、正叔於京師，共語道學之要。先生涣然自信曰：「吾道自足，何事旁求！」於是盡棄異學，淳如也。本注：尹彦明云：横渠昔在京師，坐虎皮，説周易，聽從甚衆。一夕，二程先生至，論易。次日，横渠撤去虎皮，曰：「吾平日爲諸公説者皆亂道，有二程近到，深明易道，吾所弗及，汝輩可師之。」○葉平巖曰：此可見横渠先生勇於從善，無一毫繫吝之意，非大公至明，孰能如是？晚自崇文移疾西歸横渠，終日危坐一室，左右簡編，俯而讀，仰而思，有得則識之，或中夜起坐，取燭以書。其志道精思，未始須臾息，亦未嘗須臾忘也。朱子曰：明道之學，從容涵泳之味洽。横渠之學，苦心力索之功深。○近看得横渠用功最親切，直是可畏。學者用功，須是如此親切。學者有問，多告以知禮成性、變化氣質之道，學必如聖人而後已，聞者莫不動心有進。嘗謂門人曰：「吾學既得於心，則修其辭；命辭無差，然後斷事；斷事無失，吾乃沛然。精義入神者，豫而已矣。」朱子曰：横渠言「吾學既得於心」云云，他意謂須先説得分明，然後行處分明。今人見得不明，故説得自儱侗，如何到得行處分明？○天理人欲之分，只争些子，故周先生只管説個「幾」字。然辯之又不可不早，故横渠每説「豫」字。○葉平巖曰：人於義理，其初得於心者，了然無疑，及宣之於口，筆之於牘，則或有差。故命辭無差，則所見已審，以是應酬事物，知明理精，妙用無方矣。是皆窮理致知之功素立，而非勉强擬議於應事之時也。先生氣質剛毅，德盛貌嚴，然與人居，久而日親。其治家接物，大要正己以感人。人未之信，反躬自治，不以語人，雖有未諭，安行而無悔。故識與不識，聞風而畏。非其義也，不敢以一毫及之。葉平巖曰：德貌嚴毅而中誠懇惻，故與人久而益親。躬自厚而薄責於人，故人心服，而不敢加以非義。○朱子横渠先生贊曰：蚤悦孫吴，晚逃佛老。勇撤皐比，一變至道。精思力踐，妙契疾書。訂頑之訓，示我廣居。

横渠先生曰：二程從十四五時，便鋭然欲學聖人。价按：學以立志爲第一義。二程子自十四五時，便鋭然欲學聖人，蓋與孔子十五志學同，所以卒成大儒。言學便以聖爲志，欲學聖人之學，先立聖人之志。孟子願學孔子，而與滕文公道性善，告以成覸三人之言，使篤志力行，以學聖人。蓋不如是決不能有成也。朱子編近思録，而終之以此，其策勵後學之意至深切矣。學者可不勉哉！价按：自「周茂叔」至此爲一段，論周子、二程子、張子之學，皆聞道而造於聖人之域者也。末節以「學聖人」回應首節，並回應首卷太極圖説聖人及君子修之之意，收結完密。與中庸以「上天之載」回應「天命之性」同一機柚。

【校勘記】

［一］到急處只是投閣　「閣」，江本作「黄老」。

［二］雄失身仕莽　「仕」，葉本作「事」。

［三］如原道中語言雖有病　「語言」，葉本、江本作「言語」。

［四］惟程子此條爲能得其深處　「得」，江本作「極」。

［五］言有物而動有常　「動」，葉本作「行」。

［六］雖當倉猝　「猝」，葉本、江本作「卒」。

［七］初無擬議作意而爲之也　「無」，葉本作「非」。

［八］但器質成就有不同耳　「器」，葉本作「氣」。

［九］伊川似曾子　「曾子」，葉本作「孟子」。

［一〇］未嘗見忿厲之容　「見」下，葉本、江本有「其」字。

［一一］明道先生質之美養之厚德之全　「明道」二字原無，據葉本補。

近思録解義跋

〔民國〕朱玉麟

丁卯冬，予余航海問道靈峰[一]，路出青島，謁範卿先生於劉寓。先生乃靈峰夫子高弟，爲吾同門之先進者也，遂以所著中西學説通辨見惠。其書精闡師説，明辨學術，爲自方植之漢學商兑後所不可多得之書，而純粹以精，有方植之所不及者。此本靈峰先師語麟者。又出所注近思録解義見示，余受而讀，見其支分節解，脈絡貫通，詳略相因，巨細畢舉，而凡諸説皆得以曲暢旁通而各極其趣，誠有如朱子所云者。余遽起而拜之曰：「先生此書加惠後學不淺，乃吾道之光也。」後嘗縈繫於心不忍釋懷。今已出版問世，幸得卒讀。學者果能由是循序漸進，默契心通，知行並進，存養交修，而進之於四書、六經，吾知於聖賢之道有不難至者矣。

丙子二月，濮縣後學瑞生朱玉麟書於黄華書屋。

【校勘記】

〔一〕予余航海問道靈峰　此句疑有衍字。

圖書在版編目(CIP)數據

近思録解義／(清)張紹价撰；程水龍，姚鶯歌整理. —上海：上海古籍出版社，2021.7
(東亞《近思録》文獻叢書)
ISBN 978－7－5732－0024－2

Ⅰ.①近… Ⅱ.①張… ②程… ③姚… Ⅲ.①理學—中國—南宋②《近思録》—研究 Ⅳ.①B244.75

中國版本圖書館 CIP 數據核字(2021)第 138049 號

責任編輯：黎大偉
裝幀設計：何　暘
技術編輯：伍　愷

近思録解義

(清)張紹价　撰
程水龍　姚鶯歌　整理

出版發行　上海古籍出版社
地　　址　上海瑞金二路 272 號
郵政編碼　200020
網　　址　www.guji.com.cn
E-mail　guji1@guji.com.cn
印　　刷　江陰市機關印刷服務有限公司印刷
開　　本　890×1240　1/32
印　　張　11.5
插　　頁　6
字　　數　221,000
版　　次　2021 年 9 月第 1 版　2021 年 9 月第 1 次印刷
印　　數　1—1,500
書　　號　ISBN 978－7－5732－0024－2/B・1217
定　　價　58.00 元